私たちの
生活科学

第2版

大阪市立大学名誉教授　中根芳一　編著

Ohmsha

執筆者一覧 (執筆順)

氏名	所属	担当
中根 芳一	大阪市立大学名誉教授 工学博士	1章, 6章, 9章35, 11章42, 16章63, まとめ
岸本 幸臣	大阪教育大学名誉教授 工学博士	2章, 11章41, 14章, 16章64
吉田 洋子	元常磐会短期大学教授	3章9・10
岩堂美智子	大阪市立大学名誉教授 学術博士	3章11・12, 15章60
大久保克子	元甲子園大学教授 学術博士	4章
一棟 宏子	大阪樟蔭女子大学教授 学術博士	5章17・18・19, 7章28, 16章62
馬場 昌子	関西大学専任講師	5章20, 11章43・44, 15章57
佐藤 昌子	畿央大学教授 学術博士	7章25, 8章30
小林 政司	大阪樟蔭女子大学教授 学術博士	7章26
山本由喜子	東海学園大学教授 学術博士	7章27, 8章31
大矢 勝	横浜国立大学教授 学術博士	8章29・32
片山美智恵	元大阪府立消費生活センター所長	9章33・34・36
奥田 豊子	帝塚山学院大学教授 医学博士	10章37・38・39
岡田真理子	大手前栄養学院専門学校教授	10章40
山懸 文治	大阪市立大学大学院教授 学術博士	12章45・46
白澤 正和	大阪市立大学大学院教授 社会学博士	12章47・48
原 登久子	千里金蘭大学教授 医学博士	13章49
春本 喬	元梅花短期大学教授 医学博士	13章50
坂部由美子	元梅花短期大学教授	13章51
延原 理恵	京都教育大学准教授 学術博士	13章52
梶浦 恒男	大阪市立大学名誉教授 工学博士	15章58
上野谷加代子	同志社大学教授 家政学修士	15章59, 16章61

本書を発行するにあたって、内容に誤りのないようできる限りの注意を払いましたが、本書の内容を適用した結果生じたこと、また、適用できなかった結果について、著者、出版社とも一切の責任を負いませんのでご了承ください.

本書に掲載されている会社名・製品名は一般に各社の登録商標または商標です.

本書は、「著作権法」によって、著作権等の権利が保護されている著作物です. 本書の複製権・翻訳権・上映権・譲渡権・公衆送信権 (送信可能化権を含む) は著作権者が保有しています. 本書の全部または一部につき、無断で転載、複写複製、電子的装置への入力等をされると、著作権等の権利侵害となる場合があります. また、代行業者等の第三者によるスキャンやデジタル化は、たとえ個人や家庭内での利用であっても著作権法上認められておりませんので、ご注意ください.

本書の無断複写は、著作権法上の制限事項を除き、禁じられています. 本書の複写複製を希望される場合は、そのつど事前に下記へ連絡して許諾を得てください.

出版者著作権管理機構
(電話 03-5244-5088, FAX 03-5244-5089, e-mail : info@jcopy.or.jp)

JCOPY ＜出版者著作権管理機構 委託出版物＞

はしがき

　20世紀は産業のための時代であったといえる．それに対してこれからの21世紀は，私たち生活者のための時代であるといえよう．そのことは，今まで，どちらかといえば利潤だけを追求していた企業にも，生活に何が大切なのか，生活者にとって何が幸せなのかを考えて行動することを，求める時代に至ったのだといえる．

　そこでこれからとりわけ重要になるのが，生活を科学的に解明し，また科学を生活に生かすことを目的とするところの生活科学である．

　しかし，これまでの生活科学に関する教科書の多くは，衣・食・住といった，生活に必要ではあるが"生活そのもの"ではない"モノ"を中心に，主として自然科学的観点からまとめられていた．これでは，ほんとうの意味での生活者のための総合的な学問とはいえない．

　本書では，生活者自身，あるいは生活者とそれを取り巻く環境との相互の関係，また生活者同士の相互の関係という面から，"生活そのもの"を見つめ直し，生活科学の全分野にわたって解説することを試みた．なお，身近で基本的ではあるが，複雑な問題も多いため，理解しやすくする目的で図表・写真などを多く取り入れて説明するように心掛け，さらに専門的な用語には巻末に"用語解説"を載せて，読者の理解を助けるように図った．

　本書は，生活科学を専攻してきた各分野の専門家が分担して執筆したもので，自然科学のみならず，社会科学，時には人文科学の観点も加えて解説している．

　21世紀を担う人たちが，本書でもって生活を科学的に十分理解することによって，心豊かな生活を送ることが可能になり，またこの掛けがえのない地球の環境の擁護に役立つことで，少しでも人類の福祉に貢献できれば，筆者らにとって大きな喜びである．

　その意味において，大学・短大での生活科学や家政学の原論や概論などの教科書，あるいはこれからの生活の在り方を考える人たちの糧として本書が活用されれば幸いである．

　なお，本書は中根，岸本，一棟，馬場の4人で進めてきた生活科学研究会での，これまでの経過を踏まえて構成したものである．巻末に記した引用・参考文献以外にも，多くの方がたの著書・論文などを参考にさせていただいたことに対し，深謝申し上げたい．

　また，理工学社編集部の方がたには本書の取りまとめにご面倒をかけた．併せて感謝申し上げる．

　1995年3月

中根　芳一

第2版の刊行にあたって

「私たちの生活科学」の初版を上梓してからすでに8年が経過した．その間，わが国の生活環境はきわめて大きく変化し，バブル経済の状態からデフレ社会へとなって，人びとの暮らしに多大の影響をもたらしている．また高齢化も進み，すでにわが国は高齢社会に突入している．

この生活環境の激変に合わせて本書の内容を改訂する必要を痛感し，全体にわたって見直しを図った．とくに，現在の著しい高齢化の進展によって，高齢者の生活に関してよりくわしく説明することが，今の生活者にとって生活改善には不可欠であると判断し，単なる改訂だけではなく，"暮らしと高齢者"の章を新たに加えることにした．

初版同様，本書が多くの方がたに活用され，生活の改善・向上に寄与できることを念願している．さらに今後とも本書の内容をより充実させていきたいと考えているので，ご批判・ご叱正や忌憚のないご意見・ご要望などをお寄せいただければ幸いである．

また，第2版の上梓においても，理工学社編集部の方がたには大変お世話になった．併せて感謝申し上げる．

2003年3月

編者しるす

目次

1章　生活科学とは
1. 生活科学の概念 ………… 2
2. 生活科学の歴史 ………… 4
3. 家政学の歴史 ………… 10
4. 家政学から生活科学への流れ …… 12

2章　暮らしと科学
5. 科学発展の意味 ………… 14
6. 現代科学とその特性 ………… 16
7. 生活科学の視座 ………… 18
8. 生活科学と専門職 ………… 20

3章　人間発達と社会生活
9. 人間発達の過去と現在 ………… 22
10. 心身の成長発達過程 ………… 24
11. 現代社会における発達上の諸問題 ………… 26
12. 人間発達とこれからの教育 …… 28

4章　家族と家庭生活
13. 現代社会と家族 ………… 30
14. 家族をめぐる諸問題 ………… 32
15. 生活の枠組み ………… 34
16. 家庭生活の維持・管理 ………… 36

5章　暮らしと技術
17. 機械化と省力化 ………… 38
18. 情報化社会とコミュニケーション ………… 40
19. 家庭生活と労働 ………… 42
20. ハンディキャップと生活機器 ‥ 44

6章　暮らしと環境
21. 自然環境と暮らし ………… 46
22. 暮らしと環境問題 ………… 48
23. 人の生理機能 ………… 50
24. 生活環境の調整 ………… 52

7章　暮らしの様式
25. 生活様式の変化 ………… 54
26. 衣生活の様式 ………… 56
27. 食の生活様式 ………… 58
28. 住の生活様式 ………… 60

8章　暮らしと消費
29. 社会構造，生活様式の変化と消費形態の変化 ………… 62
30. 衣生活と消費 ………… 64
31. 食生活と消費 ………… 66
32. 暮らしと消費者教育 ………… 68

9章　暮らしと法律

33. 消費者保護と法律 …………… 70
34. 食生活の安全と法律 ………… 72
35. 住生活の安全と法律 ………… 74
36. 訪問取引と法律 ……………… 76

10章　暮らしと健康

37. 健康な生活 …………………… 78
38. 食物と栄養 …………………… 80
39. 食生活の変化と健康上の問題 …… 82
40. 健康とスポーツ ……………… 84

11章　暮らしと住まい

41. 住宅の公共性 ………………… 86
42. 住まいと安全な暮らし ……… 88
43. 住宅の水準と暮らし ………… 90
44. ライフ スタイル，
    ライフ ステージと住まい …… 92

12章　暮らしと福祉

45. 現代社会と福祉問題 ………… 94
46. 社会福祉のしくみ …………… 96
47. 社会福祉の援助 ……………… 98
48. これからの社会福祉 ………… 100

13章　暮らしと高齢者

49. 長寿と栄養 …………………… 102
50. 高齢者の生活習慣病対策 …… 104
51. 老人と介護 …………………… 106
52. 高齢社会の住まい …………… 108

14章　暮らしと文化

53. 人類生活史 …………………… 110
54. 暮らしと階級分化 …………… 112
55. 21世紀の生活像 ……………… 114
56. 生活文化の継承と創造 ……… 116

15章　生活科学の展開Ⅰ

57. 在宅生活支援のための
    住居改善の実践的研究活動 …… 118
58. マンション問題解決のための
    諸研究活動 …………………… 120
59. たすけあいのための
    地域ネットワーキング ……… 122
60. 育児不安と育児ネットワーク … 124

16章　生活科学の展開Ⅱ

61. 生活主体者を支える
    地域の福祉力 ………………… 126
62. 外国における
    生活問題への取組みの例 …… 128
63. 持続可能な人類発展のために … 130
64. 学校における
    生活科学教育の課題 ………… 132

まとめ　生活科学の展望

………………………………… 134

付　録 ……………………………… 136
用語解説 …………………………… 143
引用文献／参考文献 ……………… 155
索　引 ……………………………… 158

私たちの 生活科学

(第2版)

凡　例（用語解説について）

本文中，**太字**に†印を付した用語は巻末の
"用語解説"に掲げ，くわしく解説してあり
ますので，ご参照ください．

1章 生活科学とは

1. 生活科学の概念

　生活科学は，生活の発展・向上を目的とした"生活そのもの"を主対象とする実践的応用の学問である．生活にかかわる物資や環境と，社会的存在としての人間について，またこれらの要素間の相互関係について，法則や条件・原理・理想などを研究し，人類の生存・福祉に貢献する応用的科学で，従来，ホーム エコノミックスの広義の定義（表1・1）を継承してきたが，現在では後述のようにさらに質的発展させたものが求められている．

　生活科学は，家庭や社会での，私たちの生活の中で生じた疑問や問題を見つけ出し，ヒト対モノの関係では一般生活者の立場，ヒト対ヒトの関係では弱者の立場に立って，自然科学や社会科学・人文科学などの知見にもとづく科学的分析によって解明し，"自然環境との共生"や"人類の永続的な継承"の観点から，その疑問や問題を解決して，生活の発展・向上に役立て，健康で安全・快適・文化的な生活の創造・提供をめざす学問である．

　人間の生活は複雑で，また多面的であり，生活を全体的・総合的にとらえることが大切である．しかし，現在の社会では，あらゆる領域で専門分化が進んでおり，学問の分野でも専門分化が著しい．生活研究でも，生活は断片化・細分化してとらえられがちである．生活は，本来，多くの要素から成り立つ一つの総合体であるから，つねに"生活そのもの"や生活の他の側面との関連において位置づけなければならない．そのためには，関連する学問の研究成果を広く学び，それらを総合化するよう努めることが大切である．そのとき，一般生活者の保護・福祉にとって何が大切か，といった正しい価値基準をもたなければならない．

　生活者の立場に立って，生活の現実的課題を学問的に解明するためには，家庭生活と社会での生活がボーダレス化した現代生活を対象とする科学として，人間の再生産活動を支援する外部の生産活動も広範囲に対象とする"家政学広義型"，ある

表1・1　ホーム エコノミックスの定義

　1892年にエレン・H・リチャーズ[1]は，人間と環境との相互作用を研究する"人間生態学"を提起し，レイク・プラシッド会議（1899～1908年）で基本的な理念と概念と方法について検討が加えられた．このレイク・プラシッド会議での討議の中で，名称はホーム エコノミックスと決定され，"ホーム エコノミックスは，人間を取り巻く物理的環境と，社会的存在としての人間の本質について，またその両者の相互関係について究明する学問である"と定義し，アメリカ家政学会が発足した．しかし，狭義には，"家事や家庭管理に関する実際に役立つ学問"としたが，その後の50年間の歩みを反省し，1959年に，狭義の定義を放棄している．さらに，1974年には，人間生態学（ヒューマン エコロジー）としての家政学の基本の理念・原則への回帰をめざして，軌道修正を加えている．このレイク・プラシッド精神にもとづく広義の家政学が生活科学であるといえる．

図1・1　エレン・ヘンリエッタ・スワロー・リチャーズ[1]

図1・2　水質の汚染を調査するエレン（1870年代末ごろ）[1]

いは"家政学を部分概念と位置付ける生活科学"の考え方が必要である．しかし，人類の生存，持続的な発展にとって地球環境との共生が不可欠となった現在，家政学広義型をさらに発展させて，人間存在の基になる生産活動をも生活活動の一端として包含し，人類の永続的な継承を目的とする私たちの全再生産活動を"目的体系"，生産活動領域を"手段体系"と位置づけ，生活の改善・向上に取り組む応用科学，生活にかかわる判断規準を明らかにする"規範の科学"として，家政学のわくをこえた"質的発展型"ともいえる"タイプ4の生活科学（12ページ参照）"が必要になってきている．

国民生活や地域生活，家庭生活などのあらゆる場面で，① 将来の生活像を現実的・科学的に描き，それを現実化する方策を明らかにする，② 対等の立場で男性と女性とが共生する具体的な条件や筋道を明らかにする，③ 老人や心身障害者などを含めすべての人びとが，自立して対等な社会の一員として共に生きることができる社会の構築を推進し，福祉社会を形成する実践方法を示すなど，生活研究の成果を現実の生活の発展・向上に生かす理論の構築や生活創造の方策を示す必要がある．

21世紀に入り，わが国では社会の高齢化・情報化・国際化への進展が明白になり，さらに生活の量的充足にはほぼ満足して，心身の健康やゆとり，潤いなどの質的充足を求めるようになっている．

一方，世界の総人口は2000年に60億人を突破し，そのおびただしい数の人間の活動によって，いま地球は異常気象，温暖化，**酸性雨**[†]，森林破壊，砂漠化，オゾン層の破壊，飢餓，難民など，人類の滅亡につながる幾多の問題に直面している．あと100年もすれば人類は滅亡するともいわれるなかで，地球を守り，人類として繁栄する方策を見いだすことこそ，今日の最大の課題といえる．

人類の生存・人類の福祉をかけて，生活者の観点でこれらの問題に取り組むのが生活科学であり，その重要性がますます増してきている．

生活科学が取り扱う対象範囲を図1・3に示す．

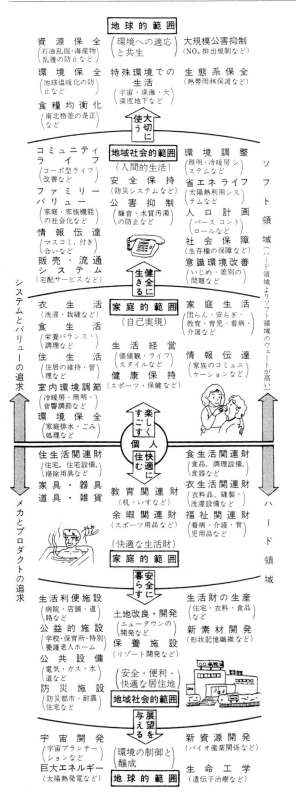

図1・3 生活科学が取り扱う対象の範囲

2. 生活科学の歴史

わが国の生活科学の研究は，明治政府による産業の近代化政策にともなって生じた労働の商品化と，労働者の生活問題を対象にすすめられた社会政策や，社会問題，労働者問題，栄養問題などの**生活研究に端を発している**†といえる．

当時の政治・経済体制の急激な変化に対応できない人びとの悲惨な生活や労働条件が社会問題となり，下層社会・職工事情などの研究が現われ始めた．また，列強に比肩するため，国民の体格の向上，健康の増進の必要性から，栄養学が注目された．

その後，大正時代には，日本の庶民の生活文化がいかに伝承されてきたかを追求する民俗学が芽生え，生活現象全般にわたっての民俗資料の採集や比較類別が進められ，その成果は社会学や住居学などの研究の進展に貢献している．

また，第一次世界大戦後の恐慌から昭和初期の経済不況時には，さらに多くの社会問題が起こり，貧困問題のほか，衛生問題・住宅問題や賃金問題などが専門的・系統的に研究されるようになった．たとえば住宅に生理的・衛生的基準や構造的基準を設定するための研究などがみられる．

満州事変から引き続く戦時下では，工業労働者や農業労働者の生活改善が国家的問題となり，労働科学が生まれた．とくに農業労働の基礎問題として，家事労働や住居・栄養などの問題も研究されるようになり，また，戦時中の労働能率の向上の要請から，労働者の家庭生活の改善の必要性が注目され，その研究なども進められた．ここで戦後の生活科学研究の基礎が築かれたといえる．

戦後，人びとの生活は，敗戦による従来の秩序の破壊とあらゆる面での物資の不足から，困窮や乱れが著しく，その改善が強く求められた．1949（昭和24）年，新制大学が発足する際に大阪市立大学では，ホームエコノミックスの概念である"人間を取り巻く物理的環境と，社会的存在としての

1945年．終戦時420万戸の住宅が不足しており，防空壕暮らしの世帯も28000戸あった．

1946年．通勤・通学の電車・バスはいずれも鈴なりであった．

1955年頃．衣食は一応足りるようになり，電気器具に人気が集まった．しかし洗濯機の普及率はまだ44世帯に1台であった．電化時代の到来である．

1956年．55年に住宅公団が設立され，公営住宅の供給もかなり進んだが，ステンレス流し・ダイニングキッチンの公団住宅は大人気で，机・いすでの食事，洋式便所が導入された．

1958年．この年の8月に最初のインスタントラーメンが発売され，60年8月には国産インスタントコーヒー第一号も発売された．インスタント時代の幕開けである．

1959年．ミゼットハウスが10月に発売された．まだ住宅難時代に3坪の部屋が11万円・3時間で建つとあって爆発的に売れた．プレファブ住宅時代の始まりである．

図 1・4　生活の移り変わり（その1）[2)~5)]

1章 生活科学とは　5

1961年．60年の道路交通法の改正で，自動車教習所が明文化された．マイカー時代の幕開け．

1964年．日本で初めて科学的データにもとづいた婦人服サイズの号数体系の誕生．紳士服の体系も1965年に完成し，JIS化された．既製服時代の基礎をつくった．

1965年．60年以来の高度経済成長の陰で，公害問題が深刻化した．四日市では，小学生全員に公害マスクを配った．

1971年．ハンバーガー店成功の最初．外食チェーン繁栄時代の到来である（外食産業元年）．

1975年ころから受験戦争が激しくなり，子どもの塾通いも一般化する．孤食・インスタント食品での食事も目立つようになる．

1975年ころからGNPが自由世界2位となり経済的余裕がでるとともに，廃棄物が増大した．とくにまだ使用可能な粗大ごみが問題となる．

図 1・4　生活の移り変わり（その 2）2)～5)

人間の本質について，またその両者の関係について究明する学問"を行なう学部として，生活科学部を設置しようとしたが，当時は占領下でGHQ†の理解が得られず，やむなく"家政学部"として出発し，1975年にようやく"生活科学部"に改称したが，これが，わが国に生活科学部という名称の学部が設置された最初であり，そのとき同時に，生活科学・家政学系において，わが国で最初の博士課程の大学院生活科学研究科も開設されている．なお，学科レベルでは，新制大学発足時に東北大学農学部に生活科学科が置かれ，農家の生活改善をめざして生活科学研究の確立に取り組んでいたが，大学院設置で行き詰まり，10年余りで生活科学科の人びとは，農学部のほか文学部社会学講座や工学部建築学科などに分散して，生活科学科は解消している．

1955年以降の高度経済成長期に入ると，都市への産業や人口の集中にともない，過密過疎の問題・土地問題・住宅問題・近隣社会問題・環境汚染問題などが深刻化してきた．明治期における生活科学研究の芽生えが，社会問題にあったことからも明らかなように，生活科学の研究者たちは，比較的早くからこれらの問題に取り組み，諸問題に対処する応用科学の確立・発展に貢献するとともに，大都市における市民生活の向上に寄与してきた．一方，家政学の研究者は，ごく最近まで，その研究対象を主として家庭生活に限定していたため，これらの環境汚染問題をはじめとする社会問題に取り組んでこなかった．この点に，生活科学と家政学の視野の違いが顕著に認められる．

1980年代の後半ごろから，全国の女子大学・短期大学において，家政学を"生活科学"系の名称に改称しようとする大きな流れがみられる．今後ますます生活科学が重要になってくることを理解しての改組・改称は，歓迎すべき傾向である．

戦後の庶民生活の変遷でエポックメーキングな事柄を図1・4に，また生活科学の系譜を表1・2に示す．

表 1・2 わが国における生活科学関連事項の系譜

	生活科学・家庭生活関係事項	代表的生活科学関連文献	時代の特性	
			政経の動向	生活関連の動向
明治時代 1868〜1912	社会問題・労働問題・栄養問題についての研究が始まる．産業革命による労働の商品化・奴隷化．単純労働による低賃金化・労働者の幼少化・若年化．貧困層の急激な人口増．観察研究の発現．一般的労働者（賃金労働者）の生活の出現．家計分析研究の出現． 市立大阪衛生試験所を開設 (1906)	イギリスにおける労働者階級の状態：エンゲルス (1845) 学問ノススメ：福沢諭吉 (1872) 最暗黒の東京：松原岩五郎 (1893) 日本の下層社会：横山源之助 (1899) 貧乏研究：ラウントリー (1901) 職工事情：農商務省工務局 (1903) ホーム・エコノミックスの概要：エレン・リチャーズ (1910) 貧乏心理研究：賀川豊彦 (1911)	徴兵令公布 (1873) 教育令制定 (1879) 農村不況深刻化 (1884) 市制・町村制公布 (1888) 帝国憲法発布 (1889) 府県制公布 (1890) 日清戦争 (1894〜1895) 第1回近代オリンピック（アテネ) (1896) 金本位制施行 (1897) ノーベル賞創設 (1901) ライト兄弟初飛行 (1903) 日露戦争 (1904〜1905) 工場法成立 (1911)	郵便制度発足 (1871) 戸籍法公布 (1871) 太陽暦採用 (1872) ガス灯がつく（横浜) (1872) 東京大学開設 (1877) 東京に電灯がつく (1887) 東海道線全線開通 (1889) 米騒動（北陸などの各地) (1890) 濃尾大地震 (1891) 足尾鉱毒事件 (1891) 市電開通（京都) (1895) 活動写真（大阪) (1895) 三陸大津波 (1896) 小学校国定教科書令発布 (1903) 小学校令改正（義務教育6年) (1907)
大正時代 1912〜1920	常民の生活文化についての民俗学的研究が始まる．衛生問題・住宅問題などの専門的・系統的研究が始まる．資本主義の発達．大正デモクラシー．都市労働者・サラリーマン家族の増加．すぐれた生活調査が多くみられるようになる．家父長制・小家族の出現．専業主婦の出現と家事の発生．家族統合の新しい概念の発生→家庭．庭付き一戸建てと都市住宅．産業国家体制の整備が進む一方，余暇研究・都市生活研究が現われる．大原社会問題研究所創設 (1919)	二十職工家計調査：高野岩三郎 (1915) 生活問題：森本厚吉 (1920)	第一次世界大戦(1914〜1918)	第1回中等学校野球大会 (1915) 大学令高等学校令公布 (1918) 米騒動（富山に起こり各地に波及) (1918) スペイン風邪大流行（死者15万人) (1918) 第1回国勢調査 (1920)

(次ページへ続く)

	生活科学・家庭生活関係事項	代表的生活科学関連文献	時代の特性	
			政経の動向	生活関連の動向
大正時代 1920〜1926	倉敷労働科学研究所設置．(1921) 市立大阪衛生試験所を大阪市立衛生試験所に改称 (1921)	月島調査：内務省衛生局 (1921) 生存より生活へ：森本厚吉 (1921) 新生活研究：森本厚吉 (1922) 日本の民家：今和次郎 (1922) 女工哀史：細井和喜蔵 (1925) 雑誌「家事と衛生」発刊：大阪市立衛生試験所 (1925〜1944)	治安維持法公布 (1925)	関東大震災 (1923) ラジオ放送開始 (1925)
昭和（戦前）1926〜1945	軍国主義体制の強化．世界大恐慌の結果，国家社会主義的政策が各国でとられる．国民生活にかかわる研究が盛んに行なわれる．戦時経済の元で生産性の向上・労働者の生活を守ることを目的として研究．農村の生活改善運動が起こる．大恐慌 (1929) 恐慌激化 (1930) 大阪市立衛生試験所を大阪市立生活科学研究所に改称 (1942)	考現学採集：今和次郎(1931) 国民生活の理論：大河内一男 (1938) 国民生活の分析：永野順造 (1939) 住み方調査：西山夘三(1941) 住空間の用途構成に於ける食寝分離論：西山夘三 (1942) 庶民住宅の住み方に関する研究：西山夘三 (1942) 国民生活の構造：篭山京 (1943) 家郷の訓：宮本常一 (1943) 国民生活費の研究：安藤政吉 (1944) 国民住居論攷：西山夘三 (1944)	金融恐慌起こる．(1927) 普通選挙実施 (1928) 世界恐慌始まる．(1929) 米価・生糸暴落 (1930) 特高警察設置 (1932) 満州国成立 (1932) ニューディール政策開始（アメリカ）(1933) 国際連盟脱退 (1933) 日中戦争始まる．(1937) 第二次世界大戦勃発 (1939) 国民徴用令公布 (1939) 日独伊三国同盟成立 (1940) 太平洋戦争勃発 (1941) 学徒出陣 (1943) 原子爆弾投下(広島・長崎) (1945)	地下鉄開通(東京 浅草) (1927) 労働争議多発 (1931) 三陸地震津波 (1933) 函館市火災 (1934) 室戸台風 (1934) 文化勲章制定 (1937) 物価統制令実施 (1939) 国民学校令公布 (1941) 食糧管理法公布 (1942) 学童集団疎開実施 (1944)
昭和（戦後）1945〜1947	生活の構造を労働・休養・余暇の生活時間量でとらえる．農村の生活改善運動がいっそう盛んになる．高度経済成長にともなう工業化．都市化・核家族化の急進展．	住生活：今和次郎 (1945) 気候と住居：木村幸一郎 (1947)	終戦 (1945) GHQ設置 (1945) 食糧メーデー (1946) 新選挙法・婦人参政権(1946) 日本国憲法制定 (1946) 第一次農地改革実施 (1946) 共産国ソ連圏の成立．(1947)	生活保護法 (1946) 教育基本法・学校教育法 (6・3制実施) (1947) 児童福祉法公布 (1947)

（次ページへ続く）

	生活科学・家庭生活関係事項	代表的生活科学関連文献	時代の特性	
			政経の動向	生活関連の動向
昭和（戦後）1947〜1970	新制大学発足，初めて家政学部設置 (1949) 大阪市立生活科学研究所を同衛生研究所に改称．(1949) 消費革命が進む． 過密・過疎化，住宅問題，公害などが社会問題となり，生活科学分野でも活発に研究され始める． 消費者被害が続発→新しい生活問題 女性の社会進出の顕著化． エレクトロニクスの進展． 特需景気起こる．(1950)	これからのすまい：西山夘三 (1947) 雑誌「家事と衛生」を改称し，雑誌「生活科学」発刊：大阪市立生活科学研究所 (1948〜1957)	国連人権宣言 (1948) 単一為替レート(1ドル360円)実施 (1949)	改正民法公布 (1947)（家制度の廃止） 独占禁止法，地方自治法公布 (1947) 福井大地震 (1948) 教育委員会発足 (1948) 日本学術会議発足 (1949) 法隆寺金堂壁画焼失 (1949) 衣料・野菜統制撤廃 (1949) 湯川博士ノーベル賞受賞 (1949)
		生活の衛生学：三浦豊彦 (1951) 生活病理学：今和次郎 (1952)	朝鮮戦争勃発 (1950) 講和条約調印 (1951) 日米安保条約調印 (1951) 児童憲法制定 (1951) ILO加盟 (1951) 米水爆実験 (1952) 国際通貨基金に加盟 (1952)	満年齢実施 (1950) 民間放送始まる．(1951)
	家政学系に初めて大学院修士課程設置される(大阪市立大学)．(1953) 神武景気 (1955〜)	家庭生活の構造：中鉢正美 (1953)	自衛隊発足 (1954) ガット加盟 (1955) 原子力基本法公布 (1955) 第1回原水禁世界大会 (1955)	テレビ放送開始 (1953) 森永ヒ素ミルク中毒事件 (1955)
	戦後は終った(経済企画庁)．(1956) なべ底景気 (1957〜) 団地族誕生 (1958年頃から)	生活構造論：中鉢正美(1956) 国民生活白書：経済企画庁より毎年発行 (1956〜) 生活の研究：今和次郎(1957) 生活科学の理解のために：佐々木嘉彦他．東北大学農学部生活科学科 (1957) 雑誌「生活科学」を改称し，雑誌「生活衛生」を発刊：大阪市立衛生研究所(1957〜)	南極観測隊昭和基地設営 (1957) 人類初の人工衛星(ソ連) (1957) 原子の火(東海村) (1957) 国連安保理非常任理事国として日本初当選 (1957) メートル法実施 (1959)	家電元年，新家庭の三種の神器(テレビ・電気洗濯機・電気冷蔵庫) (1956) 新「国民健康保険法」制定（皆保険実現） (1958) 伊勢湾台風 (1959) 国民年金法制定(皆年金実現) (1959)
	インスタント食品の時代の到来．(1960年頃から) プレファブ住宅登場（〃） 家電製品が普及する．（〃） 岩戸景気 (1959〜1961) 公害問題の顕在化 (1964年頃から) イザナギ景気 (1965〜1970)	生活の科学：沼畑金四郎 (1960) 家庭論：大熊信行 (1964) 生活科学ハンドブック：大後美保・庄司光 (1964)	農業基本法公布 (1961) OECD加盟 (1964) ベトナム戦争開始 (1964〜) 中国・文化大革命始まる．(1965) 公害対策基本法施行 (1967)	カラーテレビ本放送開始 (1960) 家庭用品品質表示法公布 (1962) サリドマイド事件発生(薬害問題) (1963) 老人福祉法制定 (1963) 東海道新幹線開通 (1964) 母子福祉法制定 (1964) 東京オリンピック (1964)

(次ページへ続く)

	生活科学・家庭生活関係事項	代表的生活科学関連文献	時代の特性	
			政経の動向	生活関連の動向
昭和（戦後）1970〜1989	外食産業が盛んになる．(1970年頃から) 日照権紛争が多発．（〃） 軽薄短小時代（〃） 使い捨て時代（〃） 国民生活センター設置．(1970) 全国各地に消費者センター設置．(1970) 石油パニック起こる．(1973) 大阪市立衛生研究所を同環境科学研究所に改称．(1974) ブランド志向が顕著になる．(1975年頃から) マイカー時代の到来（〃） 家庭の空洞化，環境汚染問題が顕在化し始める． わが国で初めて生活科学部設置される（大阪市立大学）．(1975) わが国で初めての生活科学系の研究科博士課程設置（大阪市立大学）(1975) 生活嗜好の多様化時代（ハイテク志向・自然志向）(1980年代) 健康食ブーム（1980年代） エレクトロニクスの家庭への浸透．(1980年代)（ファミコン，ワープロ，CD，全自動カメラなど） 情報化時代の到来（テレホンカード，コードレス電話，ファクシミリなどの普及）(1980年頃から) 地価異常高騰(1980年頃から) 家政学系大学・短大の生活科学系への改組・改称が盛んになる．(1985年頃から)	生活科学の範囲と内容について：原田一(1967) シビルミニマムの思想：松下圭一(1971) すまいの思想：西山夘三(1974) 住み方の記：西山夘三(1978) 日本のすまい：西山夘三(1975〜1980) なぜひとりで食べるの：足立己幸(1983) ホーム・エコノミックスに愛をこめて：上林博雄(1984) 生活学の方法：中鉢正美(1986) 新・生活設計：今井光映・阿部喜三(1987)	GNP世界3位（資本主義国第2位）となる．(1967) 学園紛争勃発（1968〜1969） 環境庁発足(1971) ニクソンショック(1971) 円切り上げ(1ドル308円) 円変動相場制移行(1973) 中東戦争勃発(1973) ベトナム戦争終結(1975) 第1回先進国首脳会議(1975) 200カイリ漁業専管水域設定(1977) 円高(1ドル約240円)(1977) 国連女子差別撤廃条約採択(1979) 円高(1ドル約200円)(1980) 第2回臨調設置(行財政改革)(1981) 地球環境汚染が国際間問題化．(1988) 労働基準法改正(週46時間労働)(1988)	イタイイタイ病・水俣病公害病認定(1968) 消費者保護基本法制定(1968) 国産人工衛星打上げ成功(1970) 日本万国博開幕(1970) 光化学スモッグ発生（都市公害問題）(1970) 自然環境保全法制定(1972) サラ金被害続出(1976) 試験管ベビー誕生(1978) 新経済社会70年計画（日本型福祉社会）(1979) 国公立大初の共通1次試験実施(1979) シックハウス問題顕在化 WHOがシックハウス症候群を定義(1983) オゾン層の保護（ウィーン条約採択）(1985) AIDS顕在化(1985) 老年人口10％超過(1985) 豊田商事事件(1985) 男女雇用機会均等法制定(1985) 長寿社会対策大綱決定(1986)
平成1989〜	携帯電話普及(1990年頃から) ハイテク犯罪急増(1995年頃から) 介護保険制度導入(2000) インターネット普及拡大(2000年頃から) 住民基本台帳法改正・住民票コード導入(2002)	生活時間と生活様式：伊藤セツ他(1989) 昭和史・世相論：色川大吉(1990) 講座生活学シリーズ出版，光生館(1993〜) ライブラリー生活の科学出版，コロナ社(2001〜)	円高(1ドル約150円)(1990) 円高(1ドル約100円)(1994) 円高(1ドル約90円)(1995) 不良債権処理問題(2000〜) 同時多発テロ事件(2001) 円安(1ドル約120円)(2002) 失業率・倒産件数戦後最高(2002) デフレスパイラル(2002)	文部省学校指導要領改訂（家庭科，男女共修）(1989) バブル経済の崩壊(1992) 18歳人口減少し始める．(1994) 阪神大震災(1995) 世界環境サミット京都議定書（先進国CO_2削減提案）(1997) クローン羊誕生(1998) ダイオキシン類の安全基準判定(1999) わが国で狂牛病発生(2001) 偽装表示事件続発(2001〜) クローン人間誕生？(2002)

3. 家政学の歴史

　江戸時代に芽生えた当時の家政に関する考えかたは，儒教や仏教などの影響を強く受けたもので，武士階級によって確立され，これが町人，農民へと浸透していったが，貝原益軒の家父長的な「女大学」に代表される，"個人よりも家を重んずる"，"婦徳を磨く"，"家庭を守る"といった"家政思想"に基盤を置いたものであった（表1・3）．

　明治時代以降，生産や生活様式の近代化が急速に進み，生活の中にも科学性や合理的思考が流入して，自然科学が家政学へも盛んに導入されたが，依然として家事技術中心であって，学問としての実証性に欠けていたといえる．1872（明治5）年の学制で女児小学校には"手芸科（裁縫・家事を含む）"を教えることになり，また1879年の教育令の公布で"裁縫科"が誕生し，家事科，家政科などの教科・科目が置かれ，家事裁縫教育中心の良妻賢母理念とその内容の教育が1945（昭和20）年の終戦まで続いた．なお，"家政学"という言葉は1887年ごろから文献に現われてくる．

　第二次世界大戦後，1947年の教育改革によって学制は六・三・三・四制となり，男女共学を基本にした9か年の義務教育が取り入れられた．日本の新しい教育制度を構築するために訪れたアメリカ教育使節団の勧告により，1948年に家政学が大学の学部として認められ，1949（昭和24）年の新制大学発足以後，多くの大学，短期大学に家政学部や家政学科が開設された．

　当時，国立大学に置かれた家政学系の学部は，生活の研究が主目的ではなく，前身が女子高等師範学校ということもあって，家庭科教育指導や**家庭科教員養成**†が目的の女子大学であった．私立大学に置かれた家政学系の学部・学科もほとんどが，裁縫科・家事科などを前身とした女子を対象の"家事学"教育の延長であった．自由・平等が強く意識されていたこの時代でも，国立大学・私立大学に設置された家政学部や家政学科はいずれも

表1・3　わが国における

		家政思想・家庭生活	代表的家政
江戸時代		強大な家父長権の支配と家族員の服従．厳格な直系親族と卑属の縦の秩序の維持．嫡出長男（次代の家長）の単独相続制度．親子関係の夫婦関係に対する絶対的優位性の確立．極端な男尊女卑と妻は夫の隷属的存在の強要．	家長を対象とした家政の理念や教訓を説いた"教訓書"や"家訓書"が多く出された．
明治時代		家を第一義とする伝統的な家政理念に人間の生活を中心とする理念が加わる．"家の継承と繁栄"というこれまでの家政目標に家族の健康や幸せの実現という生活課題が加わる．家長主宰の家政に対して夫婦双方を経営責任者とする家政のあり方が示され始めた．生業を分離した家政の概念が定着し始めた．経験的・伝統的家政法に初歩的ながら科学的で合理的方法が入りだした．男女平等観に基づく女子学問の必要性が問われた．	伝統的家政書に加えて欧米の翻訳的家政書が明治10年代まで利用され，やがて二つの家政書の折衷的な日本的家政書が出現する．
大正時代		大正デモクラシーの風潮は都市のインテリや中産階級を中心に広まった．近代的核家族や民主的な家政担当者としての主婦が登場しだす．日常生活には近代的で西欧的な新しい様式も定着し始めたものの，一般には伝統的家政観は依然として根強かった．	家事事象の理化学的分析や家計領域についても学問的研究がなされた．
昭和前期		西洋市民社会の生活を前提とした家政理念は批判・排斥され，日本の皇国本来の"家"の本義に立脚した"斉家報国"の思想が強制された．	きびしい環境下で，家政の本質や家政学の体系など，科学としての家政学を追求した，学問的研究や生活論理・生活構造に関する文献が出される．
昭和後期		古い家制度が崩壊して，人間を中心とする家庭が出現した．家庭では個人や親子関係よりも，夫婦の繋がりが重視された．また男女平等を前提とする民主的家族観が成立した．新教育制度の発足によって，大学教育・研究の対象として家政学部が新設され，日本家政学会も設立されて正式に科学としての評価が確立する．	新時代に対応する家政論が数多く出される．

〔注〕　わが国の家政学は，江戸期から今日まで"保守−進歩"，現われ，両者の癒着と分離の中で2本のひもで編んだ網

家政学関連事項の系譜

関連文献	時代の特性
家道訓：貝原益軒 (1712) 斉家論：石田梅巌 (1743) 家内用心集：頓宮咲月 (1730)	家政思想にも儒教的思想が強力に影響していた． 外面的・体面的尊厳の理論による家政統率の理念が支配していた． 女子は"女大学"に述べられるように"三従七去の教え"を強く求められた．
百科全書家事倹約訓：永田健助訳 (1874) 経済少学家政要旨：永峰秀峰 (1876) 女子家政学：瓜生寅 (1889) 家政学：清水文之輔 (1890) 家政学：下田歌子 (1893)	一般論としては男女の人間的平等は主張されても"天性職分思想(性別分業)"にもとづく男は外，女は内を収めるとの発想から，女性の目的は家にあって賢母にあるとされ，家政教育の目標が良妻賢母の養成に向けられていた． 規制や家族制を中心とした伝統的人間関係を強化する方向と資本主義の必然的要求としての合理主義を体現した折衷的家政理念が追求された．
応用家事精義：大江スミ子 (1916) 家事応用理化学：石沢吉磨 (1918) 科学的家事精義：石沢吉磨 (1923) 家政：鳩山春子・薫子 (1917) 家事経済学：松平友子 (1925) 最新家事提要：井上秀子 (1925)	伝統的・体験的家事技術を重視する家政観に代わって，科学的研究の必要性が初めて理解されだした． しかし，家政学を総合科学として体系化する独自の研究にまでは展開できなかった． 大正デモクラシーの影響下で，民主的家政思想や実習重視の家事教育が盛んになる．
日本家政学：倉沢剛 (1949) ——国家家政観 新家政学：大熊信行 (1942) ——家政の再生産性 クセノホーン家政論：田中秀央 (1942) 国民生活の構造：篭山京 (1943) 国民生活の課題：大河内一男 (1943)	国家主義的家長中心の家族制度は，天皇制国家体制を支える基本的制度としてとらえようとする国家権力の意図を背景に一般化し，軍国主義的家政学が定着する．
家政学序説：井原賢次 (1953) 新版家政学原論：黒川喜太郎 (1962) 家政学の根本問題：原田一 (1946) 家政のあり方：今和次郎 (1955) 科学としての家政学：島田英男 (1968) 家政学原理：今井光映 (1969) 家政学成立史：常見育男 (1971) 新家政学原論：加勢川尭 (1976) 家政哲学：関口房 (1977)	社会生活における急速な民主主義思想の普及に対応して，家庭の中にも民主化の波は浸透し始めた． しかし，家庭生活における省力化・機械化・電化あるいは衣生活の合理化の速度に比べて，意識面の変化は遅かった． 後半，女性の社会進出が顕著になるとともに，家事の外部処理化・商品化がみられるようになり，生活の空洞化現象が出現した．人間活動にともなう環境の悪化，環境汚染の顕在化・国際化も進む．情報化がテレホンショッピングにみられるように一般化し，家庭と社会，国内と世界の境界が不明確になる．

"伝統的家政観—欧米的家政観"といった視点が絶えず交互にのごとく発達してきた特性がある．

女子の大学であった．生活を主対象とする学問であるのに，生活者の各半数を占める男女が共に学べる共学制を当時敷いていた家政系の大学は，公立の大阪市立大学家政学部のみであった．また，教育目的も，とくに短大の家政科を中心に，職業人養成でなくおもに家庭人育成に置いていた．

さらに，家政学研究者の多くが，"家庭生活"をおもな研究領域とし，しかも栄養科学や理化学，繊維工学，建築学，医学，心理学，教育学，経済学，社会学などの分野からの出身者の寄合い所帯で，学問としての充分な共通認識や独自の学問分野をもたずに新制大学の学部として出発したため，出身分野の認識・手法で，しかも"生活そのもの"ではなく，食物・衣服・住宅などといった"モノ"を主対象として，自然科学的・分析科学的に研究を進めることになり，結局，家政学としての独自の手法や分野が構築できなかった．

日本家政学会は，1970年と84年に，"家政学は，家庭生活を中心とした人間生活における人間と環境との相互作用について，人的・物的両面から，自然・社会・人文の諸科学を基盤として研究し，生活の向上とともに人類の福祉に貢献する実践的総合科学である"と定義したが，これはアメリカ家政学会の定義に準じたものである．

その後も問題を家庭生活中心にとらえ，しかも複雑・多面的な生活を，主として微視的・分析的に追求して解明し，解決しようとしたため，生活の中での総合的な価値判断の視点を欠き，生活者のための学問になっていない面があった．

また，一般の人びとの家政学に対する認識は，いまなお"家事の科学"の域を出ておらず，実情との間には大きなギャップがあって，その認識を改めることは至難であり，さらに**社会問題・環境問題などの深刻化・国際化が進み**[†]，情報化の進展，女性の社会進出の顕著化などから，生活を総合的に広くとらえる生活科学の視点が重要になって，1980年ころ以降，男女共学にする大学や，学部名称の生活科学系への改称が続いている．

4. 家政学から生活科学への流れ

生活科学と家政学の概念の比較

　タイプ1の生活科学は，アメリカ家政学会の狭義の定義"家政学は家事や家庭管理に関する実践的な学問"にもとづき，研究対象を主として家庭生活関連の事象に絞り，自然科学的・分析科学的手法で研究・教育するもので，家政学狭義型に対応している．初期の生活科学書に多い，家庭生活の事象を理化学的に解説したり，科学や技術の発展成果を家庭生活に適用する内容の，大正期の"家事科学"の流れを汲むものがこれに当たる．

　タイプ2の生活科学は，本質的な理念や独自の方法論の追求よりも，戦前の裁縫科や家事科などを前身とした多くの家政系大学・短大にみられる，一般の人から家事学と同一視されている家政学の古いイメージの払拭を意図しての生活科学系の名称へ変更された，家政学同義型といえる．

　タイプ3の生活科学は，1970年に日本家政学会が国際家政学会のアンケートに対し，表1・4のように回答し，さらに1984年に"家政学将来構想"の中で家政学の対象を"家庭生活を中心にした人間生活"とし，生活環境の変化，人びとの意識・価値観の多様化した，21世紀の社会変化に対応できるものとする家政学広義の考えに対応するものといえる．1991年3月の日本学術会議家政学研究連絡委員会の見解では，家政系大学・短大の領域・学科編成として，表1・5に示すような家政学系の共通専門教育科目や領域・学科などを挙げている．"人間の生活活動全般"を対象とするアメリカ家政学会の広義の家政学にも対応する考えである．

　しかし社会的にも国際的にもボーダレス化している現代の生活問題に対応するためには，家庭中心では限界があり，最近では1節で述べたように，人間存在の基になる生産活動も生活活動の一端として位置づける，家政学の枠をこえた"質的発展型"としてのタイプ4の生活科学の概念が生まれている．家政学と生活科学の比較を表1・6に示す．

表1・4　家政学とは

〔A〕
1. 意　義
　家政学は，家庭生活を中心として，これと緊密な関係にある社会事象に延長し，さらに人と環境との相互作用について，人的・物的の両面から研究して，家庭生活の向上とともに人間開発をはかり，人類の幸福増進に貢献する実証的・実践的科学である．
2. 家政学に関する理念あるいは重要な意見
・対　象
　家庭生活は，人間生活の基盤であることから，これを中心として個人・家族，ならびに地域の生活について研究するが，近年家庭の機能がますます社会化される傾向にあるので，家政学の研究をこれと緊密な関係にある社会事象に延長し，さらに人と環境との相互作用について研究する．以上のような研究は，人類の幸福増進につらなると考える．
・方　法
　家政学は，自然・社会・人文の諸科学を基盤として，家庭生活に関する諸法則を明らかにし，実生活に役立つ研究をする．
3. 目　的
　(1)　一般目的……家族の幸福増進・人類の福祉増進
　(2)　具体目標
　イ．家庭生活の向上
　① 健康，② 家族の親切と民主的な関係，③ 精神的な安定，④ 経済生活の安定，⑤ 適切な教養・娯楽，⑥ 子どもの出生と教育，⑦ 科学的・芸術的な衣食住，⑧ 家庭生活技術の向上，⑨ 伝統の保持と改善，⑩ 地域社会，国家，人類への貢献．
　ロ．人間開発
　人間の成長・発達　｛ 身体的／精神的(能力の発達を含む)／社会的

〔B〕その他
　つぎのような諸説もある．
　(1)　生活科学として，衣食住等広く人間の生活の研究をする．
　(2)　家庭経営を家政学の中心として体系化する．
　(3)　科学だけでなく，芸術・技能を加えた学芸とする．
　(4)　職業を重視する．

家事洗濯の実習(大正時代)

作法の実習(大正12年)

割烹実習(昭和8年)

授業風景(昭和14年)

図1・5　戦前の家事科の授業風景

表1・5 家政学系大学・短期大学の学科編成[6]

(a) 家政学系共通専門教育科目

| 家政学原論　家族・家庭生活論　家庭経営論　消費者問題 |
| 健康管理論　生活文化論　生活福祉論　生活情報論 |
| 生活環境・資源論　生活科学・技術論 |

(b) 領域別および学科

領域	学科
総合・複合系	家政学科　生活学科
人間発達系	人間発達学科　保育学科　児童学科　老年学科
家族・家庭生活系	家族関係学科　家庭経営学科　家庭経済学科
生活文化・芸術系	生活文化学科　生活美学科　生活造形学科　生活芸術学科
生活福祉系	生活福祉学科　生活健康学科
生活情報系	生活情報学科
生活環境・資源系	生活環境学科　環境デザイン学科　生活人間工学科
生活科学・技術系	生活科学科　食物学科　食生活学科　被服学科　衣生活学科　住居学科　住生活学科
生活産業系	生活産業学科　食産業学科　アパレル産業学科　住産業学科

表1・6 生活科学のタイプ

生活科学のタイプ	対象領域	視点	備考
タイプ1 家政学狭義型	家政学のうちの特定の領域.	理化学的部門に限定, 科学技術成果を生活に応用.	家庭生活事象を理化学的に解説. 科学・技術の発展成果を家庭生活に応用. 家事科学の流れを汲む.
タイプ2 家政学同義型	家政学とほぼ同じ領域.	家事学的イメージの払拭. 名称変更の重視.	家政学の古い家事教育的イメージの払拭. 多くの学部・学科名称変更の理由. 実質的な内容変化はない.
タイプ3 家政学広義型	家政学の範囲を拡張した領域.	生産活動や社会活動まで拡大して生活を全体的に考察.	従来の家庭生活機能の一部が社会化・商品化されたため. 家政学は生活科学の部分概念という位置付け.
タイプ4 家政学超越・質的発展型	家政学をこえた人間生活の全領域.	再生産活動を人間存在の目的行為, 生産活動を手段的行為として, 目的面から検証した規範の追求.	人類が永続的にこの世に存在するためには, 生存環境である地球環境の保全が大切. その視点で人間活動を制御する価値観が求められる. "人類の持続的世代継承", "地球環境との共生型発展"が重要な規範となる.

家政学の問題点

終戦までのわが国の家政学は, 良妻賢母主義に基盤を置き, 家事技術中心に, 自然科学も盛んに導入したが, 学問としての実証性に欠けていた.

第二次大戦後, 男女平等・共学が叫ばれたにもかかわらず, 多くの家政学部や家政学科は, 女子大学に設置されたため, "家政学は女の学ぶこと"と考えられ, "家政学は家事学"という認識を一般の人の中に, いつまでも残す原因になった. さらに, 新制大学として出発したとき, 多くの家政学研究者が"モノ"を対象に, 自然科学的・分析科学的に研究を進めたため, 生活者の視点や, 実際の生活問題を解決し, より良い生活を創造するという視点が失われ, 各研究者の出身学問分野と区別がつかない状態になった点にも問題があった.

私たちの生活は, 社会・経済・文化・科学などの影響を受けて変化する. とくに戦後の民主化や核家族化, 高度経済成長, 男女雇用機会均等法の施行などによって, 女性の社会進出が顕著になり, **生活改善運動**[†]や消費者運動が各地で活発化するとともに, 各種家事の外部処理化が促された. 病人や老人の看護や世話から, 炊事・洗濯・裁縫・掃除までも社会化・商品化され, また情報化の進展によって, 在宅勤務や在宅でのショッピングやバンキングも可能となりつつある. ゆえに, 生活を, 家庭内での生活と社会での生活との二極構造としてとらえることはむずかしく, その中間領域が拡大してきているため, これらを連続してとらえることが必要になった. そのうえ, 高度経済成長にともなう産業の拡大や, 人口の都市集中などは, 公害問題・環境問題・都市問題・欠陥商品問題, **家庭生活の空洞化**[†]の問題などの深刻な問題を引き起こしているため, 家庭生活だけが対象では問題を解決できなくなり, 社会生活や産業活動も対象とした生活科学の観点が必要になってきた.

さらに, 女性の社会進出が顕著にもかかわらず, おもに家庭人育成中心の教育で, 社会人としての専門家養成をめざさなかった点も問題があった.

2章 暮らしと科学

5. 科学発展の意味

発展する生活

　私たち人類の生活は，歴史を振り返るまでもなく，つねに発展と変化を繰り返してきた．そして，その変化は，基本的には，私たちの生活をより豊かで快適なものとして実現しようとする，上昇志向的な特性をもって展開してきたといえよう．短期的・局地的にみれば，戦争や災害によって，私たちの生活水準が以前よりも低下することもある．しかし，総体として人間の生活は，つねに発展し，上昇し続けてきたのである（図2・1）．

　"生活は不断に発展的に変化する"という現象は，人間の生活が他の生物のそれと決定的に異なる特質の一つである．なぜ人間の生活は，上昇的に発展するのであろうか．どのような動機が発展を促し，いかなる条件の下で発展を維持してきたのであろうか．

科学技術発生の背景

　私たちの祖先がこの地上に姿を現わしてから，およそ300万年が経過する．当時の人類の知的能力や生活水準は，現在の高等な類人猿とそれほど変わらなかったとみられる（図2・2，図2・3）．それは，採取生活を基盤にした生活であり，つねに食糧不足や，疾病や災害あるいは貧困の悲惨さと隣合わせの生活であったことは想像にかたくない．そして，このような恐怖や悲劇から解放されたいとする本能的な欲求が，人間特有の技術や知識の体系化を生み出す基本的な動機となったと考えられる．食糧不足による飢餓や飢え死にを避けるために農耕が行なわれ，その技術と知識を体系立て農学や理学の基礎がつくられた．原因不明の高熱や命を落としかねないけがを治そうとして，手当ての方法が考えられ，薬草を見つけようとした．こうした努力の客観的集積が，医学や薬学を成立させてきた．幾度となく，人びとの生存をおびやかした災害の悲惨さを繰り返さないため，天災の発生する季節や場所を予知し，対応を工夫しよう

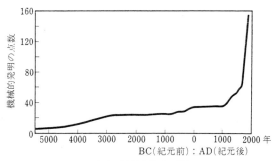

図2・1　機械的発明の増加

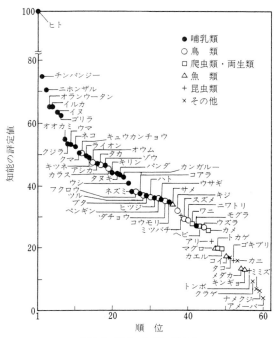

図2・2　動物の知能の評定[1]

図2・3　人類の祖先の生活[2]

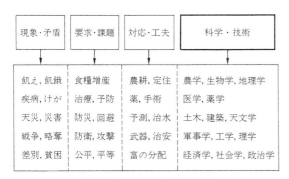

図2·4 科学発展の生活的側面

現象・矛盾	要求・課題	対応・工夫	科学・技術
飢え,飢餓	食糧増産	農耕,定住	農学,生物学,地理学
疾病,けが	治療,予防	薬,手術	医学,薬学
天災,災害	防災,回避	予測,治水	土木,建築,天文学
戦争,略奪	防衛,攻撃	武器,治安	軍事学,工学,理学
差別,貧困	公平,平等	富の分配	経済学,社会学,政治学

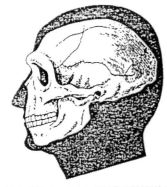

図2·5 ネアンデルタール人との頭骨比較(影絵は現代人)[3]

図2·6 花と共に埋葬されるネアンデルタール人

とする営みが,天文学や治水防災の工学を築くことになった.部族間や異民族間で繰り返された戦闘体験の中で,屈辱の敗者とならないために,軍事力を強化し,集団を統率する制度を模索しながら,人類は軍事学や政治学・社会学などの学問や制度を発展させてきた.

科学技術の求心的課題

このようにして人間は,生活の営みの必然的帰結として,さまざまな科学と技術を生み出して発展させてきた.そのことからすると,現代の諸科学は(人文科学であれ社会科学であれ自然科学であれ)人間の日々の生活と密接にかかわり,その要請を受けて成立してきたものであることがわかる(図2·4).したがって科学技術発展の成果は,なによりも人びとの日々の生活の向上を促進し,問題の解決に寄与しなければならない.また,そのことに基本的な使命があるのだといえよう.

人間愛と生活向上

ところで,人間は飢え,貧困や災害を目の当たりにしたときに,なぜ,それを回避したいと思い,科学技術を発展させようとするのであろうか.いい換えると,他の生物は,なぜそうしないのであろうか.それは多分に人類という生き物が,自分の仲間の悲惨な状態や非業の死という不幸をどうしても看過できない,感性豊かな生物だったためと思われる.現在の類人猿程度の頭蓋容量しかもたなかったネアンデルタール人†(図2·5)が,すでに仲間や身内の不幸を悲しみ,葬送の儀式を有していたという(図2·6).この事実は,人間が愛情に富み,感情豊かな生物であったことが,科学技術発展の重要な動機であったことを示唆しているし,人類と他の生物を分けた決定的な要因でもある.人類の歴史的発展にとって,直立歩行,言語,道具,火の使用は,不可欠の条件であった.だが,その条件を必要とした特性は,人間愛という特殊な感情に起因しているように思われる.しかもそれは,社会の持続的発展を今後も絶対的に必要とする不変的動機なのでもある.

6. 現代科学とその特性

発展による遠心化

科学技術や生産力，あるいは社会の諸制度の発展は，人間の家庭生活とも呼べる，日々の営みの直接的要請にこたえた結果である．したがって，現代の最先端科学といえども，その成果は，結局は私たちの日々の生活に還元されることが必要であり，その発展の求心的テーマには，つねに人間生活の充実・向上に，いかに寄与するのかということが見据えられなければならない．

しかし，科学技術は長い発展の歴史の中で，独自な発展の目標を形成するようにもなった．それは，科学技術の対象領域が個別化，細分化していく傾向である．現象をより精密に，より厳密に説明するためには，一般的事象から個別な事象へ，未分化の現象から分割された現象へと，研究の対象は変化する．この結果，技術開発や生産力の向上にかかわる努力も，それぞれの開発現場では，局部的目的を満たす努力が自己目的化されるため，本来の求心的課題が何なのかが，見えにくくなってしまう．こうして科学技術は，個別の発展の論理に導かれて，人間生活の全体的な充実・発展とは無関係な進歩が求められることもある．

社会発展の成果

それでも，1970年代までは，科学技術と生産力，あるいは社会の制度がめざましい発展を遂げると，その結果，人びとの生活は着実に安定し，向上を示してきた．多くの人びとが疾病や飢餓から解放され，人類の知的水準も全体的な向上を示し，また富の分配も，かなり平準化の方向を進めることができた．その証(あかし)として，昔に比べて人間が地球上で生活していくための生存環境は，飛躍的に拡大されたことになった．

科学技術は宇宙空間を支配し，月面に人を送り込むまでになった．核エネルギーの開発も，化石資源の枯渇に一つの展望を与える成果であった．その結果，社会は急速な進展をみせた．

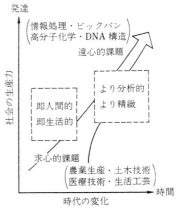

図 2·7　科学発展の遠心化

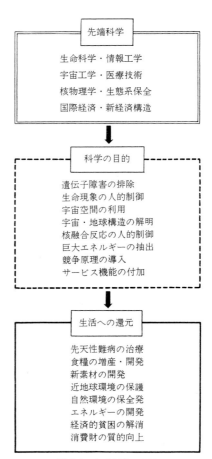

図 2·8　先端科学と生活

家庭生活に直接無縁にみえるハイテクや国際政治も，日々の生活の充実に最終目的がある．

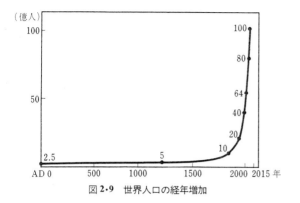

図2·9　世界人口の経年増加

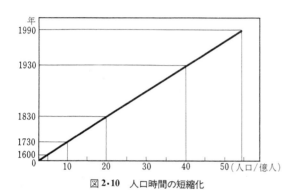

図2·10　人口時間の短縮化

図2·11　飢餓に苦しむ母子[4]

発展指標としての人口

このような科学技術や生産力，あるいは社会制度の進歩と前進は，総称して社会発展ともいえる現象である．ところで，人類が今日までなし遂げてきた社会発展の程度を指数化することはむずかしい課題であるが，その時どきの世界の人口総数は，一つの説得力のある指標といえる．実際，太古の地球上の人口が，どの程度であったかは推測の域を出ないが，推測可能な年代（紀元後の約2000年間）をみるかぎり，世界の総人口は，幾何級数的な増加を続けていることがわかる（図2·9）．とくに前世紀末，産業革命以降のそれは，"人口爆発"と称するにふさわしいような，急激な人口増加を続けている点が注目される．逆にいえば，一定の社会発展に必要な年数（人口年数）は，ますます短縮していることがわかる（図2·10）．

発展の自己矛盾

世界の人口総数が，社会発展の指標であると仮定するならば，人口の爆発的な増加傾向は，人間の生活が飛躍的な充実と発展を続けていることを意味することになる．それは，一面ではすばらしい出来事であるはずなのだが，実際には，危惧すべき現象ともなっている．地球上の人口は今後も増加し続け，21世紀に入り，2000年には60余億人に到達している．それは，21世紀の社会がいま以上に，すばらしい社会へと発展していることへの期待を抱かせもする．しかし，21世紀に，このすべての人間に，健康な生活を維持するために必要な食糧エネルギーを提供することは，現時点では限りなく不可能になってきているのも事実である（図2·11）．

最近，顕著になってきたこうした傾向は，人間生活の充実・向上を希求するはずの社会発展それ自身が，人類存続の墓穴をより確実に，より大きなものとして具体化させるという，かつて想像しなかった深刻な自己矛盾を，私たちに対置させていることを意味している．すなわち"持続可能な発展"が問われ始めているのである．

7. 生活科学の視座

発展による弊害

人間の日々の生活の充実・発展をめざしていたはずの社会発展の成果が，食糧不足に代表されるように，人類の生存そのものを危うくする深刻な自己矛盾として露呈し始めている．

1970年代以降，食糧供給以外の領域においても，社会発展や技術の進歩にともなう，さまざまなデメリットが姿を現わし始めた．電化による省力化や，機械化を促進してきた便利な生活の実現は，石油資源の枯渇化をいっそう早めている（図2・12）．これに替わる巨大なエネルギー源としての核分裂を利用した原子力発電（図2・13）は，その放射性廃棄物の蓄積と処理のしかたによっては，人類の存立さえ脅かしかねない存在となってしまった（図2・14）．食糧不足の解消策として登場した．生命工学[†]の発展も，恩恵と同時に，生命の物質化や商品化への道を開きかねない．遺伝子治療の技術も医療目的以外での生命操作への危険性を生み出している．社会福祉や社会保障の充実は，社会的弱者を保護し，人間らしく生きる権利を確立させる成果とともに，家族の形態や国民経済のあり方に根幹的な変化を与えつつある．

価値観の転換

近視眼的にみれば，現代社会は，これ以上の発展を回避すべきような深刻な局面を示している．

それは，"社会発展は好ましいこと"と素直に信じてきた価値観から，"社会発展は好ましからざること"とする価値観への，大胆な転換を求める変化でもある（図2・15）．では，私たちはこれからの社会発展に，どのように対応すればよいのだろうか．発展を阻止するのか，それとも矛盾を覚悟して破局に進むべきなのか，あるいは第三の道をみつけるべきなのか．これが今日の科学技術に問われている根本課題なのである．

回帰と制御

振り返ってみると，社会発展に危惧を感じて，

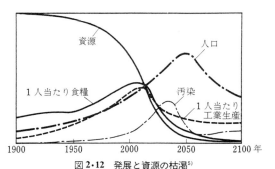

図2・12 発展と資源の枯渇[5]
（ローマ・クラブ：成長の限界，ダイヤモンド社より）

図2・13 危険と同居の原子力発電所[6]

図2・14 放射能による先天的異常児[7]

図2・15 科学発展への評価の変化

それに抗し，歴史の歯車を正そうとした試みは，過去にもなかったわけではない．産業革命によってもたらされた"非人間的"社会のあり方に反旗をひるがえした，機械打ちこわし運動も，一つの典型である．しかし，その代案としてプラトン†やトーマス・モア†の求めた，自給自足と手工業に基礎を置く"牧歌的"社会（ユートピア）を対置すれば，人類は現代社会の矛盾からほんとうに解放されるのだろうか（図2・16）．

図2・16 トーマス・モアの"ユートピア島"[8]

なぜなら，私たちは自給自足の社会に属性的に内在していた，さまざまな悲惨さや貧困から，なんとしてでも自らを解放するために，人類的博愛精神から，社会発展を促進してきたのである．社会発展は，それを担った人たちの，趣味の結果でもなければ，偶然の産物でもなく，必然的現象なのである．その意味で，現代の豊かな社会を全否定することは，正しい対応とはいえない．エジソンが去って約60年，世界はまさしく，新しくつくり直さねばならない状況になっている（表2・1）．そして，そのためのパラダイムを，何に求めるのかが火急の課題となっているのである．

表2・1 文明のゆきづまり

"われわれは今までどうにかやってきた．先人たちの業績を踏襲しながら，新しい文明を展開しようと試みてきた．しかし，ここに至ってわれわれは世界を新しく作り直さねばならないのである"（T. エジソン，1912.）

清水幾太郎編：思想の歴史8，平凡社，1965．

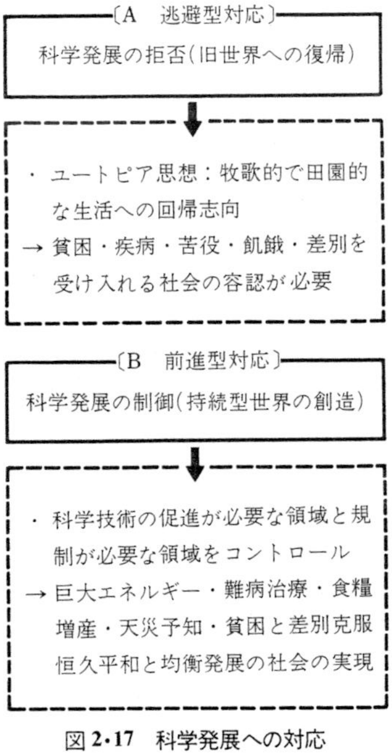

新しいパラダイム†

さて，その際に"人間が世代を継承しつつ安定的に快適な生活を営む"という，人間の素朴な本能的価値観こそが，社会発展の妥当性を判断し得る規範的価値†としてのパラダイム性をも担うことになると思われる（図2・17）．

したがって，個別領域での技術や，生産，制度の発展が，この目的に沿っているか否かが，社会発展としての要不要を決定する判別基準になる．そして，発展のあり方を規定できる，唯一の規範的根拠になるとみられる．しかも"人間が世代を継承しつつ安定的に快適な生活を営む"という行為自体は，広義の家庭生活そのものを意味することとなる．その意味で，家庭生活や人間生活を直接研究対象とする科学は，今後の諸科学の発展や人間生活の発展にとって，きわめて重要な社会的意義をもつ存在となっているといえよう．

```
〔A 逃避型対応〕
科学発展の拒否（旧世界への復帰）
      ↓
・ユートピア思想：牧歌的で田園的
  な生活への回帰志向
 → 貧困・疾病・苦役・飢餓・差別を
   受け入れる社会の容認が必要

〔B 前進型対応〕
科学発展の制御（持続型世界の創造）
      ↓
・科学技術の促進が必要な領域と規
  制が必要な領域をコントロール
 → 巨大エネルギー・難病治療・食糧
   増産・天災予知・貧困と差別克服
   恒久平和と均衡発展の社会の実現
```

図2・17 科学発展への対応

8. 生活科学と専門職

問われる新しい専門性

今日までの，社会発展を担ってきた知識や技術を支えてきたのは，各領域での専門家集団の参加と活躍に負うところが大きい．それは逆に，社会自体が，さまざまな生産や機構の現場において，高度な水準の知識と技術をもった，専門家の養成を必要としてきたことを意味している．

ところが，これからの社会で問われるのは，すべての社会活動の場において，"生活主導の価値観"に立脚して，個別領域で，これまでの活動の成果を再点検し，発展の方向性を改めて確認し直していく視点である．しかもこの視点は，これまでのように個別領域内で純粋培養された，専門的職能だけによる取組みでは，まったく不充分である．なぜなら，現代社会の発展がかかえている基本的な諸矛盾は，実は，個別領域がこれまで追求してきた，遠心化と個別化することを自己目的化した，既存の専門家たちの方法論がもたらした結果にほかならないからである．

生活現場からの点検

現代の社会や日々の生活事象のなかには，今後も科学技術の飛躍的発展や，その結果としての社会発展が，切実に求められている領域も存在している．発展の規制と発展の促進，この両者を統一的に調和するカギは，個々の活動の現場における，活動成果の求心的意義を点検する機能を強化することにほかならない．その意味では，生活を直接の研究対象として，生活主導の新しい社会発展を正しく評価できるパラダイム†や方法論を身につけた，新しい専門家や研究者を大量に養成しなければならないだろう．そして，そのような能力を身につけた専門家たちが，自己の所属する活動領域中で，インスペクター†としての役割を果たしていくことが問われることになるだろう．

これまでにも，家政学出身者を中心に形成されてきたヒーブ†(HEIB)の取組みは，そうしたもの

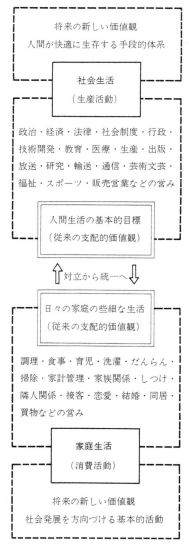

図 2・18 社会生活と家庭生活の関係の変化

図 2・19 米ソ和解（ジュネーブ国際会議，1985.11.21.）[9]
背後には，軍事的対立という政治目標より，国民生活の向上という生活目標重視の動機があった．

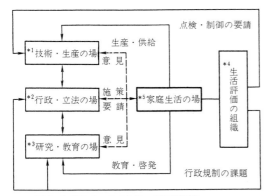

〔注〕 ＊印はインスペクターの活動領域
＊1：企業内検証・提案者（ヒーブ）
＊2：行政内検証・提案者（生活改善員）
＊3：教育機関内検証・提案者（研究者・教員）
＊4：社会組織内検証・提案者（専門家）
＊5：家庭内検証・提案者（生活者自身）

図 2・20　生活科学の専門職の社会的活動

の先駆的な事例として存在してきた．しかし，今後の専門職の場合には，さらに進んで，生産システムや社会機構そのもののありかたに対しても，具体的な改革案や課題の提言ができるような，専門的知識と技術をもったプロフェッショナルを養成することが問われている．

専門的職能の社会化

もう一つは，行政からも民間企業からも相対的に自立した"生活評価機構"的なものを第三セクターとして設置し，そのスタッフとして，新しい学問としての生活科学を修得した専門家が，多数参画することも必要になってくると思われる．この"生活評価機構"は，地域社会のすべての家庭生活の問題発掘と課題の整理を試みると同時に，具体的な改善策の提言を検討する組織である．改善の提言先は，直接，家庭であり，行政体であり，そして企業などが対象となる．

したがって，この生活評価機構の専門職は，先述した企業内にインスペクターとして配置されている専門家とも連携を図りつつ，社会発展のもたらす成果を，生活の場から総合的に点検し，生産や技術開発制度整備の場にフィードバックする重要な役割を担うことになる（図2・20）．

その他の活動領域

また学校教育で，生活系の授業科目を担当する教員としての教育活動の場を充実することや，社会教育としての市民講座にも，そうした生活科学の専門的能力を生かす機会を拡充することも，重要なテーマとなっていくだろう（図2・21）．

さらに，家庭内での生活主体としての活動も，科学技術発展の成果の是非を，家庭生活レベルで具体的に検証・点検できるという意味において，考えかたによっては，生活科学としての専門的知識と技術の発揮が問われる，重要な活動の場でもある．

生活科学の専門職能に問われるのは，スペシャリストであると同時に，ゼネラリストとしての能力であり，そこに社会的活動領域の広さもある．

橿原市　西藤　昭夫
（高校教員　51歳）

「理科離れ」に対応策が必要

九三年版の科学技術白書は，若者の「理科離れ」の背景を分析している．私はその分析とは異なる二つの理由が原因であると感じている．

第一は，高校で学習する理科の内容の古さと，教育方法である．文系または理系の道を決める大切な時期に，例えば物理では力学を中心とした旧態依然の学習を強いられている．白熱電球の話が出ていても，蛍光灯には触れていない．太陽電池や超伝導などの新しい物で，生徒に，驚きや感動を与えるに発生した問題が山積して，ない代物で，ているいる．そのため，若者は科学技術に不信感を抱いている．

これらが解決されて初めて「理科離れ」を防ぐことができると確信している．

通事故や大気汚染の増大，工場廃棄物による水質汚濁や公害病の発生，生産技術の進展に伴う人間疎外や人間軽視など，豊かさのゆえに発生した問題が山積して，ている．そのため，若者は科学技術に不信感を抱いている．

私たち教員も，センターテストの実施日を気にしながら，教科書の説明と問題演習に専念する毎日で，本系の道を決める大切な時期は文字からしか見られない．私たちの生活を物質的に豊かにした．その半面，自動車社会の発達による交

図 2・21　若者の科学不信（朝日新聞"声"欄，1993.12.12.）

3章　人間発達と社会生活

9. 人間発達の過去と現在

人間は求め，求められて世代から世代へと子育てを繰り返し，人間社会を形成してきた．この人間社会の中に生まれ出た乳児が，多様な人とのかかわりを経験し，しだいに大きく成長し変化していくことを，私たちは"発達"と呼んでいる．発達の語義は，一般に"大人になること"を意味し，以前よりも大きく，強く，または完全な段階になることである．

それでは，20歳をこえて成人になれば，人間の発達は終了するのかといえば，けっしてそうではなく，人間は本来，死ぬまで変化・発達を遂げていく存在である．ちなみに日本は男女ともに世界一の長寿国である．人間が順調に生育すれば，おおよそ最高100歳まで長寿を全うすることができるとして，その間の心身の発達のプロセスは，いかなるものであるのか．おおむね人間は，加齢にともない，発達的変化をみせていく存在であるが，その過程は，まずなによりも当の人間が主体的に生活することで達成されなくてはならない．またそれは，当の人間が幸福と感じられる生活でなくてはならない．

この章では，人間が幸福に発達する条件を考えつつ，その発達を阻害する諸状況について言及していきたい．

生活様式の変遷と発達

今日，とりわけ日本など先進国においては，少子化や出生率の低下（図3・1，図3・2）などから，少ない子どもを特別視し，教育に力を注ぎ，かれらの諸能力の早期発達に期待する傾向が強い．しかし，子どもが大人と区別され，長い学校教育を受け，"子ども時代"を生きるようになったのは，人類史上それほど古いことではないのである．フランスの歴史家アリエス[†]は，"子ども期"の概念の誕生を近代（16～17世紀）以降であると指摘している．

中世では，7歳以前の幼児期と大人という大ま

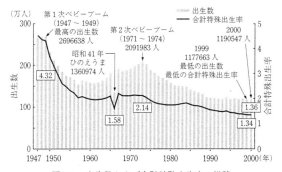

図3・1　出生数および合計特殊出生率の推移
〔厚生省：人口動態統計，平成12年人口動態統計(概数)〕

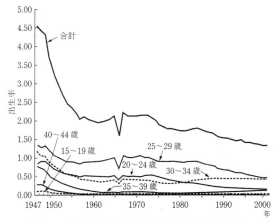

図3・2　合計特殊出生率の年次推移（年齢階級別内訳）
〔厚生省：人口動態統計，平成12年人口動態統計(概数)〕

図3・3　労働するブルンジの子どもたち（その1）

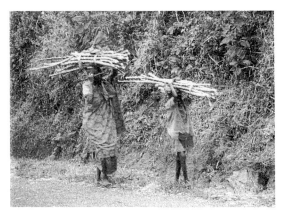

図 **3·4**　労働するブルンジの子どもたち（その 2）

パソコン

中高校では1人1台に

文部省懇談会「2000年までに整備を」

マルチメディア時代の文教政策のあり方を検討している文部省の懇談会（事務次官の私的諮問機関、座長・猪瀬博学術情報センター所長）は、二〇〇〇年までにパソコンを小学校の授業では少なくとも二人に一台、中高校では一人に一台使える態勢を整えるよう求める報告書の素案をまとめた。文字だけでなく、音声や映像も扱えるマルチメディアの適切な活用は教育分野でも「極めて有益」と述べ、コンピューターを使える人材の育成の重要性を指摘している。今後さらに細部を詰め、今年度中に最終案を公表する方針。この報告書は、マルチメディア時代をにらんでの文部省の初の体系的指針となる。

情報活用能力をすべての人が身につける方向を目指す必要がある」と主張。教育手段としてのマルチメディアが授業の内容を豊かにするとともに、通信網の発展に伴って外部とのネットワーク化を促すと述べ、そのプラス面を積極的に評価している。

半面、情報化の「影」の部分として、過度の技術依存が子どもたちの人間形成に不均衡をもたらす危険性

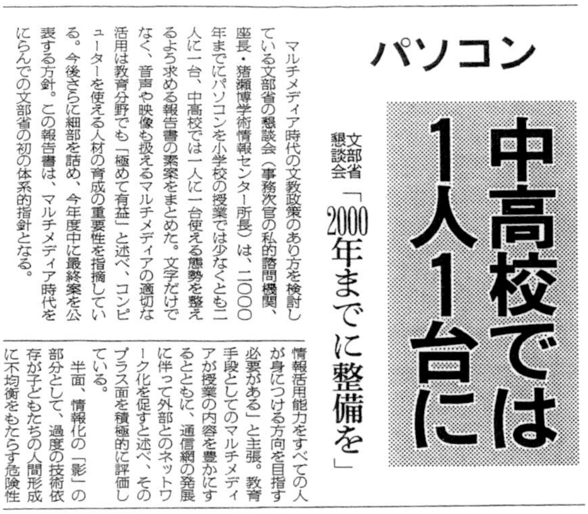

図 **3·5**　マルチメディア時代を伝える新聞記事
〔朝日新聞（夕刊），1994. 12. 3.〕

図 **3·6**　時代と発達観の変化

かに二つのカテゴリーしかなく，7歳以降になれば大人の共同体の中で遊び，かつ労働を共にする生活が営まれていた．現代でも開発途上にあるアフリカのブルンジ共和国などでは，子どもも大人に交じって自分に可能な労働の一端を担う姿が，ごくふつうに見受けられる（図3·3，図3·4）．

農業と牧畜の発明を契機として，人類は自然の恵みに依存する生活様式から脱し，それ以降，絶えず自然を支配しようとはたらきかけ，人為的，組織的な生産形態をとるようになった．また18世紀の産業革命以後，しだいに人類の生活様式は，農業中心から機械による工業労働の影響を受けるようになった．それとともに，賃金を得て生活を維持する職業が増え，その分業化·専門化が進み，もはや個々の大人たちは，日常生活の中で子どもたちに生活様式の多くを教えていくことができなくなってしまった．こうして子どもたちの多くは，将来就く職業に必要な知識や技術を身につけるため，それにふさわしい発達を獲得するために"学校"へいくことになる．

さらに私たちは，21世紀に入り，情報化時代と呼ばれる高度に文明が進んだ社会を迎えている．自然の恵みに依存していた時代に培われた動植物の採集能力の発達などは，もはや顧みられることもなく，コンピューターやメディアに強い知的能力を有する子どもが尊重される時代になった（図3·5参照）．さらには，古い時代には敬われた高齢者の生活の知恵も，日進月歩する科学文明を駆使した現代生活には歯が立たないことから，退けられてしまうという事態が生じている．

このように人間の発達は，時代により，重視される側面が異なるという特色をもっている．私たちは人間とその生活を考えるとき，時代が要請する表層的な発達ばかりに目を奪われることなく，ほんとうに個々の人間が，そのように発達することで主体的に生き，幸福を享受しているのかどうかを点検する姿勢をもち続けることが必要である（図3·6参照）．

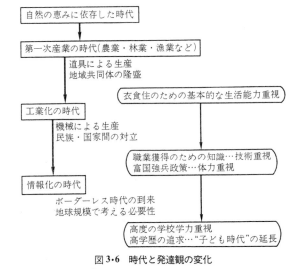

10. 心身の成長発達過程

脳・神経系を中心にした諸機能の発達

人間は他の動物と異なり，ことばや道具を使用して，現在われわれが手にしているさまざまな科学技術を開発してきた．こうした人間社会の発展は，人間の脳の発達によるところが大きいと考えられている．

この脳や中枢神経系は，身体の他の器官にさきがけ，胎児期，乳児期早期の発達が著しい．人間の脳や神経細胞は，胎生5か月でほぼ成人の数に等しい140億の細胞ができるが，出生時にこれらすべての細胞が機能しているわけではない．

神経細胞は大脳半球の表層の皮質と呼ばれる部位に存在し，皮質は古い皮質（辺縁皮質）と新しい皮質（新皮質）とに分かれている（図3・7）．古い皮質は，動物としてその生命維持に必要な自己保持（栄養摂取，防御など），血統の保持（広義の性欲など），また情動などとかかわり，出生時より機能している．

一方，新皮質は，大脳半球の表層部を占め，他の哺乳動物に比べて，人間がとくに発達している部分である．高度な感覚，知覚，運動などの最高中枢が局在し（図3・8），記憶や思考，また適応行動や創造的行為など，人間がよりよく生きていくための力とかかわっている．この新皮質は，生後に機能が開始していく．たとえば，大脳半球の新皮質に運動野と呼ばれる場所があり，ここにある神経細胞の軸索は脊髄へ伸びていき，脊髄の神経細胞に**シナプス**†をつくり，そこから神経が出て筋肉につながる．**脳幹**†や**間脳**†にある神経路は，生後，盛んに**髄鞘化**†が進み，大脳皮質へ伝える途中の経路ができるのである．この運動の経路ができるのには1年を要し，首がすわる（3〜4か月），寝返り（5〜6か月），座る（7〜8か月），這う（9〜11か月），歩く（14〜16か月）などの行動が可能となる．

このように脳・中枢神経系においては，生後6

図3・7　脳の構成

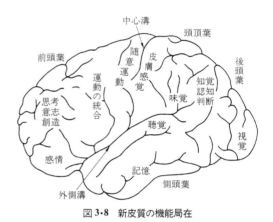

図3・8　新皮質の機能局在

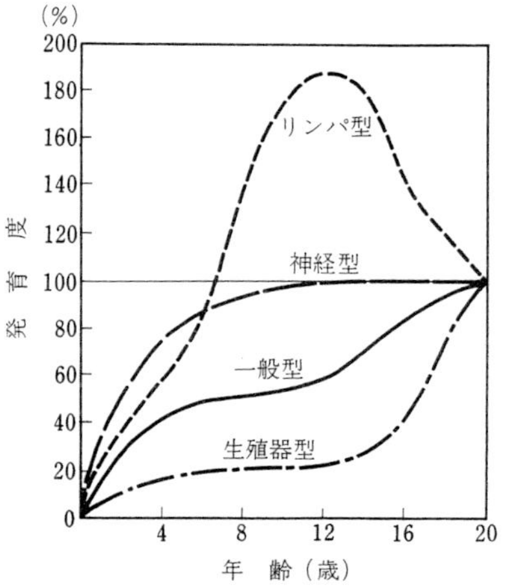

図3・9　身体諸器官の発育型（スキャモン）

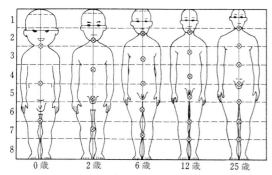

図3·10 出生後の身体の型と割合の変化(Stratz, C. H.)

表3·1 人格発達段階の比較

ワロン (Wallon, H)	フロイト (Freud, S)	ピアジェ (Piaget, J)	エリクソン (Erikson, E·H)
運動的衝動性の段階	口唇期 (0～1.5歳)	感覚運動の段階 (0～3歳)	基本的信頼感の段階(0～1歳)
情動的段階			
感覚運動的活動の段階(1歳終わり～2歳)	肛門期 (2～3歳)		自律性の段階 (2～3歳)
自己主張の段階(3歳頃)	エディプス期 〈男根期〉 (3～5歳)	前概念期 (3～5歳)	積極性の段階 (4～5歳)
多価的パーソナリティとカテゴリー的思考の段階(6～11歳)	潜伏期 (6～13歳)	直観的思考期 (5～8歳)	勤勉性の段階 (6～13歳)
		具体的操作期 (9～13歳)	
思春期および青年期の段階	思春期 (13～16歳)	形式的操作期 (13～19歳)	同一性の段階 (13～19歳)
―	性器期(成人)	―	親密性の段階 (成人初期)
			生殖性の段階 (壮年期)
			統合性の段階 (老年期)

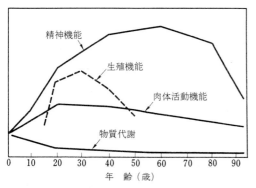

図3·11 一般機能の老化と精神機能の老化
(Stratz, Warthin, Lichtwitz)

～8か月までの発達がとくに著しいが,思考にかかわる前頭葉や,精神活動の基である側頭葉では,20歳過ぎまでゆるやかな発達が続いていく.そして,25歳ごろより,神経細胞は徐々に失われ始める.

老化の過程は,さきに述べた発達とちょうど逆に進み,最初に記憶,思考,複雑な精神機能などに衰えがみえ始める.歩く,食べるなど,基本的機能は高齢まで残っている.

身体発育に関しては,図3·9および図3·10にみられるように,おおむね乳児期と思春期に急増期があるのが特徴的である.これらの到達度には,素質的な要因とさまざまな環境的要因(栄養,文化,学習その他)が相互にかかわり,影響を与えている.

精神発達の諸相

人間の精神発達の過程は,以上に述べたような身体発達を基礎にして進んでいく.生理学者ポルトマンは,人間の乳児は"生理的早産"であるとし,"二次的就巣性[†]"を特徴とすることを指摘している.

これは他の動物と違い,人間は未成熟なまま出生し,長い養育期において,養育者をはじめとする他の人間に愛され,保護され,仲間とかかわり合って生活しなければ,心を発達させ,人格を形成していくことができない存在であることを示している.

表3·1は,著名な人格発達の理論を対比したものである.どの研究者も,人間が加齢とともに知的発達を遂げ,情緒・社会性豊かなパーソナリティを獲得するうえで人的環境を重視しているさまがうかがえる.しかし,**エリクソン**[†]のほかは,成人期に達する時点までの記載しかなく,成人以降の人間の普遍的な発達変化を追求する研究は,今後の課題である.長寿社会の今日,生涯発達の視点から各年齢段階の発達(図3·11)を見直し,何がほんとうに大切な発達であるのかを考えていく必要があろう.

11. 現代社会における発達上の諸問題

この節では，とくに昨今の社会問題となっている人間発達上のいくつかの問題をあげ，解決の視点を探っていきたい．

子どもの不登校と摂食障害の増加

今日，日本の学校現場では，小・中・高等学校合わせて10万人以上の子どもが，不登校状態にある．また，思春期を**好発期**†として，拒食ないしは過食という食行動異常を示し，はては極端なやせ症状に苦しむ子どもの増加が注目されている．これらは，いずれも文明化が進んだ先進国の子どもの発達途上にみられる特徴である（図3·12，図3·13）．

1家庭当たりの子どもの数が減少した結果，親は少ない子どもに過剰な期待を寄せ，子どもの成長に干渉しがちになる．親や周囲の期待にこたえようとし，大人社会の規範を受け入れ，いわれるままに"良い子"を演じてきた子どもが，途中で息切れしたり，自分らしさを追求しようとして陥る行動と考えられる．

対人関係に敏感なこうした子どもたちの問題解決の方法は，時間がかかっても当人自身が生きる意味をつかみ，主体的に生きていくことを援助する以外にない．同時に大人たちも，生きかたや価値観の変革を迫られよう．

エイズ，がんなどの終末期医療†と人間

地域社会における人間関係の希薄化や核家族化は，私たちから人の生と死に立ち会う経験や"いのち"や"死"について，じっくり考える機会を奪ってしまった．医療の進歩で出産はもとより，病人や老人は病院でケアされるのが当たり前になり，地域で日常的に危機的な状況を見聞きしなくなってしまったことが大きい．人間が安定して歳を重ねていくためには，人はこんなにたいへんな思いをして生まれる，そしていつかは死ぬということの認識を日常生活の中でしっかり受けとめる必

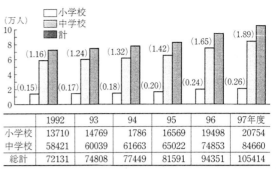

	1992	93	94	95	96	97年度
小学校	13710	14769	1786	16569	19498	20754
中学校	58421	60039	61663	65022	74853	84660
総計	72131	74808	77449	81591	94351	105414

〔注〕1. 30日以上欠席者数．
2. （　）内は全児童生徒に占める割合．
（文部省：学校基準調査．棒グラフは毎日新聞1998年8月7日付）

図3·12 学校嫌いによる不登校（登校拒否）者数の推移[1]

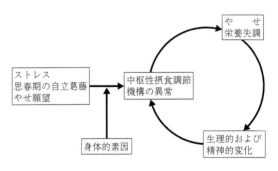

図3·13 摂食障害の発症機序[2]

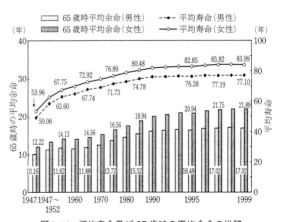

図3·14 平均寿命及び65歳時の平均余命の推移
〔厚生省大臣官房統計情報部：生命表（完全生命表）．
ただし，平成10，11年は簡易生命表〕

表 3·2 平均寿命の推移

年	次	男	女
1921〜1925	(大正 10〜14 年)*	42.06	43.20
1926〜1930	(〃 15〜昭和 5)*	44.82	46.54
1935〜1936	(昭和 10, 11)*	46.92	49.63
'47	(〃 22)*	50.06	53.96
'48	(〃 23)	55.6	59.4
'49	(〃 24)	56.2	59.8
1950〜1952	(〃 25〜27)*	59.57	62.97
'51	(〃 26)	60.8	64.9
'52	(〃 27)	61.9	65.5
'53	(〃 28)	61.9	65.7
'54	(〃 29)	63.41	67.69
'55	(〃 30)*	63.60	67.75
'56	(〃 31)	63.59	67.54
'57	(〃 32)	63.24	67.60
'58	(〃 33)	64.98	69.61
'59	(〃 34)	65.21	69.88
'60	(〃 35)*	65.32	70.19
'61	(〃 36)	66.03	70.79
'62	(〃 37)	66.23	71.16
'63	(〃 38)	67.21	72.34
'64	(〃 39)	67.67	72.87
'65	(〃 40)*	67.74	72.92
'66	(〃 41)	68.35	73.61
'67	(〃 42)	68.91	74.15
'68	(〃 43)	69.05	74.30
'69	(〃 44)	69.18	74.67
'70	(〃 45)*	69.31	74.66
'71	(〃 46)	70.17	75.58
'72	(〃 47)	70.50	75.94
'73	(〃 48)	70.70	76.02
'74	(〃 49)	71.16	76.31
'75	(〃 50)*	71.73	76.89
'76	(〃 51)	72.15	77.35
'77	(〃 52)	72.69	77.95
'78	(〃 53)	72.97	78.33
'79	(〃 54)	73.46	78.89
'80	(〃 55)*	73.35	78.76
'81	(〃 56)	73.79	79.13
'82	(〃 57)	74.22	79.66
'83	(〃 58)	74.20	79.78
'84	(〃 59)	74.54	80.18
'85	(〃 60)*	74.78	80.48
'86	(〃 61)	75.23	80.93
'87	(〃 62)	75.61	81.39
'88	(〃 63)	75.54	81.30
'89	(平成元)	75.91	81.77
'90	(〃 2)*	75.92	81.90
'91	(〃 3)	76.11	82.11
'92	(〃 4)	76.09	82.22
'93	(〃 5)	76.25	82.51
'94	(〃 6)	76.57	82.98
'95	(〃 7)	76.38	82.85
'96	(〃 8)	77.01	83.59
'97	(〃 9)	77.19	83.82
'98	(〃 10)	77.16	83.01
'99	(〃 11)	77.10	83.99

〔注〕 1. *印は完全生命表.
2. 第1回〜第3回, 1945年, 1946年は, 基礎資料が不備につき, 本表より除いてある.
3. 1972年以降は沖縄を含めた値である. それ以前は沖縄を除いた値である.

厚生労働省:各年簡易生命表, 完全生命表.

要がある. エイズ, がん(癌)などの病の床にある人びとの**クオリティ オブ ライフ**†(quality of life)を共に考える意義は, その中に限りある人生をどう生きるかという人間一般の課題が凝縮されてあるからである. かれらを隔離せず, できる限り共に生活することで, 連鎖の中にある人の生死と, 自分が生きて存在する意味を考える機会が生まれよう. 患者にとっても, 周囲の人間にとっても, 人間性回復の機会である.

中高年期の危機

思春期・青年期に**自我同一性**(自分は何者であるかを知る)**の危機**†を通過した後, 忙しく人生を送ってきた人間は, 秋の季節ともいうべき中高年期において, もう一度, 自我同一性の再確立の時期を迎える. 寿命が延び(図3·14, 表3·2), 長寿社会になった現代の新たな課題でもある. 長寿であることが珍しく, 無条件で尊ばれた時代から誰もが長寿が当たり前になった現代においては, 中高年以降の自覚的な生き方, 人生設計が必要となってくる. 自分のこれまで歩いてきた人生を振り返り, これでよかったのかと自問する. さらに, 残りの人生は, これまでほどには長くはないことを思い知る. 就労している者も専業主婦も, 自分が生きがいとしてきた仕事の"定年"が間近であることを認知している. 心身の老化も自覚され始める. 過去に悔いがあったり, 将来に明るい展望がもてぬ場合にうつ症に陥ったり, "**空(から)の巣症候群**†"に陥ったりする. とくに"男は仕事, 女は家庭""男は男らしく, 女は女らしく"という伝統的な性別役割意識に従って, せまい生活領域でしか生きてこなかった男女にとっては, 老後を生き生きと生きる方法が見いだせずに混乱したり, 病気に逃げ込んだりすることになる.

個として生きるばかりでなく, **類的存在**†としての自分自身に気づき, 次世代へ残していく贈り物, バトンタッチを果たしたい中身を見いだすこと(世代性の確立)などから危機克服の方途を探ることが考えられる.

12. 人間発達とこれからの教育

生きる力を育てる教育

　前節で述べたように，太古の時代から，人間は年齢の異なる人たちと共同で生活を営み，心身を共に活動させて生きてきた．高度情報化社会を迎えたいま，かつてのように，生身の人間が身体ごとぶつかり，触れ合う経験や，自然に直接触れて生活を営むという経験が大幅に減少した．その結果，知識は豊富であるが感性が育たず，生きる意欲や他者への共感の乏しい人間が多くなった．地球規模で人と物資との関係を考え，世界の人びとの生活がどのようになっているかを認識する必要性が，いまほど求められるときはない．

　しかし，ともすれば，現代人は消費文化にどっぷりつかり，生産・消費の過程で生じる環境破壊や環境汚染の現実にも鈍感になりがちである．幼いときから塾通いなど知育偏重の早期教育に引きづられず，子ども時代にこそ自然の中で手足を使い，自分で工夫して遊びを発見したり，物をつくったり，年齢の異なる仲間と遊ぶ経験を重視していきたい．男女共修の家庭科教育の充実も期待される．体験学習として，昨今少しずつ学校教育に取り入れられるようになった保育園や老人ホーム，病院などへの訪問実習も貴重なものである．

　また，子どもの一日を学校生活以外の社会生活にも振り分ける試みが見直されるべきであろう．すなわち地域社会で，意図的に老若男女さまざまな人びとと力を合わせて諸行事やボランティア活動（図3·15）などをしたり，レクリエーション活動を楽しむことである．今日，非行防止の観点から禁止されがちな実社会での労働（アルバイト）なども，働くことの意味を考えさせるよい機会ではないかと思われる．

　生涯発達の視点をもち，人生80年を見通し，おとなも子どもも育ちゆく過程を大切にし，共に生きる仲間を得つつ成長していくことが生きる力をつけるのである．

(a) さまざまな活動を伝える公民館発行の情報誌．

(b) 働く母親同士のネットワーク誌．

(c) 高齢者の社会参加を誘う．

図3·15　地域社会活動を呼びかける冊子の例

多文化共生の教育

国際化の時代といわれる現代であるが, 日本社会においては, 他の国や他の民族と文化・風習などの"違い"をこえて親しくつきあい, "違い"を認めて共存しようとする社会段階にはまだまだ至っていない. ところが, 国内の労働力不足と世界の経済不況から, 近年の日本各地には外国人労働者とその家族が年を追って増加している. かれらを特別視したり, 排他的な目で眺めることなく, 同じ地球人として相互理解を深めるようなきっかけづくりを地域で展開していく必要がある.

国際社会でリーダーシップを担おうとするなら, 積極的な多文化共生の取組みをいっそう進めなければならない. 学校でも, これまでのような日本への同化教育に終始するのでなく, 外国人の子どもに対しても, 積極的に母国のことばや文化を学ぶ機会を取り入れていくことをすすめたい. そして日本の子どもたちには, 異文化に触れ, それを尊重する気持ちや, 身近に生活する外国人についての充分な知識をもたせることである.

さらにまた多文化共生とは, 単に人種や国の違いを克服しようとするものばかりでなく, 同じ国の人間であっても, 都市と地方の違い, 宗教の違い, 障害の有無, 性別, 年齢などによって生じる他者と自分との物の見かた・考えかたの違いを許容することでもある. 学校でのいじめ問題では, 転校生が話しことばを笑われたり, 障害児が被害を受けたり, 他者と違う行動をする子どもが少数者としてターゲットになりやすい. 事の大小によらず, このような異質なものを排除しようとする傾向の克服は困難ではあっても, われわれ人間がデモクラシーを尊重し, 平和共存するために避けて通れぬ課題である. さらにまた, これらは学校教育のみならず, 成人期においても生涯学習の一環(表3・3)として, 長期にわたって追求したい今日的テーマである. 子どもたちがそして教師やおとなたち自身が, 生き方を変えるヒントとなる実践的な学習であってほしい.

表3・3 公民館における生涯学習関連事業

(a) 人権教育の推進.

課 題	おもな事業内容
同和問題	・文化フォーラム "越後奥三面, 山に生かされた人びと" ・21世紀への豊かな社会を考える. "1000年の大道芸猿まわしの復活をささえて" ほか
在日外国人問題	・イブニング トーク~世界のくに, ひと, くらし~ ・在日外国人のための古典伝統芸能 Kyogen 入門講座 ・国際交流パーティ ・日本の中の朝鮮文化 ほか ・在日韓国, 朝鮮人作家たち
障害者問題	・ひとにやさしいまち ・みんなで考える福祉と生涯 ・わがまちウォッチング ・養護学校作品点 ほか
女性問題	・私にスイッチオン ・自分を見つめ自分を語る. ・現代の中の与謝野晶子 ・女性の自立と再就職 ・自己表現セミナー ・女性のための民法入門 ・女性からだクリニック

(b) 生涯学習の推進.

対象別教育	おもな事業内容
乳幼児期	・母と子のクラフト教室~ほら, できたよ~ ・親子教室~いっしょにあそぼう~ ・乳幼児教室~お母さんのための勉強室~ ほか
青少年教育	・高校生国際交流のつどい ・ジュニアリーダー研修会 ・子どもアドベンチャー スクール ・夏休みクラフト ・ワンパク教室 ・チビッこ教室 ・子ども美術教室 ・まちのおもしろ探検隊 ほか
成人教室	・教養講座(文学, 歴史, 政治, 経済, 語学ほか) ・趣味講座(習字, 茶華, パッチワークほか)
高齢者教育	・ボランティア講座 ・家庭教育学級 ・市民企画講座 ・高齢者のための教養教室 ・高齢者のうたごえ教室 ・識演会 ・企業出前講座 ほか ・高齢者教育専門コース ほか

〔注〕公民館は市民の自主的な活動に場所や情報網を提供するほか, 住みよい, いきがいのもてる地域づくりをめざして独自の事業を展開する. これは大阪府豊中市の例である.

豊中市立中央公民館〔1991(平成3)年度〕

4章　家族と家庭生活

13．現代社会と家族

家庭生活

"家庭生活"という使い慣れた言葉から私たちが思い浮かべるものは，社会から隔離された私的で自由な生活の場ということであろう．そしてそこは，私たちが生を受け，愛を育み，人格を形成し，家族員相互の心身の発達を保障しあう共同の場として，限りない希望を託しているところでもある．

しかしながら，その"家庭生活"には私たちの希望や理想が必ずしも実現されるものではないという現実がある．なぜなら，一見私的で自由な"家庭生活"も経済社会の諸法則によって規定され，種々の影響を受けざるをえないからである．

社会変動と家族

近年の社会変動のうち，家族に影響を与えたもっとも大きな要因は"産業構造の変化"である．それは，第一に雇用労働者化を促進した．たとえば，1950年代後半から始まった日本の高度経済成長は，家業・家産の継承と定住を要件とする農業家族を減少させ，都市に居住する雇用労働者家族を増加させた．そして都市部では人口の過度の集中を，逆に農村部では過度の流出による地域的弊害，"過密"，"過疎"に象徴される地域問題を引き起こすことになった．

第二には家族構成の単純化・縮小化を促した．たとえば，都市部に移動した単身者の結婚による核家族が増大した．また，絶えざる技術革新とそれにともなう合理化や産業の**スクラップ アンド ビルド**†は，人びとの地域間，産業間，企業間の移動を引き起こすので，核家族化のみならず世帯規模の縮小をも促進した．それらは同時に長い間地縁・血縁によって支えられてきた家族生活の相互扶助機能を弱体化させることになり，緊急時の援助すら得られないほどに孤立した家族をも生み出している．

第三には，上記第一，第二の結果として家族関係にも大きな変化がみられた．第一次産業中心の

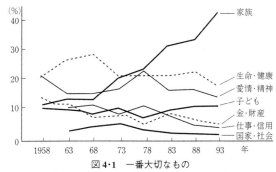

図4・1　一番大切なもの
（文部省統計数理研究所：日本人の国民性調査）

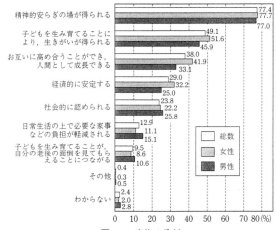

図4・2　家族の役割
（内閣府：男女共同参画社会に関する世論調査）

表4・1　産業別就業者割合（％）

年　次	第1次産業	第2次産業	第3次産業	有業・就業者数合計（千人）
1920（大正　9）	53.8	20.5	23.7	27 261
1930（昭和　5）	49.7	20.3	29.8	29 620
1940（〃　15）	44.3	26.0	29.0	32 483
1950（〃　25）	48.3	21.9	29.7	36 025
1960（〃　35）	32.6	29.2	38.2	44 042
1970（〃　45）	19.4	34.0	46.6	52 593
1980（〃　55）	10.9	33.5	55.3	55 811
1990（平成　2）	7.1	33.3	59.0	61 682
2000（〃　12）	5.3	29.6	63.9	62 894

〔注〕　1920～1940年は全年齢の有業者，1950年は14歳以上の，1960年以降は15歳以上の就業者．産業分類は1次が農業，林業，水産業，2次が鉱業，建業，製造業，3次はその他の産業．
総務庁：国勢調査

表4・2　従業上の地位別就業者数と割合

年　次	雇用者数（千人）（％）	自営業者数（千人）（％）	家族従業者（千人）（％）	総数（千人）
1940（昭和15）	13 508（41.9）	8 455（26.2）	10 268（31.9）	32 231
1950（〃　25）	13 967（39.3）	9 297（26.2）	12 248（34.5）	35 512
1960（〃　25）	23 575（54.0）	9 635（22.1）	10 478（24.0）	43 688
1970（〃　25）	33 544（64.2）	10 151（19.4）	8 536（16.3）	52 231
1980（〃　25）	39 764（71.3）	9 543（17.1）	6 494（11.6）	55 802
1990（平成　2）	48 607（78.8）	8 305（13.5）	4 764（07.7）	61 676
2000（〃　12）	52 287（83.1）	7 107（11.3）	3 499（05.6）	62 894

総務庁：国勢調査

社会においては，家産の継承のみならず，機能や形態の複雑な家族を統率するために，家父長的な家族関係が必要とされた．ところが，分業・協業の発達により生産の機能をはじめその多くが外部の専門機関に移行された結果，雇用労働者家族は，家族の外で生産された商品を購入・消費し，労働力の再生産をする機能に純化した．ここに前近代からの封建的な家父長的家族制度が崩壊し，個人の自由な意思によってむすばれる夫婦，対等・平等の家族関係をつくる可能性をもった近代的家族が生み出されることになった．

ところが雇用労働は職場と家庭を引き離したので，主として男性に社会的労働を女性に家庭内労働を担わせることになった．そしてそれは経済社会に効率のよい労働力供給のスタイルとして半ば強制されたことから，男女共にまた新たな課題を負うことになったのである．

多様な家族

家族＝父母と子どもというイメージを強めた核家族化現象ではあったが，近年は多様な家族が積極的あるいは消極的に選択されるようになっている．たとえば，ディンクスと呼ばれる共働きで子どものいない夫婦，母子・父子の単親家族，未婚の母などである．結婚・離婚・再婚，あるいは法律上の届出をしない事実婚に対しても選択肢の一つとなってきている．

一方，単身赴任や共働き別居，週末家族など，仕事・子ども・老親，その他さまざまな理由による世帯の分離は日常的に行なわれている．

アメリカでは，ドメスティック パートナーと呼ばれる婚姻関係を結ばないカップルが300万世帯をこえ，また同性同士の結婚を認める市が登場するなど，婚姻制度そのものが変化しつつある．

しかしながら，婚姻制度や家族形態がいかに変化しようとも，アヴェロンの野性児†などの例が示すように，"人間は人間になるために家族が必要"であり，家族以上のものをいまだ見いだしえてはいない．

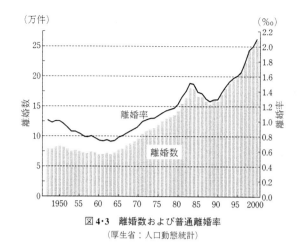

図4・3　離婚数および普通離婚率
（厚生省：人口動態統計）

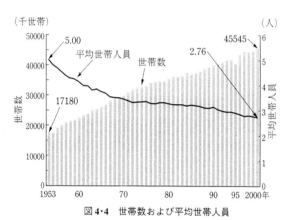

図4・4　世帯数および平均世帯人員

（1985年以前は厚生労働省大臣官房統計情報部：厚生行政基礎調査，1986年以降は同：国民生活基礎調査，1995年の数値は兵庫県を除く）

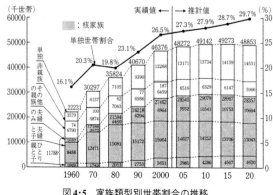

図4・5　家族類型別世帯割合の推移

〔2000年までは総務省統計局：国勢調査，2005年以降は国立社会保障・人口問題研究所：日本の世帯数の将来推計（全国推計），1998年〕

14. 家族をめぐる諸問題

性別役割分業そして新・性別役割分業

雇用労働者化の過程で形成された"夫は仕事，妻は家事・育児"という役割分業は女性の労働力率を，25～34歳の結婚・出産期に低下させ，いわゆるM字形曲線としていた．そして1970年頃の第二次産業の成熟期には，昭和20年代前半生まれのいわゆる団塊の世代にもっとも専業主婦化が進んでいる．

その後の女性が就労しやすい第3次産業の拡張期には，サービス業分野のパートタイム労働を中心に既婚女性の雇用化が進展した．そして1996年には既婚女性の雇用が専業主婦を上回ることになった．しかし，70年代に確立された性別役割分業はそのまま引き継がれ，家事・育児責任は妻（母親）に課されたままさらに仕事の負担が加わる"新・性別役割分業"体制が形作られたのである．

少子・高齢化

周知のように高齢化現象は，死亡率と出生率の相互関係から導かれる．経済の高度成長期以降の日本は，医療技術の進歩と生活水準の向上等により長寿化が進展した．他方，第一次ベビーブーム以後は急激な出生率の低下が引き起こされた結果，この両者があいまって，諸外国にも例のないほどの短期間で高齢化が進展したのである．

1960年・70年代の出生率の低下は，主として既婚女性の出産数の減少によるものであり，1980年代以降は前述に加え，女性の有配偶率の低下（晩婚化・非婚化）によるものであるといわれている．そしてそれは，平成元年(1989)の日本の合計特殊出生率が史上最低の1.57となったことから"1.57ショック"という新語が生み出されたほどであったが出生率はその後も低下し続けており，少子化防止対策が講じられるほどに深刻化しているのである．

出産数減少の背景には，子育て費用の高額化や育児支援の欠如，子どもが健全に育ちにくい社会

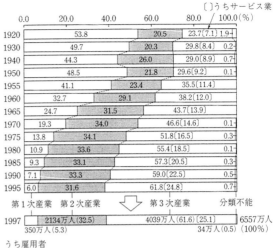

図4・6　サービス業従事者の増大
（1995年までは総務庁統計局：国勢調査，
1997年は総務庁統計局：労働力調査）

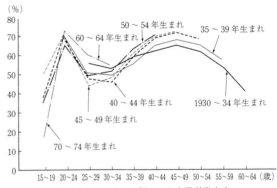

図4・7　コーホート別にみた女子労働力率
（経済企画庁：国民生活白書・平成7年版）

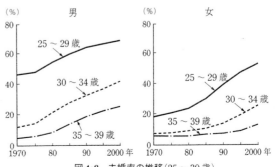

図4・8　未婚率の推移（25～39歳）
（厚生統計協会：厚生の指標48-10）

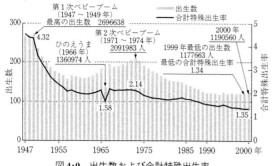

図4・9 出生数および合計特殊出生率
(厚生労働省大臣官房統計情報：人口動態統計)

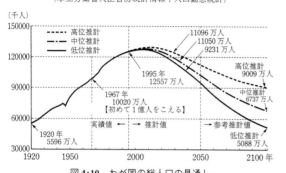

図4・10 わが国の総人口の見通し
(国立社会保障・人口問題研究所：日本の将来推計人口，1997年1月推計)

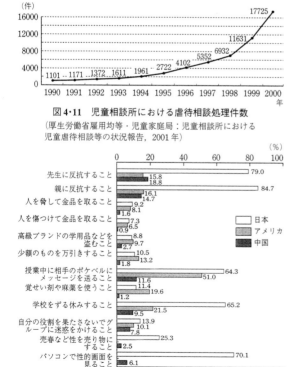

図4・11 児童相談所における虐待相談処理件数
(厚生労働省雇用均等・児童家庭局：児童相談所における児童虐待相談等の状況報告，2001年)

図4・12 日・米・中の高校生の規範意識 "本人の自由でよい"と回答したものの割合
〔注〕各国とも約1000人を対象に調査.
(日本青年研究所：ポケベル等通信媒体調査，1996年)

状況等があると考えられる．また，晩婚化・非婚化の背景には，性別役割分業に対する不満や結婚観をはじめとする社会全体の意識の変化があると思われる．

家族機能の不全化

1980年代は子どもの家庭内暴力が頻発していたが近年は，大人による家庭内暴力が明らかになりつつある．その1は児童虐待であり，その2は夫婦間暴力（ドメスティック バイオレンス†）である．今までは私的領域の"プライベート"な出来事として隠されてきた家庭内の問題が噴出しだしたのである．そしてそれらは"児童虐待防止法"（2000年）や"配偶者からの暴力の防止および被害者の保護に関する法律"（2001年）の新設をみるにいたっている．

以上のような家庭内暴力の背景の一つに，性役割に対するプレッシャーや葛藤があるのではないかと思われる．自らに課された性役割に対し，意識的あるいは無意識的に拘束され，疲れ，苛立ちを覚えていることの表出ではないだろうか．

男性であれば，男性性として期待される仕事の成就，生活能力，たくましさなどと現実の自己とのギャップが，ストレスや挫折感を引き起こし，そのはけ口が家族に向けられた場合は家族に対する暴力，逃避の場合は自殺に向かわせているのではないか．女性の場合は，妻，母，嫁役割に対するストレスがかつては主婦症候群†を引き起こしていたが，さらに児童虐待，介護老人虐待などを顕在化させてきたのであろう．

一方，近年は，"個人の自立"や"プライバシーの尊重"という名のもとで家族員間の距離を拡大し連帯性を希薄化させる"個人化現象"が指摘されている．

前表（表4・1）のように家族・家庭に対する思いがあるにもかかわらず，以上のような家族問題が発現するのは，性別役割分業の問題性，個別家族の自己責任の限界を示しており，抜本的な家族生活支援対策が必要となっている．

15. 生活の枠組み

家庭生活の基本的機能

労働とは"人間が自らの生存を維持するために必要な生活手段をつくり出すこと"であり,それは,人間生活を維持するうえでもっとも基本的で,いかなる時代にも共通する行為である.労働時に消費される労働力は,個々の人間によって担われているものであるが,その再生産は基本的には家庭でなされている.種の保存のための男女の結合,子どもや老齢者の扶養,家族員の健康の維持,体力・知力の向上,生活文化の継承なども家族員の生活の場である家庭を中心に展開されている.

ところで,雇用労働者家族は生産手段を所有していないので,自らの労働力を企業に提供して収入を得る.そして労働の成果としてもたらされた賃金により,食物や衣類などの生活手段を購入・消費し,日々の人間労働力の再生産と世代的再生産をするのである.

通常,雇用労働者の生活は雇用の諸条件,すなわち雇用の実現・不実現(失業),雇用される産業や就業上の地位などによりもたらされる所得額に基本的に枠付けされる.そして歴史的には過酷な労働の廃絶がめざされ労働条件のミニマムを規制する労働基準や雇用ルールが労働政策として整備されてきている.

一方,商品市場においても労働市場と同様の広がりをもつ諸問題,生活用品の品質や価格,購入契約にかかわる問題が発生していた.それらは商品経済の進展とともに生じた古くて新しい問題であるが,大量生産・大量販売体制が確立されたころより拡大・深化したので,それらを規制するため一連の消費者政策が設けられてきた.

以上のように,働き生活する雇用労働者は労働市場においても商品市場においても弱い立場にあり,両市場における弱い立場の回復運動たとえば,労働運動や消費者運動が展開されてきているのである.

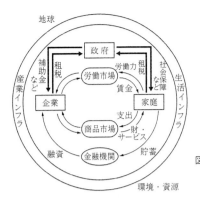

図4・13 経済循環における家庭の位置

表4・3 1か月の収入と支出(全国勤労者:1世帯当たり)

年次 項目	1965年(昭和40)	1975年(昭和50)	1985年(昭和60)	1995年(平成7)	2000年(平成12)
世帯人員数(人)	4.13	3.82	3.79	3.58	3.46
有業人員数(人)	1.53	1.50	1.57	1.67	1.65
世帯主年齢(歳)	41.2	41.1	43.1	45.6	46.2
収入総額(円)	96 096	364 773	753 309	1 045 240	1 044 312
実収入	65 141	236 152	444 846	570 817	560 954
勤め先収入	60 739	222 455	419 610	538 458	526 331
妻の収入	2 083	15 284	35 677	54 484	53 645
実外収入	11 338	55 852	212 976	379 923	400 890
貯金引出・保険受取	7 277	45 751	193 226	354 186	367 145
借金	3 670	9 069	17 837	32 630	31 585
繰入金	19 617	72 769	95 487	94 500	82 468
支出総額(円)	96 096	364 774	753 309	1 045 240	1 044 312
実支出	54 919	186 676	360 682	438 307	429 109
消費支出	48 335	166 032	289 459	344 663	340 977
非消費支出	5 584	20 644	7 053	89 644	88 132
実外支出	20 516	101 680	293 508	512 956	535 251
貯金・保険	13 951	77 626	241 408	432 121	454 908
借金返済	5 263	14 574	36 599	55 701	63 050
繰越金	20 661	76 418	99 119	93 977	79 952
可処分所得(円)	59 557	215 509	373 693	482 174	472 823
平均消費性向(%)	82.8	77.0	77.5	72.5	72.1
平均貯蓄率(%)	11.2	14.8	12.9	18.0	18.6
エンゲル係数(%)	36.2	30.0	25.7	22.6	22.0

総理府:家計調査年報より作成.

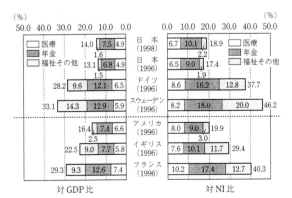

図4・14 社会保障給付の国際比較

以下の資料にもとづき,厚生労働省政策統括官付政策評価官室で推計.
1. 日本 … 国立社会保障・人口問題研究所:社会保障給付費, 2. ドイツ,スウェーデン … ILO:The Cost of Social Security(第19次調査), 3. アメリカ,イギリス,フランス … OECD:Social Expenditure Database, 1980-1997. 諸外国のNI, GDPはOECD:National Accounts, 2000年版より.)

4章 家族と家庭生活

表4・4 日本の社会保障体系

(a) 社会保険

医療保険	一般民間被用者 船員 国家公務員など 地方公務員など 私立学校教職員 上記以外の国民	健康保険法 船員保険法 国家公務員等共済組合法 地方公務員等共済組合法 私立学校教職員共済組合法 国民健康保険法
公的年金	一般民間被用者 公務員等・農林 漁業団体職員・ 私立学校教職員 上記以外の国民	厚生年金法 各種共済組合法 国民年金法
災害保障	一般民間被用者 公務員	労働者災害補償保険法 各種公務員災害補償法
失業保険	一般民間被用者 船員	雇用保険法 船員保険法
介護保険	一般国民	介護保険法

(b) 公的扶助

生活困窮の国民	生活保護法

(c) 社会福祉

老齢者 身体障害者 知的障害者 児童 身心障害児童 重度身心障害児 母子家庭	老人福祉法 身体障害者福祉法 知的障害者福祉法 児童福祉法(児童手当法) 児童扶養手当法 特別児童扶養手当法 母子福祉法・母子保健法

(d) 公衆衛生

医療	一般国民 (全額公費)	伝染病予防法,結核予防法,医療法,薬事法など
環境		水道法,下水道法,公害対策基本法など

一橋出版：現代の政治・経済

表4・5 国民生活関連指標(1990年代)

項目 国名	パソコン (台/100人)	乗用車普及率 (千人当たり)(台)	道路舗装率(%)	教員1人当たり生徒数(初等)(人)	供給栄養量 (1人1日)(kcal)	休暇取得数 (日/年)	ロボット設置 (千台)	住宅1戸当たり面積(m²)
日本	23.7	394	69.2	21.2	2600	9	413	92
アメリカ	45.9	506	90.0	19.8	3500	19	77	156
ドイツ	30.5	486	99.0	17.5	3500	29	67	84+α
イギリス	26.3	392	100.0	19.6	3300	24	38	81

項目 国名	下水道普及率(排水人口/総人口)(%)	1人当たりの公園面積(m²)	国民負担率(%)	交通事故件数(人口10万人当たり)(件)	平均寿命(女性)(歳)	65歳以上の就業率(%)	人口1万人当たりの医師数(人)
日本	44	2.5*¹	36.2	520.6	84.62	25.3	18
アメリカ	73	23.9*²	36.2	980.5	79.5	11.0	26
ドイツ	91	37.4*³	56.7	554.3	80.8	3.1	31
イギリス	95	30.4*⁴	46.9	443.3	79.48	5.4	45

〔注〕*¹東京,*²シカゴ,*³ボン,*⁴ロンドン.
日本銀行国際局：国際比較統計より作成.

生活の社会化

近年は労働力の再生産という家庭生活の機能の一部が，個別的な家庭から社会的なものに代替される，いわゆる"社会化"が進展している．社会化の第一は，公的扶助や社会保険などによる所得保障である．公的扶助は，一定の所得以下の国民に対して国家財政からなされる貨幣給付である．社会保険は，互助・共済活動を国家責任によって発展させたものであり，主として国民の拠出に企業と国の負担が加えられ，疾病や定年，要介護時などさまざまな必要に応じて支給されるものである．

社会化の第二は，交通・通信機関，電気，ガス・上下水道，病院・学校・図書館，公園，各種レクリエーション施設，共同住宅など，個々の家庭生活の枠をこえ，共同で利用されるいわゆる生活インフラと呼ばれている生活手段そのものの提供である．それらは，人口集中，生活圏の広域化，自然環境の破壊に対応するものとして，また，科学技術の変化に対応できる労働力を養成するもの，労働強化を補償するものとして，その進展が余儀なくされていた．そして，それらの生活手段は，すべての国民が必要としていることに加え，巨大な建設費を必要とすることから，主として公共的事業として取り組まれ，無料，または安価な価格での提供が進められたのである．

国民の大半を占めるようになった雇用労働者家族にとって，労働災害や失業といった社会的事故に遭う危険性と，家族変動，疾病，高齢化など，避けがたい生活周期上の起伏とが相まって，"社会化"への依存はますます高まることになっている．しかしながら，商品として供給される私保険や住宅，文化・娯楽施設などは過剰に存在しているが，社会保障の水準は国際的にみて，きわめて低いうえに，無料あるいは低料金で利用可能な生活インフラも決して充分ではなく，"経済大国・生活小国"といわれている現状は否めない．将来の生活への不安も大きく，国民に"ゆたかさ"の実感は乏しい．

16. 家庭生活の維持・管理

消費生活の変化

1960年代以降の日本は、"大衆消費社会"に突入し、人びとは生存に必要である基本的な衣・食・住の枠をこえて、いろいろな耐久消費財やサービスを消費するようになった。"三種の神器[†]"（1960年代）、"3C"ブーム（1970年代）を経て、消費内容はさらに大型化・高級化、エネルギー多消費化している。

それらは、大量生産体制の下で生産される多種多様な商品の大量消費を実現するために、強力なマーケティング活動が、高圧的あるいは低圧的に展開された結果でもある。とりわけ、テレビの急速な普及は、情報伝達を即時的・広域的にし、都市・農村を問わず新しい消費生活様式を普遍化するのに貢献した。

1980年代以降は"モノ"の消費のみならず、外食、教育学習、旅行、娯楽、家事代行、宅配便などの"サービス"消費へと拡大している。流通面では、1960年代にスーパーマーケットが登場して以来、大衆消費を支えたが、その後も大規模小売店、コンビニエンスストア、ディスカウントストア、通信販売や訪問販売といった無店舗販売、1900年代後半には**電子商取引**[†]なども加わり多様な方法で消費の拡大が図られている。

このような大衆消費を支えた背景には、経済成長による所得水準の一定の上昇があったが、夫の長時間労働や妻の就業、農民の兼業化など多就業化による所得増への努力があった。加えて、消費者信用制度の進展すなわち、家庭電気製品と並行して電化ローンが、またモータリゼーションにはオートローンが、持ち家政策推進には住宅ローンの拡大があり、所得が側面より補完されたからである。そして近年は、クレジットカードの普及とともに販売信用のみならず、消費者金融が増大し消費者破産が頻発するなど、"豊かな消費"と引き換えに"借金漬け"の家計が問題化している。

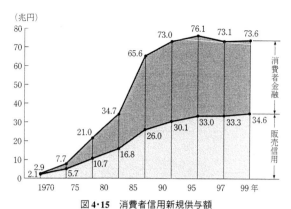

図4・15 消費者信用新規供与額
（日本クレジット産業協会：日本の消費者信用統計より作成）

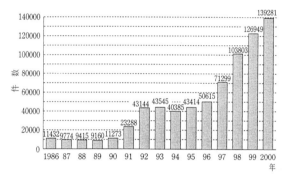

図4・16 自己破産件数の推移
（最高裁判所：司法統計年報より作成）

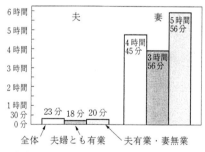

（a） 1日の家事関連時間（育児時間を除く）

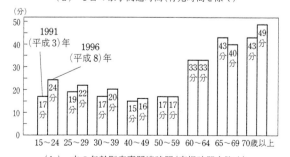

（b） 夫の年齢別家事関連時間（育児時間を除く）
図4・17 夫と妻の家事関連時間

〔注〕 家事関連時間（育児時間を除く）とは「家事」「介護・看護」「買い物」の時間の合計時間である。
（総務庁統計局：社会生活基本調査、1996年）

家庭管理の視点と方法

　小家族化した雇用労働者家族が，老後はいうまでもなく，一生涯を通じて安定した家庭生活を営むためには，まず第一に，家庭外の生活環境の整備が必要である．具体的には，労働条件，社会保障，生活インフラ，生活財やサービスの生産・供給システム，生活空間など，生活者を取り巻く外部条件の整備である．とりわけ「男女共同参画社会」が絵に描いた餅にならないような就労条件，育児・介護支援が望まれる．しかしながら，行政責任や企業責任は曖昧にされやすく，それらに対抗する運動の中で，譲歩策として生まれてくるものなので，上記の整備を求めて主体的で多様な国民運動がめざされなければならないだろう．と同時に地域や職域での互助活動やNPO（非営利民間組織）との共同等新しい相互扶助活動を育てなければならない．

　つぎに，家庭内において，家族や自己の必要を点検し，それらを体系化・統合化しながら，効果的に貨幣，情報，モノやサービス，時間を使用・管理するいわゆる家庭管理（マネージメント）が必要である．その場合，多消費型の今日の私たちの生活が環境・資源問題を逼迫させていること，またその多消費が家族員を多忙にした上に家計を借金漬けにしたことに留意しなければならない．

　環境・資源問題という外からの刺激により消費の抑制がなされ，修理による耐用期間の延長が企てられたならば，それらを入手するための就労時間は短縮されるであろう．就労時間の短縮は，家族の共有時間を増大させ，いわゆる家族の日常生活が回復する．忙しすぎる家族間で引き起こされていた問題も減少するであろう．余暇生活を楽しんだり，家事労働をしたり，生協活動や環境保護運動に参加できる可能性も高まる．そして，そのような生活を通じて，既存商品の検討・批判・生活の工夫，生活文化の伝承，新しい生活財への提案も生まれ，その過程で"必要"の再検討もなされるのではないだろうか．

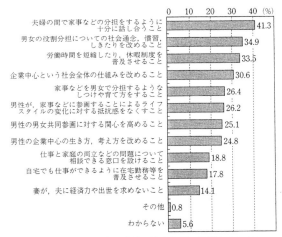

図4・18　男性が家事・育児・教育などに参画するために必要なこと
（内閣府：男女共同参画社会に関する世論調査，2000年9月）

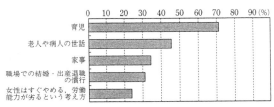

図4・19　女性の就労持続を困難にしたり，障害になると考えられること
（内閣府：国民生活選好度調査，1996年）

表4・6　家事労働の分類

生活手段を整える労働	購入…食品，衣類，日用品，学用品，耐久消費財，その他．良品質の物を計画的に安全で廉価に入手するための努力と行為，共同購入，消費者運動への広がり． 消費的労働 ① 自家生産的労働…家庭菜園 ② 保管…季節用の衣類，行事用の道具，保存食． ③ 追加的加工…料理，裁縫，家庭大工． ④ 手入れ，整理，修繕． ⑤ 環境整備（居心地よくするために安全・休息・衛生（清潔）・独立性・団らん性・レジャー性を保つ）．設備などの整備，整頓（家具，日用品，新聞，家族員の持ち物），掃除，ごみ処理〔ごみの分別（燃えるごみ，燃えないごみ），ごみ収集場所の後片付け〕，食器洗い（収納）．
サービス労働	家族の自立への援助・世話・配慮・対応 育児…就学前の子の世話・遊び相手をする，話し相手になる，本の読み聞かせ，保護・観察・しつけ，保育園とのかかわりや保育内容充実に関する問題へのとりくみ． 教育…子どもの話を聞く，生活訓練，生活文化の伝承，適切な生活行動への気配りと注意・しつけ，生活習慣，就学後の子どもの生活規律，PTAの仕事，学校行事などへの参加． 世話…食事をする時，接客，外出時や入浴時の衣類の世話，同居していれば老親への生活全般への気配りと必要に応じた食・衣・住・外出にかかわる世話，別居していれば頻繁な連絡． 看護…家族の病気の時の看護・見舞い． 介護…話し相手になる，できる部分の協力，できない部分の社会的施設利用にかかわる交渉，家政婦・ホームヘルパーとの関係．
労働家政管理	計画…家族計画，長期・短期の生活設計，年間計画，予算，1日の計画，献立． 記録…家計簿． 学習…家事，育児，商品知識，その他生活関連の学習．

宮崎礼子・伊藤セツ（編）：家庭管理論，有斐閣，1989より作成．

5章 暮らしと技術

17. 機械化と省力化

技術の進歩と社会の発展

現代社会は経済の動きとともに変化・発展している．経済の基礎を形づくっているのが生産であり，その生産様式を決定づけるのは技術である．したがって，社会発展の起動力は技術といえる．では，人類社会において経済と生産を大きく変化させてきた技術には，いったいどんなものがあるのだろうか．たとえば運搬具，農機具，鉄の精錬・鋳造，ハカリ，風車，旋盤，ワットの蒸気機関，水力タービン，電信，電話，ベルトコンベヤーによる大量生産，原子力の解放等々，歴史上重要な機械的発明が数多くあげられよう（表5・1）．

人類はこれまで狩猟技術，農業技術，工業技術を開発し，現在は情報技術革命が進展している最中である．これらの技術に支えられて，人類は繁栄の基礎を固め，高度な文明と豊かな消費社会発展へのプロセスをたどってきた（図5・1）．

戦後の日本における技術革新と生活の変化

付4（巻末）は20世紀における科学技術の進展を示している．中でも，1940〜50年の技術革新とそれにもとづく急速な経済発展は，社会構造やわれわれの生活に大きな変化をもたらした．産業構造と就業形態の変化，都市化，家族構造の変化，ライフスタイルの多様化，個性化などである．大量生産システムは，それまで一部の階層だけが所有できた生活財を一般大衆にまで普及させた（表5・2）．

"三種の神器[†]"といわれた洗濯機，テレビ，冷蔵庫など，家電製品や生活財が開発されたが，それらは競って各家庭に取り入れられた．それは所得水準が向上したことに支えられていたが，技術開発の方向が消費者の生活における省力化・合理化の要求と合致していたからである．

たとえば洗濯機は，もっともきつい家事から主婦を解放した．テレビはそれまで一定地域だけに限定されていた視覚的情報が，リアルタイムで全

表5・1 歴史上最重要な機械的発明（ただし，原子力の解放まで）

農業の発明まで	（5点）	ワットの機関	（1781）
銅の溶錬	（BC 4000 ころ）	モーズレーの改良旋盤	（1794）
銅の鋳造	（BC 3800 ころ）	フライス盤	（1818）
運搬具	（BC 3750〜3250）	平削盤	（1820？）
すき	（〃）	水力タービン	（1827）
鞍（ばん）具	（〃）	電信	（1837）
帆かけ舟	（〃）	ターレット旋盤	（1845）
陶器用ロクロ	（〃）	ベッセマー鋼	（1856）
ハカリ	（〃）	自動旋盤	（1870？）
青銅	（BC 3250〜2750）	マシェット工具鋼	（1871）
滑車	（BC 700）	電話	（1876）
水車製粉	（BC 80？）	蒸気タービン	（1884）
蹄（てい）鉄	（AD 900）	無線電信	（1896）
ヨーロッパ式風車	（AD 1105 ころ）	高速度工具鋼	（1898）
近代的舵	（1250？）	ベルトコンベアーの大量生産	（1913）
旋盤	（1350？）	炭化タングステン工具	（1926）
鋳鉄	（1400？）		
コークス製鉄	（1717？）	原子力の解放	（1943）

〔注〕 S. リリーが人類の歴史上もっとも重要な発明として最高点(1点)を与えた発明の一覧表．
S. リリー/小林秋男・伊藤新一訳：人類と機械の歴史，岩波書店，1953 より作成．

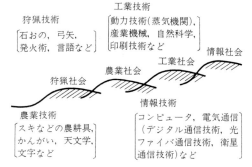

図5・1 社会的技術と人類社会の変革[1]

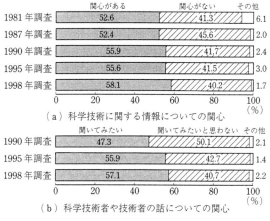

図5・2 国民の科学技術に関する関心
〔総理府（現内閣府）：将来の科学技術に関する世論調査，平成10年10月調査〕

5章 暮らしと技術　39

表5·2　20世紀に販売，開発されたおもな消費財

年	製品	年	製品
1907	電気洗濯機の販売	1976	家庭用ビデオテープレコーダーの販売
1908	自動車(T型フォード)の販売		
1908	電気掃除機の販売	1977	パーソナルコンピュータ(アップルII)の販売
1910代	真空管ラジオの開発		
1913	電気冷蔵庫の販売	1979	ヘッドフォンステレオの販売
1920代	エアコンディショナーの販売		
1923	アイコノスコープ(テレビ受像機の原形)の開発	1979	オートフォーカスカメラの販売
1938	蛍光灯の販売	1982	CD再生装置の販売
1939	ナイロンストッキングの販売	1983	テレビゲームの販売
1940	カラーテレビの開発	1985	8mmビデオカメラの販売
1947	電子レンジの販売	1987	携帯電話のサービス開始
1978	テープレコーダーの販売	1988	デジタルカメラの販売
1950頃	コンタクトレンズの実用化	1990	カーナビゲーションシステムの販売
1955	トランジスタラジオの販売		
1972	電卓の販売		

〔注〕開発，販売が開始されたに関しては複数の説のある製品もあるため，ここではその代表的な例を示している．
科学技術庁：科学技術白書，平成12度版より．

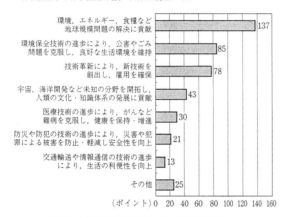

図5·3　21世紀の日本のあるべき姿を実現する科学技術の役割
(科学技術会議：社会とともに歩む科学技術を目指して，2000)

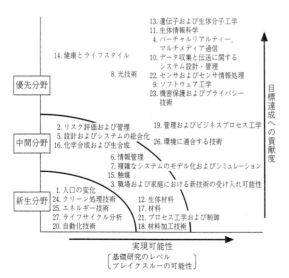

図5·4　科学技術に関する優先的課題(27課題)の相対的優先度
(イギリスの技術予測作業による重要技術分野の優先度づけ)
(英国科学技術院協調による進歩 — 技術予測運営グループ報告書，1995)

国に伝えられ，都会的な生活様式や流行は一気に全国に伝わっていった．こうしてテレビは家庭におけるコミュニケーションのありかたや個々の家庭の自律性に大きな影響を与えた．冷蔵庫や炊飯器により毎日の買物や料理の時間を制御できるようになり，主婦は家庭の拘束から解放された．

　1960年代には，流通革命で市場は地球全体に拡大した．食品の冷凍保存や加工技術が発達，交通網の整備に支えられて，生鮮食料品など世界のあらゆる商品が，いながらにして手に入るようになったのである．

技術革新の功罪と生活問題に対する技術的解決の可能性

　こうして技術革新は，家庭における家事負担の軽減，利便性や快適性の向上，小型化・情報化による空間的制約の緩和†などの効果をもたらした．しかし，その反面，これまで想像もできなかったような生活問題を引き起こしつつある．たとえば，資源やエネルギーの浪費による地球温暖化，"使い捨て"生活様式の普及によるごみの増大など，自然生態系の破壊と汚染が進み，地球規模の環境問題が起こっている．また，市場拡大にともない企業と消費者相互の利益が相反する消費者問題がクローズアップされてきた．地域独特の生活様式と文化の喪失も表面化している．ハイテク化が進んだ結果，これまで伝承されてきた技術が次世代に伝えられないだけでなく，人間が本来もっている機能の低下も心配されている(図5·2)．

　これまで技術は生産性・利便性の向上を一途にめざしてきた．しかし，今後の技術開発は，経済優先社会の矛盾として，さまざまな場面で生じている生活問題の解決に振り向けられるべきであろう(図5·3，図5·4)．たとえば，環境汚染を防止し，豊かな自然を育む技術，女性の社会進出や，高齢者・ハンディキャップの生活をサポートできるような技術など，"豊かな生活とは何か"を中心に据えた，人・自然・社会に優しい技術開発とその実現が望まれる．

18. 情報化社会とコミュニケーション

情報，情報化とは

たとえば登山をする場合，天気予報は特別な意味をもってくる．天候に対する状況把握と判断の正否が生死を分けるときもあるからだ．情報とは"ある事柄についての知らせ"であるが，特定の目的に対して重要な内容であっても，すべての人に価値があるわけではない．目的をうまく達成するために，必要な情報をどう取捨選択し，どう分析・判断するかは，受取り手の情報処理能力にかかっている．

工業化時代は，製品に対する消費者ニーズがある意味で画一的であり，家電製品などは省力化，省時間化，省スペース化を主目的に開発されてきた．しかし，高度消費社会では，個人の好みやライフスタイルを反映し，ニーズも多様である．製品開発は，消費者の発するさまざまな情報を整理し，ニーズに応えるために，高い情報処理能力が要求されている．大量生産から多品種少量生産の時代へと転換したのである．

このように情報化とは，情報が"モノ"やエネルギーよりも価値の高い資源として，社会の中で重要性が増大していく過程をいう．それには多様で高度な情報が大量に供給・消費され，その処理能力が飛躍的に高まる状況をともなう（図5・5）．

情報メディアの種類と構成

現在，流通している情報メディアの種類と構成を図5・6に示す．他にも ① 空間系（対話，講演，コンサートなど），② 電気通信系（電話，テレビ，ラジオ，衛星放送など），③ 輸送系（郵便，新聞，雑誌など），④ ニューメディア系（FAX，電子郵便，インターネットなど）で分類されることがある．

いま家庭の情報通信機器としてパソコン，携帯電話などが急速に普及しているが（付4；巻末参照），日常生活における情報入手に利用される情報源は各分野で異なっている．たとえば，時事情報

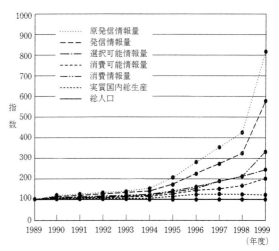

図5・5 情報流通量などの推移（1989年度を100とする）
（総務省：情報通信白書，平成13年度版）

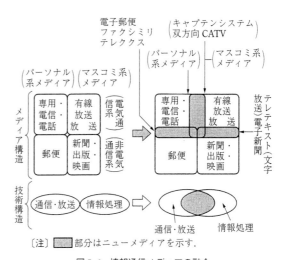

図5・6 情報通信メディアの融合
（日本開発銀行：調査65号，データ通信82/1を参考に作成）

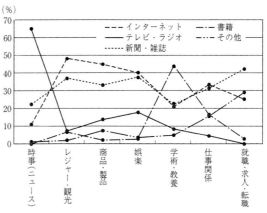

図5・7 情報入手の際にもっともよく使用する手段
（総務省：生活の情報化調査，2001より作成）

5章 暮らしと技術　41

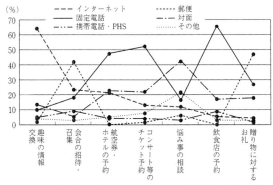

図5・8 日常生活の各場面でもっともよく利用する通信手段
(総務省：情報通信白書，平成13年度版)

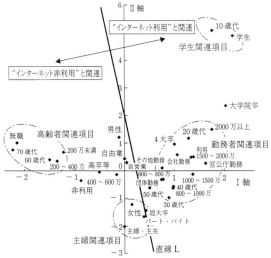

〔注〕直線Lは，"インターネット利用"，"非利用"の2点間を結ぶ線分の中心と直行する直線である．各項目と，利用・非利用との関連性をグラフ上でわかりやすく表現するため，便宜的に引いている．

図5・9 個人属性とインターネット利用
(総務省：インターネット利用格差に関する調査，2001)

図5・10 コンピュータウイルスの発見件数・被害報告数などの推移
(総務省：情報処理振興事業協会資料，2001より作成)

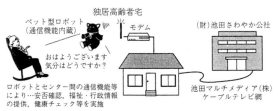

図5・11 大阪府池田市の在宅福祉支援イメージ
(総務省：総務省資料，2001より作成)

はテレビ，ラジオが新聞を上回っており，レジャー，観光，商品選択，趣味の分野では主にインターネットが活用されている(図5・7，図5・8)．他人との交渉などのやりとりでも，当面インターネットは個人間の気軽な趣味の情報交換の場として，ほぼ限定された使われ方をしているようだ．携帯電話の普及は著しいが，従来からの対面，郵便といった手段も比較的多く利用されている．もともと，情報の伝達・処理は人間が担ってきた．現在，ニューメディアの開発により，個人的な体験とは無関係に大量情報が供給され，ひとり歩きし始めている．今後ますます時間・空間の制約をこえた交流が発展していくものと思われるが，個人的な言語・身体情報・ミニコミの大切さは変わらないのである．

高度情報化社会の可能性とその問題点

家庭の情報化は，直接目に見えないところで相当進行している．最近の家電製品は，各種センサーで外部情報を収集・分析し，マイコンが総合的な判断の下に制御する．その機能はモニター機能，タイマーなど，テレコントロール機能，セキュリティ信号発信機能など多岐にわたっている．複雑な人間の機能をある程度代替する高度情報化社会は，将来の生活への可能性に満ちている．しかし，その恩恵を享受できるかどうかは年齢層による差が大きい．簡単な操作でも，機能ボタンがいくつも並んだ機器は高齢者にはなじみにくい．"新製品に買い替えたら使いにくくて困る"という話をよく聞く(図5・9)．また，個人や家庭のプライバシー侵害，コンピュータを使った犯罪，故障による社会的混乱も懸念されている(図5・10)．

人間性を疎外することなく自己実現できる方向で人を支援すること，社会的弱者にとって使いやすく役立つ技術とすること，だれもが公平に利用できる情報ネットワークをつくることなどが今後の課題である(図5・11)．さらに，膨大な情報の中で自己を見失わないためには，なによりも情報を使う人の主体性の確立が大切である．

19. 家庭生活と労働

労働時間と賃金の推移

日本の高度経済成長を支えてきたのは，技術革新と長時間労働であるといわれている．経済成長はわれわれの賃金を上昇させ，消費生活を充実させた．しかし，その割に"豊かさ"が実感できない原因の一つに，長時間労働があげられよう．労働時間については，経済摩擦という国際的な批判の中で，労働基準法の改正，金融機関の完全週休二日制，官公庁の土曜閉庁制度が実施され，リフレッシュ休暇を導入する企業も増えるなど，着実に短縮に向かっている（図5・12）．しかし，住宅立地の遠隔化が進み，通勤時間は短縮されず，相変わらず仕事に拘束される時間は長い．

これまで長時間労働は，働く人の自由時間を奪うだけでなく，女性が家庭責任の一切を受けもつ形で実現されてきた．そのひずみは，家庭における男性の家事分担や家族の団らんを妨げ，地域やその他のつきあいを阻害するなど，生活全般に大きな影響を与えている．それはまた，男性の生活問題に対する関心を弱め，老後への準備や生涯にわたる人生の充実を妨げる結果をまねいている．

家事労働の変化と女性の職場進出

従来，家事は女性の仕事とされ，女性は家庭に拘束されてきた．現在，女性の**労働力率**†が過半数を占めるようになった（図5・13）背景には，第三次産業に重点が移行するにともない，女性労働者に対する需要が増えたこと，家事の外部化や家電製品の普及による家事の合理化・省力化の効果が大きい．女性の側においても，少子化や高学歴化，生活意識の変化によって労働意欲が高まってきたこと，さらに既婚女性の場合は，住居費や教育費の増大などにともなう家計不足を補うといった，経済的要因が職場進出をうながしてきた面も見逃せない（図5・14，図5・15）．

女性と男性の家事時間と家事分担意識には，いまなお相当な開きがあり（図5・16～図5・18），女

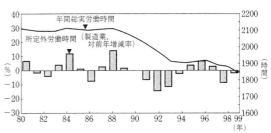

図5・12 労働時間（事業所規模30人以上）
（労働省大臣官房政策調査部統計調査第一課：毎月勤労統計調査年報より）

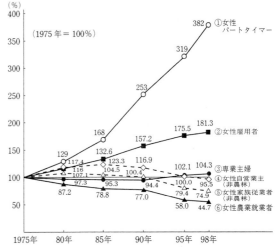

図5・13 1975年以後の女性就業者等の変化[2]

（①，②，③，④，⑤は総務庁統計局：労働力調査により作成．⑥は1995年までは農林水産省：農業センサス，1998年は同：農業構造動態調査による．いずれも1975年に対する比率．）

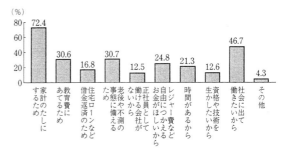

図5・14 女性がパートで働くおもな理由（三つまで回答）[2]

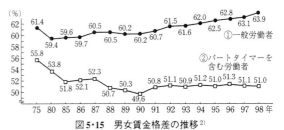

図5・15 男女賃金格差の推移[2]

〔① 労働省：賃金構造基本統計調査 — 所定給与額の男女間格差（産業計・企業規模計・学歴計），② 労働省：毎月勤労統計調査 — 一人平均月間現金給与総額の男女間格差（企業規模30人以上，パートタイマー含む）〕

5章 暮らしと技術　43

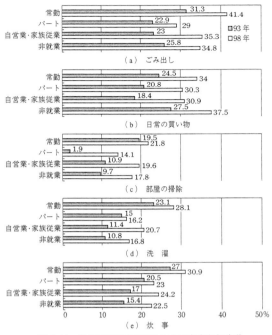

図5・16　妻の就労形態別にみた夫の家事参加率[2]

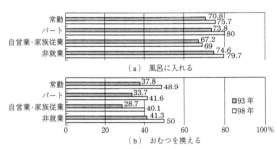

図5・17　妻の就労形態別にみた夫の育児参加率[2]

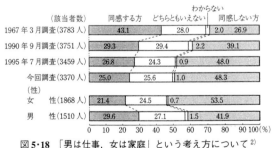

図5・18　「男は仕事，女は家庭」という考え方について[2]
（総理府：男女共同参画社会に関する世論調査，2000年2月）

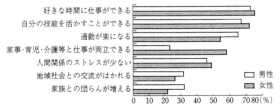

図5・19　テレワークを行なう際の効果
（総務省：情報通信白書，平成13年度版）

性の肩には職場と家庭の二重負担が重くのしかかっている．しかし，現実に働く女性が増え，共働き世帯は増えつつある．女性が働き続けるための困難は育児と親の介護等があげられる．それらの障害を取り除き，安心して働き続ける条件を整えていくことが，早急に望まれる．

労働環境の変化にともなう問題

たとえば生産部門においては，オートメーションや産業ロボットの発達により，重労働や熟練労働が減少して安全性も向上した．また，情報化を高度に利用して，遠隔地から生産現場の情報管理を行なうことにより，職場立地の自由度が増すなど，その環境も大きく変わろうとしている．オフィスではOA機器の導入によるハイテク化が著しく，時差にかかわらず，各国の情報がEメールやファックスで流されるなど情報化，国際化が進んで知的労働のウェイトが高まり，労働の質が高密度化している．

一方で，このような急激な変化についていけない人の不適応の問題が表面化している．システムの大規模化・複雑化にともない，ちょっとしたミスが多方面に大きな影響を及ぼすこと，OA機器の前に長時間座り続けるため，運動不足による生活習慣病や視覚障害が起こっていること，コンピュータに集中するあまり，他人とのコミュニケーションが上手に保てないことなど，仕事に関するストレスや不安といった人間疎外の現象が増えつつある．

また，男性の仕事優先意識には根強いものがあるが，今後，豊かさを実感できる生活を実現するためには，男性自身が，仕事優先で失われてきたものを見直し，現実の生活問題への理解を深めること，在宅勤務の可能性の追求や社会システムのサポートにより，女性・高齢者，ハンディキャップが職場進出しやすい条件をつくり出すこと，そして，だれもが職場と家庭生活のバランスを保てるよう環境を整えることが，今後の課題といえよう（図5・19）．

20. ハンディキャップと生活機器

だれにでも使える生活機器

なんらかの心身障害をもっている場合，安全・快適な日常生活を送ろうとすると，通常の家庭にあるさまざまな物は使えなかったり，使いづらくなる．そこで，通常使用するさまざまな生活機器が，障害者・高齢者にも使いやすいように開発されることと同時に，失われた機能を代替し，日常生活を便利にする特別な支援機器が必要になる．

戦後の技術の進展は，われわれの生活に省力化，合理化，利便性，快適性をもたらした．電動歯ブラシ（上肢障害など），ワープロ（書字動作障害），テープ レコーダー（視覚障害），ファックス（聴覚障害）などは，一部の障害者には代替機能を果たし，きわめて大きな利便性をもたらした．しかし，一見便利にみえる生活機器の多くが，ほんの少し工夫されていれば，障害者・高齢者にも使いやすいのだが……，という点が多いのはなぜだろう．見にくい表示，聞きづらい電子音，複雑な操作，重くて固くて小さな操作板などなど．経済性，生産性が追求されてきたために，消費者として少数であった障害者や高齢者にも，使いやすいという面がなおざりにされてきたためであろう．**超高齢社会**[†]を目前にしたいま，だれにでも使えるというコンセプトがこれからの技術に要請されている．

生活支援機器

障害者・高齢者の自立的な生活を支援したり，介護の負担を軽減するための特別な支援機器のことをわが国ではリハビリテーション機器，福祉機器，介護機器，**福祉用具**などと呼ばれてきた．1993年に成立した法律により"福祉用具"という用語が定義され，その後広く使われ始めている．

欧米では，テクニカル エイド，すなわち補助器具と呼ぶことが多く，目的が単純明解に示された用語になっている．

図5・20にその概念の一例を示す．住宅・設備を

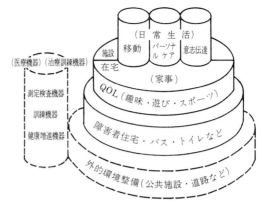

図5・20 リハビリテーション機器の概念[3]

表5・3 福祉機器の種類

杖…ステッキ型杖　T字・L字形杖　折りたたみ杖　多脚型杖
歩行器…四脚歩行器　買物カー型歩行車　三輪歩行車　四輪歩行車
車いす…介護型車いす　片手駆動型車いす　座席昇降型車いす　電動車いす　電動車いす
車いす用品…車いす用床ずれ防止マット　車いす用衣類
身障者運転自動車…右足障害者用運転装置　片手障害者用運転装置
手すり…施設用手すり　住宅用手すり
昇降機…いす用階段昇降装置　車いす用段差昇降装置
リフト…移動型リフト　入浴用リフト　天井走行型リフト
トイレット…身障者用トイレ　電動立上がり便座　自動採尿器
洗面…身障者用洗面台　レバー水栓　自動水栓
入浴…浴槽用手すり　入浴用担架　簡易ポータブル浴槽
キッチン…身障者用キッチン　流し用水栓　電磁調理器
いす…座位保持い　座敷用特殊いす　座敷用起立補助いす
ベッド…ローリング ベッド　ツークランク ギャッジ ベッド　家庭用特殊療養ベッド
寝具・マット…電動エアマット　電動寝返りマット　便器差込み式マットレス
衣類…寝巻き　下着　食事用エプロン
くつ…リハビリ シューズ
サポーター…汎用サポーター　頸サポーター　手・腕サポーター
自助具…調理用自助具　食事用自助具　マジック ハンド　衣服着脱用自助具
補聴器…箱型補聴器　眼鏡型補聴器　耳穴式補聴器　ステレオ補聴器
視覚障害者用具…点字器類　点字タイプライター　点字複写機　盲人用時計・計器類
伝達機器…身障者用タイプライター　身障者用ワープロ　身障者用電話機
警報・制御機器…身障者用警報器　身障者用環境制御装置
介護用品…皮膚清拭剤　浴剤　ソープ　パウダー　口腔洗浄器　受水器
計測機器…デジタル体温計　血圧計　脈拍計
訓練用具…磁気プラスチック球　ビーズ スティック　丸形グリップ　ねじり訓練具
スポーツ用品…スポーツ車いす　陸上競技用具　水泳用具　チェア スキー　アーチェリー
施設用自動車…障害者搬送自動車　入浴洗濯乾燥車

福祉機器年鑑より．

も含む概念規定がなされている．わが国の場合，障害者・高齢者に不便な固有の住宅構造と住様式があるために，生活支援を考える場合，住宅・設備を切り離すことができず，欧米とは異なった複雑さが存在している（15章57節参照）．

福祉機器には，どのようなものがあるのか．生活上の目的からは，介助・介護を補助する機器と自立・自助を補助する機器に分類される．また，要求される機能からみると，個人の障害に合わせた特殊な機器と，一般の機器を障害に合わせて使えるように改変した機器に分類することができる．後者に関しては，だれもが使うことができる生活機器の普及と密接な関係にあることはいうまでもない．最近アメリカを中心として，はじめから障害者も使うことができる普遍的なデザインを追求しようという"ユニバーサル デザイン"という考えかたが提唱されだした．このようなデザインに対する考えかたの普及・徹底がわが国にも望まれる．

現在の福祉機器を表5・3に例示しておく．

機器運用上の問題点

障害を見極め，ほんとうに役に立ち，使いこなせる機器を選ぶためには，多くの時間と専門職の協力が必要であるが，目下のところ，福祉機器の適正運用にかかわる社会制度が未整備であるために，問題は山積している．

生活者の立場からすると，ほんとうに役に立つ機器の情報が手に入りにくく，役立つかどうか試すことのできない場合が多い．一時的な使用であっても，レンタル制度が未整備であるために買い取らなければならず，むだになりやすい．生産・流通機構が特殊で，一般生活機器に比べて高額になりがちである．品質のチェックが不充分であることが多い．相談する専門家が充分に育っていない．生活者にとっては，福祉制度の利用が煩雑である．以上のような問題解決のためには，単に技術開発にとどまらず，その技術がエンド ユーザーに確実に届く社会システムの整備が，とくに重要になってこよう．

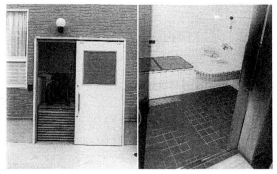

(a) 出入り口
個室から直接カーポートへ出るための段差解消リフトを設置．

(b) 浴室
洗い台での使用に適した場所に取り付けられたシャワーフックとカラン．段差のない出入り口と扉には大きな棒型取っ手を設置．

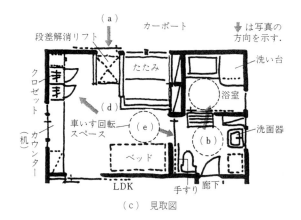

(c) 見取図

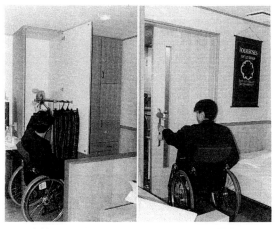

(d) クロゼット
回転式の洋服掛けなど，車いすの利用を考慮した造りつけ家具．

(e) 扉の開閉
個室から洗面所・トイレ・浴室への扉には，大きな棒型取っ手を設置．

図5・21　車いす生活A君の個室

6章 暮らしと環境

21. 自然環境と暮らし

　人間は自然の中で生活すると同時に，自然の一部を形成している．自然環境はその土地の地球上での位置，その周辺での水陸の分布，地形，海流などの影響を受け，そこに棲息する動植物や事物によって形づくられる．

　採集・狩猟・農耕の時代には，自然はある意味で無限大の容量をもっていたため，自然を征服する対象と考えて行動しても，それほど問題にならなかった．しかし，産業革命以後の人間の活動は，自然と比べて著しく活発であるため，その影響が顕在化してきたといえる．自然の破壊は，人類の破滅へつながるおそれがある．自然をよく理解し，自然への上手なはたらきかけかたを知ることが重要である．

　わが国は天然資源に乏しく，多くの原料を輸入し，付加価値の高い商品にして輸出し，利益を得て生活している．この過程で排ガスや産業廃棄物などの無価値か，負価値の物質を発生させている点に問題がある．それゆえ，**国内総生産(GDP)**[†]が高いほど，環境汚染もひどくなり，人口密度，GDP密度ともアメリカの約10倍と高い日本で環境汚染が問題になるのも当然で，今後は技術やソフトなどの知的財産の開発・輸出が大切といえる．

　しかし，わが国は周囲を海に囲まれ，冷水系・暖水系の海の生物に恵まれているため，従来から食料に海産物の占める割合が高く，また高温多湿な日本の夏に適した稲作は，単位面積当たりに得られる熱量が多く，タンパク質，ビタミン類，ミネラルの不足も海産物で補えたこともあって，大勢の人びとを養うことを可能にしてきた．

　日本の気候，風土　わが国は気候変化の著しい温帯に属しており，日本海を隔ててユーラシア大陸の東に位置し，太平洋に面する島国である．そのため大陸東岸性気候と海洋性気候の両特徴をもっていて，夏は蒸し暑く，冬は寒冷でどちらかといえば過ごしにくいが，四季の変化が明確で，

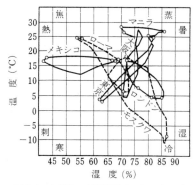

図6・1　各都市の気候図表(クリモグラフ)

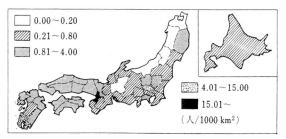

図6・2　府県面積1000 km²に対する台風による死者数 (1925～1954年)[1)]

表6・1　周囲の様子と風力との関係(ビューフォート風力階級)

風力階級	風速(m/s)*	陸上の様子	海上の様子
0	0～0.2	煙がまっすぐに上る．	鏡のような海面．
1	0.3～1.5	煙がわずかになびく．風見鶏は回らない．	小さなさざ波が立つ．
2	1.6～3.3	顔に風を感じる．木の葉が少し動く．風見鶏がゆっくり動く．	小波が立つ．波頭はなめらかで，砕けない．
3	3.4～5.4	木の葉や小枝がたえず動く．軽い旗が開く．	ところどころに白波が見えたりする．波頭が砕け始める．
4	5.5～7.9	砂ぼこりが立つ．小枝が動く．紙が舞上がる．	波の峰幅が長くなる．白波が目立ち始める．
5	8.0～10.7	葉の多い木は，揺れ始める．池や沼の水面に波が立つ．	波立つのがはっきりして，白波が目立つ．ときに，波しぶきが生じる．
6	10.8～13.8	大きな枝が揺れる．電線が鳴る．傘がさしにくい．	大きな波が現れる．白く泡立った波が多くなる．波しぶきが激しい．
7	13.9～17.1	木の幹まで揺れ始め，歩くのが困難になる．	大きな波が激しくなる．波頭が砕けて泡が飛ぶ．
8	17.2～20.7	木の小枝が折れる．風に向かっては歩けない．	波は大きく，波の峰幅が長くなる．波頭が砕け，水けむりとなる．白い泡が筋を引いて飛ぶ．
9	20.8～24.4	家が壊れ始める．屋根の瓦がはがれる．	大波が現れる．波頭が崩れ，逆巻く．しぶきで見えにくくなる．
10	24.5～28.4	木が根こそぎ倒れたりする．家が壊れる．	非常に大きい高波になる．白い泡が筋を引いて飛ぶ．海は白く見え，高波が荒れ狂う．
11	28.5～32.6	広い地区で被害が出ている．経験することは少ない．	山のような高波．海面は白色の泡で覆われる．いたるところで波が崩れる．水けむり．
12	32.7～		しぶきのために先が見えない．

〔注〕　* 地上10 mでの相当風速(m/s)を表わす．

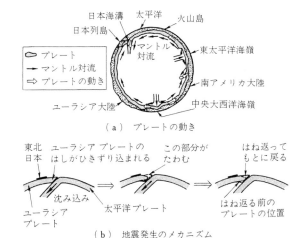

(a) プレートの動き

(b) 地震発生のメカニズム

図6・3 プレートの動きと地震発生のメカニズム[2]

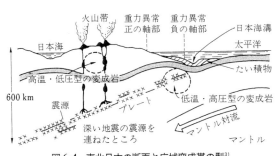

図6・4 東北日本の断面と広域変成帯の型[3]

表6・2 地震の震度と揺れかた（震度階級）

気象庁震度階級		参考事項
階級	説　　　明	
0	無感…人体に感じないで地震計に記録される程度.　加速度 0.8 ガル以下	吊下げ物のわずかに揺れるのが目視されたり，カタカタと音が聞こえても，体に揺れは感じない．
1	微震…静止している人や，とくに地震に注意深い人だけに感じる程度．加速度 0.8～2.5 ガル	静かにしていると揺れをわずかに感じ，その時間も長くない．立っていては感じない場合が多い．
2	軽震…大勢の人に感じる程度のもので，吊下げ物・戸障子がわずかに動くのがわかる．加速度 2.5～8.0 ガル	吊下げ物の動くのがわかり，立っていても揺れを少々感じるが，動いているとほとんど感じない．睡眠中でも目を覚ますことがある．
3	弱震…家屋が揺れ，戸障子が鳴り，電灯のような吊下げ物は相当揺れ，器内の水面の動くのがわかる程度．加速度 8.0～25 ガル	ちょっと驚くほどに感じ，眠っている人も目を覚ますが，戸外に飛び出すまでもなく，恐怖感はない．戸外のかなりの人は感じるが，歩いている場合，感じない人もいる．
4	中震…家屋が激しく揺れ，座りの悪い花びんなどは倒れ，器内の水はあふれ出る，歩行者も感じ，多くの人が戸外に飛び出す程度．加速度 25～80 ガル	眠っている人は飛び起き，恐怖感を覚える．電柱や立ち木などの揺れるのがわかる．一般家屋の瓦がずれることがあっても，まだ被害らしいものではない．軽い目まいを覚える．
5	強震…壁に割れ目が入り，墓石・石灯籠が倒れ，煙突・石垣が破損する程度．加速度 80～250 ガル	立っていることはかなりむずかしい．一般家屋に軽微な被害が出始める．軟弱な地盤では割れたり崩れる．座りの悪い家具は倒れる．
6	烈震…家屋の倒壊は30％以下で，山崩れ・地割れが起き，多くの人が立っていることができない程度．加速度 250～400 ガル	歩行はむずかしく，はわないと動けない．
7	激震…家屋の倒壊が30％以上に及び，山崩れ・地割れ・断層などを生じる．加速度 400 ガル以上	—

表6・1，表6・2 ともに東京天文台編：理科年表，丸善より．

日本には季節感を尊ぶ俳句などがあるように，日本人は欧米人に比べて，ある意味で自然をよく理解していたといえる．

図6・1 のクリモグラフ† は毎月の平均温湿度を結んだ多角形で，各地の気候の温熱的特徴を表わすものであり，日本は温帯に属するものの夏の暑さは熱帯のマニラ並みであることがわかる．さらに，わが国は南北に細長く，その中央には背骨のように 3000 m 級の山が縦走しているため，北と南，日本海側と太平洋側，山地と平野，海岸と内陸といった地域差も大きい．

また，わが国は台風の常襲地帯にあり，しかもプレート† のぶつかる位置にあるため，地震や火山活動も盛んな，世界でも有数の災害国である．ハリケーンのアメリカへの年平均来襲頻度が 0.2～0.5 回であるのに対し，日本への台風の来襲頻度は年平均 4 回，地震についても全世界の陸地面積の 1/400 しかない日本で，世界の歴史的大地震 30 回の 1/6 が発生しており，世界の活火山の 1/10 が日本にある．気象災害の 15～35 ％は台風によるもので，風水害被害額の約 7 割の被害を引き起こしている．

台風の被害を死亡者についてみると，図6・2 のように，都道府県による人口分布，住宅の分布，生活様式の違いを考慮しても著しい地域差がある．表6・1 に風力と周囲の様子の関係を示す．

地震は図6・3，図6・4 のように，プレートの動きにともなうひずみが復元することに起因することが多く，地震の多発地帯と火山活動の盛んな地帯はほぼ一致し，現在でも地殻が変動している場所といえる．地震の大きさを表わすのに"マグニチュード(M)"と"震度"が用いられるが"M"は地震のエネルギー（規模）を表わし，M が 1 大きくなるとエネルギーは 32 倍になる．表6・2 に示す震度は，地震の揺れの強さを表わし，被害の目安となる．地震の被害は，二次災害によることも多く，火の始末に充分留意するとともに，海岸部では津波への注意も肝要である．

22. 暮らしと環境問題

産業革命以後の人間の活動は，自然の回復力に対して桁違いに大きく，世界の各地で各種の環境問題を引き起こし，たとえば温暖化の原因物質と指摘されるCO_2濃度も化石燃料の使用に比例して増加している（図6・5）．わが国でも，1955年以降の高度経済成長時代，さまざまの**公害**†，環境破壊などが顕在化した．これらは生産活動や生活活動によって発生し，生活や健康を脅かすから，その発生の抑制に心がけなければならない．

大気汚染 イギリスではすでに，14世紀に家庭の暖房のための石炭の燃焼による煤煙が生活の障害になり，規制のための法律が施行された．とくに1952年12月には，5日間にわたって濃い**スモッグ**†がロンドンに停滞して，呼吸器系を主とした病人と死亡者が急増し（図6・6），その後の4週間で計7000人の**過剰死亡**†があったという．同国では1956年に大気清浄法が制定され，わが国でも1968年に大気汚染防止法を制定したが，硫黄酸化物による被害が深刻化した1969年に，公害による健康被害の補償に関する法律も制定された．その後，硫黄酸化物による大気汚染は著しく改善したが，高温燃焼にともなう窒素酸化物の発生は，工場や自動車などに多くみられ，現在でも環境基準を上回っている所があり，排出量の総量規制や窒素酸化物排出量の多いディーゼルエンジン使用車の規制が必要である．またタバコの煙は発がん性があり，図6・7のように，ヘビィスモーカーは非喫煙者の9倍以上の肺がん死亡率を示すばかりでなく，非喫煙の家族の死亡率も増加させるから，喫煙の規制が求められている．

逆に，クリーンな**太陽エネルギーの利用**†には積極的に取り組むとよい．わが国の水平面1 m²当たり年間日射受熱量は平均約100万kcalにもなる．1世帯の年間消費エネルギーは平均約1000万kcalだから，約10 m²の水平面が受ける日射熱を完全に利用できればまかなえることになる．

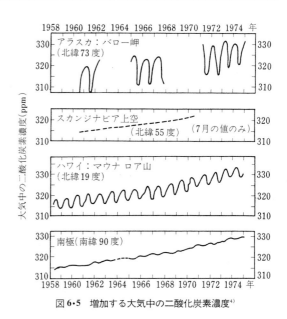

図6・5 増加する大気中の二酸化炭素濃度[4]

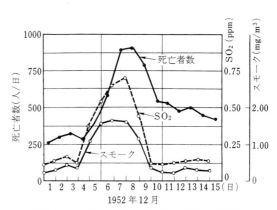

図6・6 ロンドンのスモッグと死亡者数との関係[5]

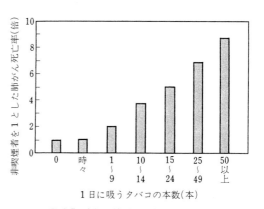

図6・7 喫煙と肺がん死亡率（男性）[5]

6章 暮らしと環境

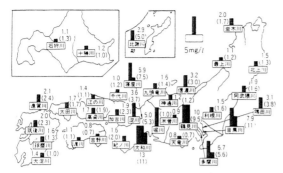

〔備考〕 1. 1987年度環境庁調べ.（　）内は1986年調べ.
2. BOD年度平均値である（単位：mg/l）.

図6・8 河川の水質汚濁（環境庁編：環境白書，平成元年版）

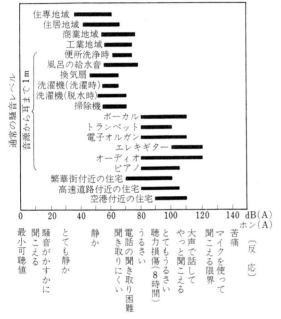

図6・9 騒音レベルと反応[5]

表6・3 騒音防止対策

対策方法	例
① 位置・配置の改変による軽減	空港を都市から離す.高速道路を住居地区から遠ざける.クーラーの室外機などを隣戸から離す.
② 音源対策（音を止めるか消音構造を用いる）	自動車にマフラーを付けたり，車の回転部から音が出ているときなど油を差して音の発生を止める.
③ 吸音による減音	カーテンやじゅうたんなどを用いる.毛ばだった材料や多孔質の材料を使用する.
④ 壁による遮音	遮音材料を用いたものや壁の間隔を離して複層にしたもの.
⑤ 塀による騒音の軽減	（塀は高いほど，また音源あるいは被害者）のどちらかに近いほど効果が大きい.
⑥ 室内の仕切りによる軽減	（室内では騒音源を包んでしまうのもよい.）
⑦ 音をもって制する方法	単調な機械音の中にBGMを流すことによって心理的に音を消す.
⑧ 防音保護具を用いる方法	耳栓

石堂正三郎・中根芳一：新住居学概論，化学同人，1984.

水質汚濁 水質汚濁防止法が施行されてから，産業排水の水質はかなり改善されてきているが，重金属などによる汚染は，たとえ濃度が低くても**食物連鎖**†の中で**生物濃縮**†されるので，水俣病やイタイイタイ病にみられるような重大な被害を及ぼす．また，農薬による水質汚染も，近年多くのゴルフ場が開発されたこともあって問題になっている．

生活排水については，**BOD**（生物化学的酸素要求量）†，**COD**（化学的酸素要求量）†とも，いまなお高い水準にあり，図6・8のように河川や湖沼の汚染や富栄養化が進んでいるから，一人ひとりが水を汚さないよう心がけることが大切である．

水質汚濁は飲料水確保を困難にし，また清浄化にコストがかさむばかりでなく，消毒用塩素投入量の増大をきたし，発がん性の**トリハロメタン**†が生じたり，第一に飲料水がまずくなるといった被害を引き起こすことになる．

騒音 騒音とは"望ましくない音"，たとえば音声や音楽などの伝達を妨害したり，耳に苦痛や障害を与える音を総称する．同じ音でも，人や環境条件，作業内容などにより騒音であったり，なかったりする．図6・9に身近な騒音レベルと人間の反応を示す．音のやかましさは，音の物理的な性質だけでなく，主観的，心理的な要素で左右される．わが国の公害陳情件数の統計では，騒音・振動が第1位で，工場，事業所，建設作業にもとづくものが多い．大気汚染や水質汚濁などと違い，発生源が特定しやすいことと，気になりやすいからといえる．騒音の防止対策を表6・3に示す．音源で防止するのが原則である．

その他の環境問題 そのほかにも生活環境の問題には，地球の温暖化やオゾン層の破壊，**酸性雨**†の問題のように，地球規模で対策を立てる必要のある問題や，悪臭，地盤沈下，土壌汚染といった比較的局部的に対策が立てられる問題とがある．つぎの世代に美しい地球を残すためにも，環境を汚さないよう心がけなければならない．

23. 人の生理機能

人の身体には，図6・10のような中枢神経・末梢神経やホルモン・酵素などがあり，身体の機能をコントロールしている．中枢神経は脳髄と脊髄とからなり，身体の機能を統合し，運動・知覚・感覚・精神作用などの伝達・命令を行なう．末梢神経は脊髄から分岐して身体全体に分布し，刺激などを大脳に伝えて，適切な運動を起こさせるはたらきをする．また，自律神経である交感神経は内臓の運動やホルモンの分泌，呼吸，血液の循環など，覚醒時に活発にはたらいて，エネルギーを消費する方向で作用し，副交感神経は睡眠を誘い，エネルギーを抑制する方向で作用する．

成人の生理機能の正常値を表6・4に示す．この機能には，表6・5に示すように，日中は活動的に，夜間は休息的・再生産的になる日変動がある．

人体が生命維持に要する最小限のエネルギーを基礎代謝といい，日本人の成人男子は平均約1400 kcal/日，女子は約1200 kcal/日である．

体内で消費したエネルギーは，体熱として輻射（放射），伝導，対流，水分蒸発の形で体外へ放散される．人間には周囲の寒暑に対し，体温を一定に保つ仕組みがある（表6・6）．これで対処できないとき，暖冷房設備などでカバーする．

感覚器官のおもなものには，眼，鼻，耳，舌，皮膚がある．これらの感覚器官で得た情報にもとづいて，私たちは思考し，行動し，環境にはたらきかけていく．つぎにおもなものを説明する．

視　覚　感覚器官の中でもっとも正確で豊富な情報を提供するのが眼で，眼によって生じる感覚を視覚といい，外部からの情報の約80％は視覚で得ている．人が眼を動かさずに見える範囲を視野といい，日本人では，注視点から左右それぞれ110°ほどで，そのうち中央の60°は両眼で見えるため，遠近もわかる．

人には錐状体と桿状体の2種類の視細胞があり，380～780 nmの電磁波に対して光覚をもち，この

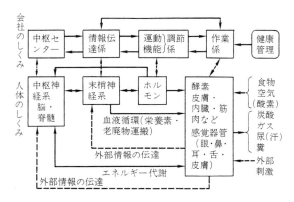

図6・10　人体のしくみの概要

表6・4　生理機能の正常値(成人)

機　能	正　常　値
呼吸数(男)	17 回/分
脈拍数	65 回/分
最高血圧[*1]	110～130 mmHg
最低血圧[*2]	65～80 mmHg
赤血球数	男 450～500万/mm³，女 400～450万/mm³
白血球数	6000～7000/mm³
体温(腋下)	36.0～36.6℃
基礎代謝(男)	36.0～37.0 kcal/m²·時間, 0.96 kcal/分
基礎代謝(女)[*3]	32.0～33.5 kcal/m²·時間, 0.79 kcal/分

〔注〕　[*1] 心臓収縮時の血圧.
　　　[*2] 心臓弛緩時の血圧.
　　　[*3] 同じ体表面積で女は男の5％減．体表面積は身長165 cm，体重61 kgの人で1.685 m²，173 cm，69 kgの人で1.837 m²(成人男子でおよそ1.7 m²)．
石堂正三郎・中根芳一：新住居学概論，化学同人，1984．

表6・5　生理機能の日内変動

機　能		日中	夜間	機　能		日中	夜間
循環系	血　圧	高	低	呼吸系	呼吸数	多	少
	脈拍数	大	小		肺活量	大	小
	心拍出数	多	少	消化系	唾　液	少	多
血液	赤血球	多	少		胃腸運動	弱	強
	白血球	多	少	代　謝	体　温	高	低
	好酸球	少	多		代　謝	大	小
	リンパ球	少	多	排泄系	尿　量	多	少

石堂正三郎・中根芳一：新住居学概論，化学同人，1934．

表6・6　体温調節のしくみ

	調節作用	調節系
対寒調節	皮膚血管の収縮 起毛筋の収縮(鳥肌)* 骨格筋の収縮(身震い) 肝臓の熱発生増加	交感神経系 副腎皮質のアドレナリン 副腎皮質の糖質コルチコイド 甲状腺ホルモン
対暑調節	皮膚血管の拡張 発汗の増加 肝臓の熱発生抑制 呼吸の促進	副交感神経系 副腎皮質の鉱質コルチコイド 下垂体のバソプレッシン

〔注〕　* 人間ではあまり有効でない(鳥は有効)．
石堂正三郎・中根芳一：新住居学概論，化学同人，1984．

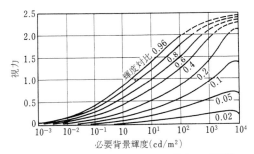

図 6・11 順応(背景)輝度と得られる視力との関係[5]

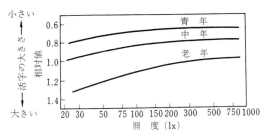

図 6・12 文字の判読における年齢の影響

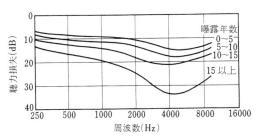

図 6・13 騒音の曝露年数と聴力損失の関係

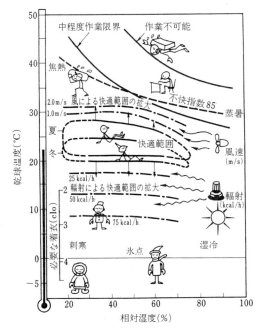

図 6・14 生気候図

範囲の電磁波を光線という．錐状体は，網膜の中心部に密に分布して明るい所ではたらき，色や物の細部の識別を分担する．桿状体は色覚も，細部を識別する能力ももたない．眼のレンズに相当する水晶体は，環状の毛様筋にチン帯でぶら下がっていて，毛様筋が収縮して環が小さくなると，自分の弾力で膨らんで分厚いレンズになり，近くの物に焦点が合う．近くの物を長時間見ていると毛様筋が疲労し，眼が疲れ，これが続くと近視になりやすいので，20～30分に一度は，3m以上離れた物を見て，眼を休める必要がある．

一般に視対象が明るいほど視力は高くなる(図6・11)．暗いと見にくいため，眼を近づけ，眼に負担をかけることになるから，とくに細かい物を見るときは，明るくすることが大切である．また高齢者は，視力低下のため，同じ物を見るのにも，図6・12のように，若い人の10～200倍くらいの明るさが必要で，暗いと事故も起きやすい．

聴　覚　聴覚は，外部からの情報を得るのに視覚についで大きなはたらきをする．人は，20～20000Hz(サイクル/秒)の空気の振動を音として感知する．もっとも感度のよいのは3000～4000Hzの音域で，大きな音を長時間聴くと，図6・13に示すように，この音域部分の聴力損失が著しい．大きな音で，音楽をイヤホーンなどで聞いている人は，聴力障害を起こすおそれがある．

温熱感覚　人は，体内での産熱と体外への放熱のバランスがとれているとき快適に感じる．とくに筋肉労働などが激しいと産熱が多くなるため暑く感じ，皮膚血管の拡張や発汗の増加などによる放熱の促進現象が生じる．反対に寒いと，皮膚血管を収縮させて放熱を減らしたり，骨格筋などを活動させて産熱を増やして対処しようとする．体熱の放熱に関係する外的条件として，気温，湿度，気流，輻射の四つの因子があり，これを温熱四要素という．これらの要素を指標として体感温度を表わすものに，**新有効温度**[†]や図6・14に示す**生気候図**[†]などがある．

24. 生活環境の調整

私たちは環境から影響を受け，環境に影響を与えて生活している．もし環境が私たちの生活に適当でないときは，環境を調整しなければならない．私たちは自然環境の脅威や不都合なところを，住まいのはたらきを借りて調整し，生活している．

住まいの要件　住居には，もっとも基本的な要求として，人間性豊かで健康な環境の創造が求められる．単に，構造，環境，設備などの物理的な条件のみでなく，人間形成，家族のふれあいの場としての諸要件を重視しなければならない．WHO（世界保健機関）によれば，"住宅とは，人間を外部から保護するのに充分である丈夫な構造のものでつくられていて，その中に必要な家具，設備，装置などを有することによって，家族の個人と全員が精神的にも肉体的にも健康で快適な生活ができるような環境を保持するもの"としている．この考えを具体的にまとめて，健康な住まいの要件について表6・7に示した．住まいは，安全で，衛生的で，しかも健全であることはもちろんのこと，快適で，能率的でなければならない．

その対応は環境条件によっても異なり，温熱環境を例にとれば，図6・15のように環境が比較的穏やかな場合には，建物の遮断性のみで求める室内環境が得られるが，環境がきびしい場合や室内の要求条件がきびしい場合，また室内の熱負荷が大きい場合，冷暖房設備の助けも必要となる．

冷暖房設備　冷暖房，とくに暖房が住宅に普及したことによる，乳児死亡率の急激な低下，なかでも冬季の死亡率の著しい低下は，わが国を平均寿命世界一の長寿国にした源になっている．こたつ・火鉢の採暖から，ストーブ・空調機を用いた暖房になったことは，高齢者の脳溢血などによる死亡の減少にも役立っている．医療技術や食事の改善による効果ももちろんあるが，短期間での死亡率の劇的な低下に，冷暖房設備が果たした役割は無視できない．冷暖房の推奨温度を表6・8，図

表6・7　健康な住居の条件（住宅自体が備えるべき条件）

項目	概要	備考
安全な生活環境の確保	充分な防災，防犯のための構造・設備	耐震・耐風・耐火構造，入口・窓・階段が適正な配置・構造，電気・ガスなどの設備が完備されている（安全な炊事や照明，暖房のための性能），防犯灯，非常ベル，避難口が整備されていることが望ましい．
衛生的な生活環境の確保	衛生的な構造・設備	日照，換気などを得るに充分な空地を周囲に確保する．良質で充分な量の飲料水や雑用水の供給．清潔で合理的な浴室，便所，台所の構造・設備，ネズミや害虫の侵入を防ぐ構造，下水の排出や厨芥の処理の設備の完備．有毒ガスや悪臭の排出，騒音の侵入の防止．
健全な家庭生活の保障	充分な広さと間取り，生活経済の満足	寝室と居間との分離．夫婦以外の思春期以降の男女の分離就寝．プライバシーの確保，同居する他世帯（たとえば老人世帯）との分離．住居費が適正に保持できること．
快適な生活環境の確保	生理的に適切な屋内気候	温度条件，換気，日照，採光，照明などが人間の生理に適していること，能率的に冷暖房できるような構造・設備．
能率的な日常生活の保障	充分かつ合理的な付属設備	台所，浴室，便所，押入れ，納戸などの構造や電気，ガス，水などの設備などが充分に整い，かつ合理的に設計されていること．とくに家事労働が能率よく行なわれるためには，台所，納戸，押入れなどの大きさ，各部分の寸法，家具の配置などが人間工学的な配慮のもとに決められていること．

中根芳一：望ましい室内環境，建築と社会 59-7, 1978.

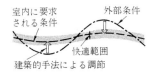

① 外部条件が穏やかな場合．

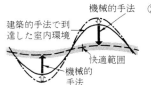

② shelterの条件が弱いと機械的手法への依存度が大きくなる．

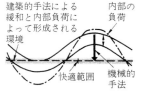

③ 室内条件としての要求度が高い，または内部の負荷が大きいと機械的手法への依存度が大きくなる．

図6・15　建物や設備による外気温の緩和

表6・8　暖房用推奨温度

部屋の用途	室内温度（℃）
居間あるいは食堂	16〜20
寝室（就寝時）	12〜14
浴室・便所	18〜20
台所	15〜17
廊下，玄関，ホールなど	10〜15
老人室・乳児室	18〜22

日本建築学会編：住宅の暖房設計，彰国社，1960 より改変．

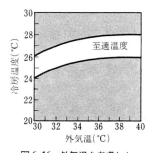

図6・16　外気温を考慮した冷房の至適温度
（軽い作業；湿度70〜80%）

表6·9 燃焼型個別暖房器の形式

形　式	長　所	短　所
① 開放型	手軽に移動ができるものが多い．安価である．	部屋の空気を排気ガスで汚す．また燃焼にも部屋の空気中の酸素を使うため，部屋の換気を多くして，新鮮な外気を多量に取り入れる必要がある．暖房負荷も増大する．
② 半密閉型	燃焼に部屋の空気を汚さないため大型も使用できる（内部に送風機をもち，強制的に熱交換を行なうものもある）．	燃焼に部屋の空気を使うため，開放型ほどではないが，部屋の換気量を多くする必要があり，暖房負荷が増大する．位置が固定される（煙突が必要）．隙間風に注意が必要．
③ 密閉型	部屋の空気を汚さない*ので気密性の高い建物の暖房に適する．	給気・排気口が必要なため，取付け位置が固定される．燃焼効率が開放型よりやや悪い（熱が煙突より少し逃げる）．

〔注〕＊ バランス フルー型器具，強制給排気型（FF型）器具など．
石堂正三郎・中根芳一：新住居学概論，化学同人，1984．

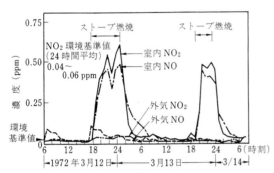

測定機：KIMOTO 212型　1時間バッチ方式　測定室：6畳
石油ストーブ（開放型）；芯上下式反射型　発熱量 2200 kcal/h
〔注〕 ガスの場合も開放型であれば結果はほぼ同じである．

図6·17　開放型ストーブ燃焼による室内空気汚染の測定例[1]

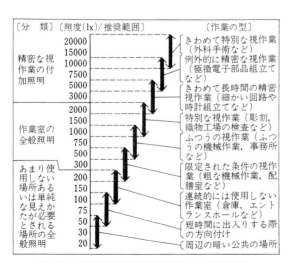

図6·18　屋内推奨照度〔国際照明委員会(CIE)推奨〕

6·16に示す．ただし，活動が鈍く抵抗力のない高齢者や乳児の場合，温度は2～3℃高めに設定するのが望ましい．

換気設備　ガスや石油を燃料とする燃焼型の暖房器具を表6·9に大別して示す．とくにファンヒーターも含めて煙突のない開放型は，排気を室内に放出し，環境基準の10倍に達する汚染を引き起こすので，好ましくない（図6·17）．さらに結露のおそれもあり，開放型には換気が欠かせない．また，人が在室するだけでも衛生的に生活するには1人当たり25 m^3/hの換気が必要である．巻末の用語解説に示す**全熱交換型換気扇**[†]は，ふつうの換気扇使用に比べ，換気による**冷暖房負荷**[†]が1/2～1/3になり有効である．

照明設備　照明には，物の視認を目的とする明視照明と，ムードづくりを目的とする雰囲気照明があり，また光源によって，人工照明と昼光照明に大別される．人工照明を考える場合の理想光は昼光である．昼光は天候，季節，時刻などによって変化するが，天空光は拡散性の光なので人びとに安らぎ感を与える．昼光を得るには窓が必要で，そのため建築基準法では，住宅の居室には床面積の1/7以上の面積の窓の設置を定めている．

人工照明は，安定した明るさが得られる．CIEでは必要照度として，部屋の使用目的によって図6·18に示す照度基準を定めている．蛍光ランプは白熱ランプの約3倍明るく，寿命も約10倍長いため，勉強部屋や台所，門などの照明に向く．白熱ランプは暖かみのある光を出し，すぐ点灯するので居間や食堂，便所などの照明に適する．

日　照　日当たりがよいことは，日射熱が得られ，窓前に空間があることも意味し，採光・通風・乾燥・眺望なども期待でき，住環境の総合評価的な意味をもつ．南向き部屋の日射受熱量は，冬多く夏少ないので，室温は年間を通じて他の方角の部屋に比べて快適である．庇（ひさし）や簾（すだれ），ブラインド，落葉樹などを使って，窓から入射する熱や光を調整するとよい．

7章 暮らしの様式

25. 生活様式の変化

生活様式の多様化

まわりを海洋で囲まれたわが国では，独自の文化を発展させて，その伝統を守ってきた．伝統文化が生活の様式の中に生きている．しかし，国際化・情報化による外国文化との交流・外国製品の導入は，衣食住，その他のあらゆる生活の領域において，日本独特の和洋折衷のスタイルを生み出してきた．近年，生活様式はますます洋風化傾向が高まっている．生活様式は，**ライフ スタイル**[†]，**ライフ ステージ**[†]や家族構成によって異なるが，伝統性よりも利便性・合理性に対して高い価値観をおく若い世代に変化が大きく，全体として多様化の傾向がみられる．

ライフ スタイルの構成要因

現代の生活は，食料品・衣料品・日用雑貨品・家電品・住宅機器類・自動車など，暮らしを支える豊かな"物"によって成り立っている．文明の産物であるこれらの生活財をどのように使い，どのように生活するかは，個人のライフ スタイルにかかわる問題である．ライフ スタイルは図7・1に示すように，大きく分けて生活構造・生活意識・生活行動の3構成因子によって形成される．それらの要因間の相互作用がライフ スタイルを変化させる．しかし，これらの構成因子に大きく影響を及ぼしているのが，個人を取り巻く外的環境因子，すなわち経済や社会環境の変化である．家計収入と生活行動との関係を示す一例として，耐久消費財の所得階層別保有状況を図7・2に示す．

生活意識の変化

経済発展による技術革新は，ヒトの要求にこたえて新たな機能商品，感性商品をつぎつぎとつくり出し，快適で便利な生活のための物的環境をつくり出すことを可能にし，個人の生活構造をも変化させた．われわれは，街に満ちあふれた生活用品の中から欲しいものを入手するという購買行動により，"物の豊かさ"を実感できるようになっ

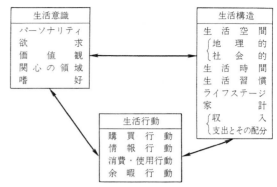

図7・1 ライフ スタイル構成要因[1]

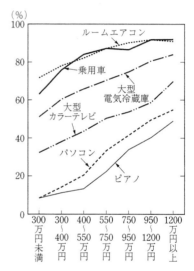

図7・2 耐久消費財の所得階層別保有状況[2]
(全世帯；1999年3月末現在)

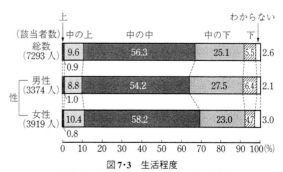

図7・3 生活程度
(総理府：月刊 世論調査，1998年3月号)

7章 暮らしの様式　55

た．これが国民的中流意識の創出である（図7・3）．さらにヒトは，個性化・差別化意識の具体的な表現として，高級化商品をも手にするようになっている．

しかしながら，物質的な豊かさが得られても，"生活が豊かになった"という実感がわいてこないのはなぜであろう．その理由の一つとして，長寿化や余暇時間の増大によって"心の豊かさ"を求めるゆとりができたことがあげられるが，これは生活の文化的豊かさに対する欲求が高まり，心の満足度が変化したことが考えられる．豊かさに対する，物から心への価値観の変化であろう（図7・4，図7・5）．

生活様式と環境問題

現在のわれわれの生活は，急成長した経済の土台の上に築き上げられたもので，地球的規模での資源問題・環境問題を見直すべき時期にきていることを生活者自らが自覚すべきである．地球上における人口の増加は避けられないことから，自然との共生の中で生活水準の向上を考えていかなければならない．そのための方法と技術開発が必要である．

図7・6は，石けん・合成洗剤の生産量の経年変化を示したものであるが，石けん・合成洗剤の生産量（消費量）は，健康で衛生的な生活の文化水準のバロメーターでもあり，また人口の変動，生活様式の変化，資源問題，技術開発など多くの問題を包含している*．

自然との共生の中で，生活の豊かさを実感できる社会の構築と生活文化の確立のために，自分自身がどのような生活者であるべきかを，いま一度見直してみよう．

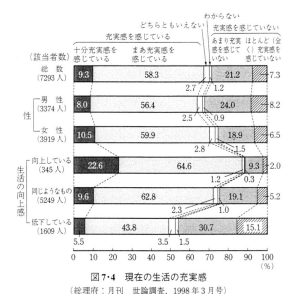

図7・4　現在の生活の充実感
（総理府：月刊　世論調査，1998年3月号）

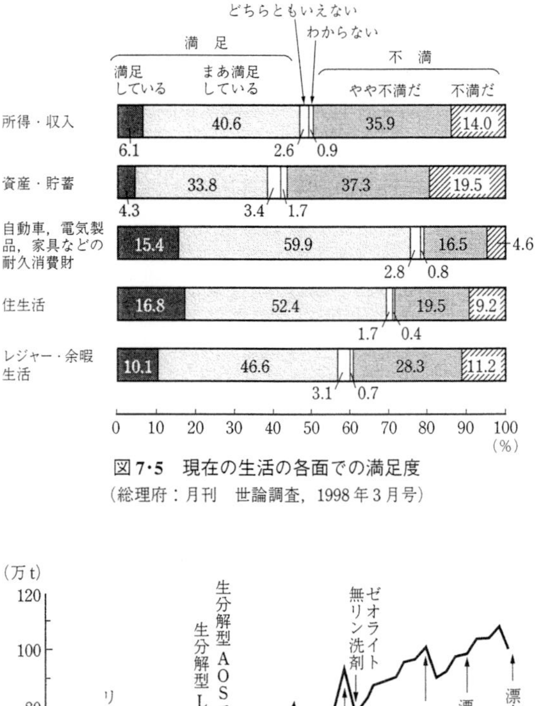

図7・5　現在の生活の各面での満足度
（総理府：月刊　世論調査，1998年3月号）

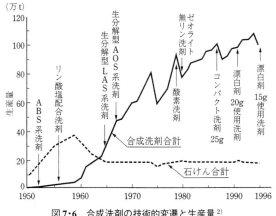

図7・6　合成洗剤の技術的変遷と生産量[2]

---

* 戦後，石けんの主原料である油脂が食料と競合し，その資源問題に端を発して開発された合成洗剤は，利便な電気洗濯機の発展をともない，10年足らずで石けんにとって代わり，清浄文化の向上に大きく寄与してきた．しかし，自然との共生のためには，環境保全・省資源・省エネルギーをめざした洗剤の開発が必要である．生分解性の向上，無リン化，酵素の導入，コンパクト化などの技術開発が行なわれてきたが，今後の課題も大きい．

26. 衣生活の様式

衣生活と技術革新

衣は，ヒトの生活に必要不可欠となっている一方で，他の生物にはみられないきわめて"特殊な習慣"ともとらえられる．衣料の起源は，防御機能，環境制御機能，社会的機能，心理的機能などの充足にあるといわれるが，これらは，現在われわれが衣料を着用する目的とも一致する．しかし，その様式は日々変化しており，生活の変化や各種の技術開発がその原動力となっている．また，最近ではさまざまなメディアを擁する情報産業によりファッションが伝達され，大きな影響を受けている．

繊維製造面における技術改革の成果としては，天然には存在し得ない感触や風合いをもつ高付加価値な化学繊維[†]，すなわち1990年ごろに開発された"新合繊[†]"（図7・7）が挙げられる．

既製服とニット製品の普及

現在では，家庭での縫製がほとんど行なわれなくなり，衣料のほとんどが既製品となっている．また，その選択にあたっては，ブランド品やアウトレット，中古品を求めるなど多様化が進んでいる．一方，流通面では1990年代後半に，**SPA**[†]（specialty store retailer of private label apparel，製造小売業者）が大幅にコストダウンした衣料を供給し，成功を収めた．

近年，ポロシャツやＴシャツといった外衣としてのニット製品（図7・8）の普及が目立つ．これはスポーティ，カジュアルといったニットのイメージを受け入れる生活シーンが増大したことや，ライフスタイルの変化によるところが大きい．また，アイロンがけが不要という，ニットのイージーケア性もその普及に貢献している．

一方，ファッションの変化が速く，衣料の短寿命化が進んでいる．衣の消費面においては，流行遅れの衣料の退蔵・廃棄の方法などにも問題点が指摘されている．

（a）極細繊維
（ベリーマＸ；鐘紡）

（b）極細繊維
（分割繊維；クラレ）

（c）異形断面繊維糸
（シルックロイヤルＳ；東レ）

（d）多層化複合構造糸
（セネッタ；旭化成）

図7・7　新合繊の一例（走査型電子顕微鏡写真）

図7・8　カラフルなフリース製品

各アパレルメーカーでは，豊富な色揃えのニット製品を発売している．フリース地には，ペットボトルなどを再生したポリエステル繊維を利用する場合もある（株式会社ファーストリテイリングのカタログより）．

表7・1 日本と欧米の洗濯条件の例

項目	日本	ヨーロッパ	アメリカ
洗剤濃度	0.1～0.2%	0.7～0.8%	0.1～0.2%
洗浄温度	20℃	60～95℃	50～60℃
洗浄時間	10分	10分	10～20分
浴 比*	1:30	1:5	1:15
水の硬度	30～50 ppm	100～500 ppm	200 ppm
洗濯機の形式	水流形	回転形	かくはん形

〔注〕 *洗濯物(kg)と用水量(リットル)との比.

水流形

回転形

かくはん形

図7・9 代表的な洗濯機の形式

衣類の洗浄

衣類の洗浄に関しては,従来の"汚れれば洗う"から,最近では"着れば洗う"へとその事情が変化してきている.全自動洗濯機の普及や大型化,乾燥機能などの付加による洗濯の省力化の進展,商業クリーニングの充実などがこの要因と考えられる.また,衣料のウォッシュ アンド ウェア性†の向上もその一因であろう.さらに,清潔感を重視する近年の風潮もこの場合は重要な役割を果たしている.

一方,洗浄の方法についてみると,欧米においては,洗浄に使用する水の硬度が高いという風土的な要因により,日本のように常温での洗浄が行なわれている地域は少ない(表7・1,図7・9).ただし,省エネルギーや省資源の観点から,ヨーロッパ諸国で洗浄温度が低下傾向にあったり,日本で低浴比,節水型や洗剤不要のコースを備えた洗濯機が発売されるなど,社会的要請による洗浄条件の変化も認められる.

これからの衣生活

現在では,住空間における冷暖房設備の普及により,屋内では衣料の季節感がかなり減少し,また,従来の衣生活に比べて薄着の方向に進んでいる.さらに,21世紀には,技術面における大きな変革が期待され,衣料の高機能化とともに薄着傾向の助長が予想される.これにより,社会的・心理的な衣料の機能が重視され,さらに,デザインに対する制約が減少してくることになろう.また,高分子レベルでの高度なリサイクルなど,技術力を背景とした環境問題への新しい取組みが期待される.

一方,研究面では,衣料を着用するヒトの側面からも取組みがなされ,たとえば,高齢者の衣料といったものにも,社会的関心がもたれている.また,宇宙服(図7・10)やクリーン ルーム用の無塵衣,原子力施設での保護衣など,ヒトにとっての新しい活動環境下に要する衣料の製造やその使用法なども,研究・開発の対象となっている.

図7・10 船外活動用宇宙服(NASA)
宇宙服には,合成繊維(ナイロンなど),ガラス繊維,炭素繊維,アルミニウム,合成ゴムなど多種の素材が使用されている.

27. 食の生活様式

食事スタイルの多様化

図7・11にみるように，近年の食料費支出は横ばいからやや低下傾向にある中で，調理食品費は増加し続けている．外食費の増加傾向の停滞傾向と合わせて考えると，調理食品の増加による食事の外部化が進行していると考えられる．図7・12は，調理食品費に占める主食的調理食品費の割合が顕著に増加していることを示している．したがって，近年における食事の外部化は，弁当，すし，おにぎりなどの主食的調理食品利用の増加が特徴的といえる．歴史的にみると，人間は他の動物と異なり，原始より食べ物を**調理**†して食べてきた．とくに，火を使って調理することにより，食物の栄養価や安全性を著しく高めることが可能になった．やがて収穫物に，いっそうの**加工**†を施すことを学び，さらには加工作業が企業化されて，工場で加工食品が量産されるようになり，家庭外で調理されたものを利用することが多くなってきた．

外食では，近年はファミリーレストラン，ファーストフードレストランなど，手軽に食事を済ませるスタイルが増加している（図7・13）．とくに単身者でしかも若年者では外食の利用が多いが，それと同時に欠食も多く（図7・14），栄養素の摂取状況も悪いことは問題である（表7・2）．このような食生活の簡便化はその軽視につながりやすく，小児成人病やがんの増加のような健康上の問題（9章），あるいはライフスタイルの多様化の進む中で，いわゆる**個食（孤食）**†の増加などにもつながりかねない．

このように簡便化が進む一方，他方では国際化，グルメ志向，健康志向，自然食，手づくり食など，さまざまなニーズにこたえて，多様な形態の食生活を選ぶことが可能になってきている．このような傾向は，私たちにとって単に生きるための食事から，豊かな生活を構成する要素として自由に食生活の形態を選択しうるようになってきたことを

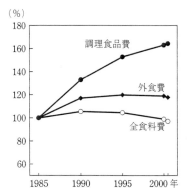

図7・11 外食ならびに調理食品の変化
（総務庁統計局編：家計調査年報，2001）

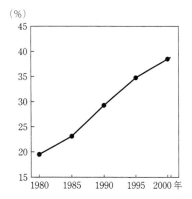

図7・12 調理食品費に占める主食的調理食品費の割合
（総務庁統計局編：家計調査年報，2001）

図7・13 ファーストフード

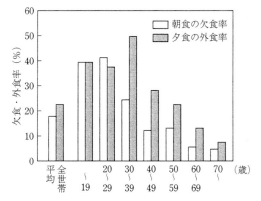

図7・14 年齢別1人世帯の欠食，外食率
(平成12年厚生労働省国民栄養調査結果，2000)

表7・2 1人世帯の栄養摂取状況

栄養素	全国平均	1人世帯	
		1人世帯平均	19歳以下
エネルギー	105 *	109	88
タンパク質	127	121	92
カルシウム	88	89	58
鉄	105	102	66
ビタミンA	146	135	115
〃 B_1	126	116	88
〃 B_2	130	122	93
〃 C	136	127	69

〔注〕 * (摂取量/所要量)×100(％)
平成12年厚生労働省国民栄養調査結果，2000.

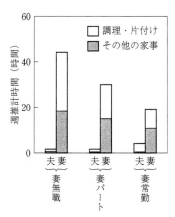

図7・15 家事に費やす生活時間[3]

示している．つまり，これからの高齢化社会やいっそうの健康志向に対応できる食生活，家庭内調理に置き換わることのできる，質のよい調理食品や外食の利用など，個人の生活スタイルに合わせた食生活が実現しうるようになってきていることを示唆している．

食様式の課題

上記のような，食事スタイルを自由に選択できる状況のなかで，豊かな食生活を実現するための課題にはどのようなものがあるであろうか．第一に，食生活の社会化の意義を考える必要がある．食品産業の発達は，創意工夫を要しない，時間や労力のかかる調理作業の軽減をもたらした．それは，食生活にかかわる家事を著しく軽減し，ひいては生活スタイルの多様化を可能にした．しかし他方で，家事の軽減の面だけが強調して受けとめられ，過度に簡便化を追求する傾向もみられる．あらためて食生活の社会化の意義を検討することにより，豊かな生活と，健康を守るための食生活を考える契機としていきたい．

第二には，生活時間にいっそうのゆとりが確保され，また，家庭内での家事分担が受け入れられることが，前述のような豊かな生活や健康を守るための食生活を可能にすると考えられる．家事の軽減が進んだとはいえ，家事に費やす時間のうち，食生活に費やしている時間がいまだ大きな位置を占めていることや，家事の負担が女性に集中している現状（図7・15）は問題で，その改善が求められている．

第三に，食生活に関する教育の重視がある．地域や家庭における食生活の場で，また学校，保健所，病院，職場の栄養士などにより，男女ともに，幼児期から成人までの食教育をいっそう充実させることが望まれる．個々人が食生活の主体者になるための教育が，幼児期から取り組まれることにより，食品や調理，あるいは栄養に関する知識や技術が習得され，その結果，食生活に関する情報を吟味する能力が育まれるであろう．

28. 住の生活様式

住宅の生産技術，スタイルは，土地の風土や歴史・文化を反映してつくられている．また，その住宅自体が土地の景観や文化を形成しており，私たちの暮らし方や考え方を育んでいるが，他方，行動を制約する面をもっている．

風土と住まい

日本の伝統的な住まいは，地方によって独特なスタイルをつくってきた．全般に，雨が多く，日差しが強い気候を反映し，軒の出が深い大きな屋根をもつ外観に特徴がある（巻末；付6参照）．ヨーロッパの"壁の文化"に対して"屋根の文化"といわれる理由である．従来，日本では木材が豊富で，容易に入手できたため，木造住宅が大半を占めていた（図7·16）．床が高く，開口部が大きい開放的な架構式構造は，高温多湿な夏をしのぎやすく，自然を家の中に取り込む形のライフスタイルをつくり上げてきた．今日では，ほかの材料や構法が開発され，鉄骨造，鉄筋コンクリート造，**プレハブ住宅**†，**ツーバイフォー**†など，多様な住宅が供給されている（図7·17）．材料と構法の変化は，これまで培ってきた地方独自の間取りやデザインを画一的なものにし，その住みかたやライフスタイルを大きく変えつつある．

起居様式

日本人の住みかたの特徴に，上下足分離と床座の起居様式がある．職場や学校などの建物では，土足のいす座が普及したが，家の中で履きものをぬぐ生活は古代から受け継がれ，今日に至っている．現在，住宅の洋風化が進み，畳を敷いた和室数は大幅に減少しつつある（図7·18）．また，いすやベッドを使った生活も着実に普及している（図7·19）．しかし，洋室のじゅうたんやフローリングの床でも，床に直接座ったり，寝ころがる床座の生活がけっこう多く残されており，ソファとこたつが同じ部屋に置かれるいす座との併用も案外多いことがわかる（図7·20）．

図7·16 木造住宅の新設着工戸数の推移

〔注〕（ ）内は，総戸数に占める木造住宅の割合である．
（建設省：住宅着工統計）

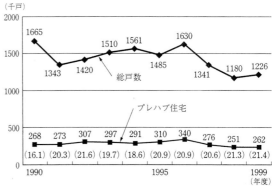

図7·17 プレハブ住宅（ツーバイフォー住宅を含む）の新設着工戸数の推移

（住宅経済データ集2000年度版，住宅産業新聞社，2000）

延べ床面積 144.63 m²
Cl：クローゼット
WCl：ウォークインクローゼット

図7·18 和室が少ない現代の住宅
（新聞折りこみ広告より，平成13年，奈良県生駒市）

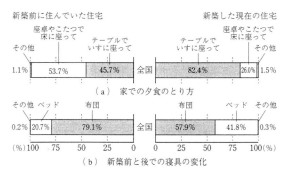

(a) 家での夕食のとり方

(b) 新築前と後での寝具の変化

図7·19 住宅新築による起居様式の変化
（住宅金融公庫，平成8年度居住性調査より）

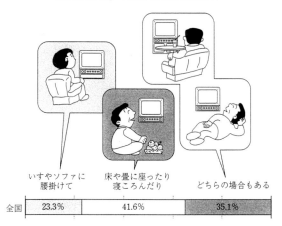

図7·20 世帯主がテレビを見る姿勢
（住宅金融公庫，平成7年度居住性調査より）

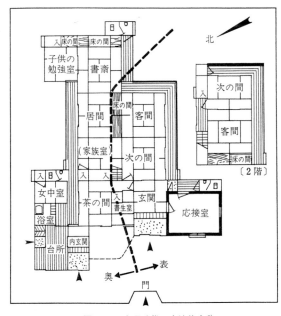

図7·21 大正時代の中流住宅[5]
日当たりのよい南側（破線の表側）が客向きとなり，洋風応接室がつく．2階も接客用の部屋となっている．北側が家族用の奥向きで，両方の接点に書生室と主人書斎がある．

接客重視の住まいと家族の空間

近世の武家生活では接客が重んじられ，門構え，玄関，座敷は家の格式を示す重要な空間であった．表（接客空間）と奥（家族生活空間）は，"ハレ"と"ケ"を明確に区別する生活様式の反映であった（図7·21）．"ハレ"（晴れ）とは，冠婚葬祭，接客など非日常の生活を，"ケ"（褻）とは，家族の日常生活をさしている．ハレの日には晴れ着を着てごちそうを食べ，ふだんは使わない部屋を解放し，特別の飾付けをする．その代わりに，日常はひたすら質素倹約をめざすという生活様式である．したがって，戦後，家族の中で個人が尊重され，住宅に個室が確保されるようになるまで，家庭生活において個人のプライバシーなどは，ほとんど考慮されなかった．

また，日本人の生活観の基本的なわく組みを形づくってきたものに，季節の重視がある．年中行事をきちんと執り行なうことで，単調な生活に節目をつけ，生活のリズムをつくる役割を果たしてきた．旬のものを尊び，季節を大切にする精神は，生活全般に共通している．住まいにおいては，季節に応じた部屋の**室礼**[†]（しつらい）があり，建具や家具，床の間の掛け軸，生け花，置物など，装飾品を季節にふさわしいものに入れ替えたりした．

生活の変容と新しい住文化

住まいは技術の進歩にともない，快適さ，便利さを追求した材料や構法，設備が開発され，さらに洋風化が進んでいる．しかし，こうした変化の中で，われわれが失ってきたものも少なくない．たとえば，地方独自の文化の消失，季節感の喪失があげられる．**大掃除**[†]，**すす払い**[†]，**虫干し**[†]など，古い住居管理の習慣が失われたが，それに代わる新しい習慣が確立しないままに，冬にもダニやカビが繁殖するなど，新たな問題も生じている．とくに，建材や家具に含まれる揮発性有機化合物が引き起こすシック ハウス問題など，閉鎖的な住まいが増えている今日，新しい住宅にふさわしい住居管理や，住みかたのルールが求められている．

8章 暮らしと消費

29. 社会構造，生活様式の変化と消費形態の変化

消費者と生産者

　生活者の立場から現代の消費について考える場合，消費が生産者(企業)と消費者の間に成立することを念頭に置かねばならない．自給自足経済下では，生産者イコール消費者の図式が成り立つが，物々交換，注文生産を経て，見込み生産の時代になると，消費者と生産者は完全に分離する．とくに第二次世界大戦後は，所得水準の上昇・平準化，第一次産業就業者の激減，労働時間の短縮による余暇時間の増大，人口の都市集中，核家族の増加，女性の社会進出などの変化にともなって，大量消費の傾向が強まってきた．そこには既製服，加工食品，プレファブ住宅などの大量生産を支える強大な生産者が登場することになる．ここで，消費者と生産者の間の力関係のうえで，大きな差が生じ，さまざまな消費者問題が発生することになった(表8·1)．

消費者保護

　消費者は，きわめて多数でありながら未組織である．また消費者は，毎日の生活のために商品・サービスの購入，消費を止めることができない．さらに，消費者は合理性のほか，虚栄心，非科学性，偶然をあてにする射幸心などを備えており，取引きの場において，心理的な弱点をもっている．そこで，力関係において，弱い立場の消費者に，より多くの保護を加えて，結果として両者の力のバランスをとる必要が生じてきた．

　そして1962年に，アメリカのケネディ大統領が示した"選ぶ権利，知らされる権利，意見が反映される権利，安全である権利が消費者には保証されていなければならない"という理念のもと，世界的に消費者の保護に関する権利意識が向上していった．そして，国および地方自治体レベルでの消費者保護機関の設置・拡充強化，**消費者基本法**†(33節参照)などの法令・条令の制定，また消費

表8·1　消費者問題年表

年次	内容
1960	鯨肉缶詰の"牛肉"表示が問題となる．
1961	粉乳に含まれたヒ素で中毒，死者が続出した．
1962	サリドマイドの催奇形性が問題となる．
1965	アンプル入り風邪薬を飲んだのショック死事件が続発．
1966	ユリア樹脂製食器からホルマリン検出．
1967	合成レモン汁事件，不当表示への批判高まる．
1968	ライスオイル毒物混入経路が発表される．
1969	欠陥車問題発生． 農薬BHCにより牛乳が汚染されていることが判明． 地婦連，日用品の過大包装調査結果を発表．
1970	消費者5団体，"チクロ追放消費者大会"でチクロ入り食品不買を決議． カラーテレビの二重価格調査が消費者団体より公表される． 消費者5団体，カラーテレビ不買運動を決める． ブリタニカ商法が告発される．
1971	化粧品・洗剤など再販商品のボイコットが提案される． 家電各社，カラーテレビ値下げ． 栄養改善普及会がユニットプライス運動を始める． 消火器の訪問販売で問題続出． 過剰包装追放運動ひろがる．
1972	"PCB追放大会"開催． SF商法で苦情続出． 台風20号でプレハブ住宅の被害続出．
1973	消費者5団体と消費者連盟，"石油タンパク検討会"で飼料化反対を申合わせ． 石油ショック時，大手商社の買占めに批判高まる． 消団連，PCB汚染魚の追放を水産庁に申入れ． AF2防腐剤に関する研究結果発表． 欠陥プレハブ住宅被害者集会開催． 各地でトイレットペーパー，洗剤など物不足騒ぎが起こる．
1974	灯油訴訟提起．
1975	"歯の苦情110番"が設置される． "マルチ商法被害者対策委員会"を結成． "銀行被害110番"が開設される． "サッカリン追放連絡会"結成集会開催． "リジン添加阻止全国集会"開催される． "化粧品110番"が開設される．
1976	塩ビ食品容器の不買運動が起こる． ポリプロピレン製食器からBHT(酸化防止剤)が検出される． 欠陥住宅問題化．サラ金被害問題続出．
1977	"化粧品公害被害者の会"が損害賠償訴訟を起こす． 消費者団体，円高差益還元を要求．
1978	サラ金被害続出． 照射の粉末野菜を使用したベビーフードが市場に出回る． 一般消費税に反対運動が強まる．
1979	原子力発電の安全性に不安高まる． 灯油価格の上昇始まる． 金の先物取引きで被害続出．
1980	子どものためのテレビコマーシャル規制要求高まる．
1983	サラ金被害続出． 東北地方を中心に新型ネズミ講が発生． 水銀乾電池回収問題発生．
1984	石油ヤミカルテル事件有罪判決(最高裁)． IOCU大会で国連消費者保護ガイドラインの採択を要請する決議を採択．
1985	金の現場まがい商法"豊田商事事件"が国会で問題化する． 石油ファンヒーターによる中毒・死亡事故が発生． ジエチレングリコールが混入したワインが問題となる．
1986	海外(金融)先物取引き会社の倒産が相次ぐ． 発煙・発火事件を起こす欠陥洗濯機問題が表面化する．ろ過機の故障によりビールに雑菌が混入． 生鮮食品の鮮度をごまかすニコチン酸の違法使用が問題となる．
1987	霊感商法相次ぐ．

(次ページへ続く)

年次	内　　　容
1988	国債ネズミ講, 国会で問題化.
1991	消費者団体, 製造物責任法制定決起集会. ダイヤルQ2に多数の苦情. 継続的役務取引のトラブル増加.
1992	カード破産を主とする個人の自己破産が急増.
1994	カラーテレビの発火事故でメーカー敗訴(大阪地裁). 製造物責任法公布.
1995	製造物責任法施行.
1996	改正訪販売法公布. 病原性大腸菌O-157による食中毒続出. 郵政省「発信者情報通知サービスの利用における発信者個人情報の保護に関するガイドライン」を公表.
1997	国民生活センター, 朝日ソーラーを実名公表.
1998	カップ麺の環境ホルモン溶出論争.
1999	日本医師会カルテ原則公開の指針. PL訴訟におけるはじめての肯定判決(名古屋地裁). 「商工ローン」問題が国会で審議. 私服モニターの高額商品購入問題多発. 電気通信業者等からの個人情報漏洩事件多発. コンピュータウイルス被害急増.
2000	不正アクセス禁止法施行. 遺伝子組換え食品の安全性審査義務化に関する告示公布. 乳製品中毒事故発生.

〔消費者関連法規〕
・消費者基本法
・独占禁止法
・不当景品類及び不当表示防止法(景表法)
・計量法
・工業標準化法(JIS法)
・電気用品取締法
・家庭用品品質表示法
・消費生活用製品安全法
・割賦販売法
・訪問販売等に関する法律
・電気事業法, ガス事業法
・農林物資の企画化及び品質表示の適正化に関する法律(JAS法)
・農薬取締法
・食品衛生法
・薬事法

〔国の消費者保護機関〕
・消費者政策会議
・国民生活審議会
・国民生活センター
・各省庁の消費者保護機構

〔地方自治体の消費者保護体制〕
・消費者保護行政専管部局
・消費生活センター
・消費者保護条例

〔消費者関連資格〕
・消費生活アドバイザー
・消費生活コンサルタント
・消費生活相談員

〔消費者団体〕
・生協型(共同購入型)
・情報提供型(情報提供, 商品テスト, 消費者教育型)
・告発型

〔企　業〕
・消費者窓口
・消費者関連専門家会議(ACAP)
・日本ヒーブ協議会

図8·1　おもな消費者保護環境

者自身での各種消費者団体の設置, 消費者運動などが推進された(図8·1). 現在では生産者側の消費者窓口なども充実しつつあり, **コンシューマリズム**†(消費者主義)の精神も浸透してきた.

今後の消費者環境

しかし最近では, 消費者を取り巻く社会環境の変化によって, 新たな問題が発生してきている. 国際化によって輸入商品が増しつつあるが, その商品規制については, 国内の消費者と生産者の意志だけではなく, 諸外国との関係をも考慮した方向に変化しつつある.

情報化によって情報自体が商品化してきたが, 情報の品質や価格を評価する手段が, 現在の消費者には皆無である. とくに, 消費者問題にかかわる情報には, 商品の安全性とか環境への影響などに関して, 生産者側の視点に立った一方的ともいえる情報や, 逆に, 消費者の不安感をあおるのみといった誤った情報などが氾濫している. そして, それらの情報の混乱は, しばしば消費者同士の不毛な対立をまねいている場合がある. いわゆる欠陥商品に対するきびしい姿勢が, 誤った情報に対しても向けられるべき時代が到来したのかもしれない.

消費者の価値観・ライフスタイルの多様化は, 大量生産から多品目少量生産へと生産形態を変化させつつある. しかも, 商品のライフサイクルが短期化してきたので, 消費者, 生産者共に充分な商品知識を収得することが困難になってきた. 商品・サービスの評価に品質のみではなく, 感性的な要素を重視する価値観も市民権を得て, 従来行なわれてきた品質重視型の消費者教育の限界もみられるようになってきた.

消費者は, 保護されるべき権利と商品・サービスの消費に関する知識を習得するとともに, 消費者環境の変化に対応できる基本的な意志決定能力を身につけ, さらに今後の消費生活はどうあるべきかについて, 積極的に考察していくことが望まれる.

30. 衣生活と消費

衣料はつくる時代から選ぶ時代へ

経済の高度成長は，消費者の経済力を著しく向上させ，さまざまなライフスタイルやライフステージ，あるいはフォーマル，レジャー，スポーツなどの**TPO**†に応じた多様な衣料の購入と着装を可能にした．繊維産業の中でも，アパレル†メーカーの高度成長が著しいが，日本では，若者と女性が購買力において，消費者リーダーとなっている．とくに購買力についてみると，女性は男性に比べて，比較的年齢層が広いのが特徴で，結婚後も仕事を続ける人が増えたことに加えて，家族の衣生活に対する消費決定権をもっているためと考える．

日本の繊維産業は，図8・2に示すように，ハイテク技術の開発によって，質感，肌ざわり，機能性などの多様な品質要求項目に対応する高品質繊維を開発し，一方では，国内外の流行情報の把握，生産，流通などの一貫した情報管理技術による少量多品種生産体制を確立することにより，多様化の時代に発展してきた．成熟産業といわれるゆえんである．肌着などの実用衣料ばかりでなく，アパレル衣料においても，衣料は，つくる時代から選ぶ時代に入ったといえる．

わが国の繊維総消費量は約200万トン，1人当たり20.3 kgで，世界第6位である．図8・3は，繊維消費量を用途別，細目別に図示している．

クレームが増える

衣料品が多様化すると同時に，クレーム件数も増加傾向を示し，なかでも商業洗濯を含む洗濯事故の比率が高いことが問題である（図8・4）．感性志向の高い衣料品において，繊維素材はより繊細となり，また，実用品に比べると素材を複合してつくる傾向が強く，実際には洗えない，あるいは取り扱いにくい衣料が増えている．商品企画に問題が発生しやすい原因としては，繊維製品が消費者に渡るまでの間に，繊維の製造から**衣料二次製**

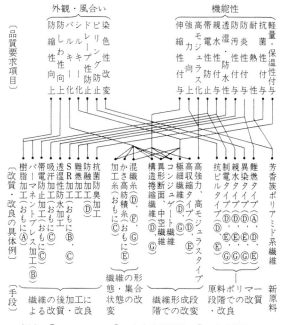

図8・2 衣料への要求性能と素材の開発

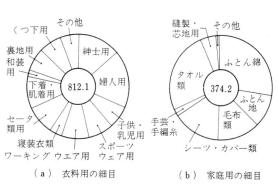

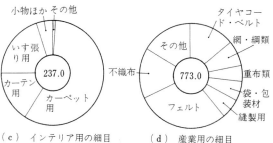

図8・3 用途別繊維消費量の細目（1991年，単位：千トン）
（日本化学繊維協会資料）

品†への生産工程や流通システムが，中小零細企業による分業で成り立っていたり，各工程に流通業者が介在するといったきわめて複雑な背景があげられる．消費財としての衣料は，色，形，デザインなどの外観審美性や快適性などの感性性能に加え，強度や取扱い性能，**染色堅牢度**†，加工剤の耐久性などの実用性能（狭義の消費性能）をバランスよく備えることが望ましい．

高感度で賢い消費者に期待する

衣料品には，消費者保護のため，家庭用品質表示法にもとづく品質表示〔繊維に関する統一文字とその含有率（%）〕，ならびに図8・5に示すような取扱い表示が付けられている．しかし，一般消費者にはその情報が活用されていない，あるいは多様化の時代において，その情報だけでは不充分な場合が多い．

たとえば，ポリエステル繊維は**疎水性**†で**ウォッシュ アンド ウェア性**†が高く，取扱いやすい繊維である．しかし，極細，超極細化技術によって登場したポリエステル新合繊（図7・7参照）も，品質表示においてはポリエステルであるが，取扱い面において注意を要する．すなわち，新合繊は，繊維が細い（単繊維直径が繊維の従来の太さの約1/10から1/100）ことによって，高発色性，ドレープ性，風合い特性などの感性面に高い付加価値を得た反面，汚れが付きやすく落ちにくいという取扱い面での問題が発生しやすく，洗浄面での技術開発が切望されている．一方，極細繊維の眼鏡ふきは，汚れに対するこの特性を上手に利用したものである．また，**ハイブリッド シルク**†は，加工技術の開発によって絹のすぐれた感性性能を生かしながら，耐洗濯性，耐摩耗性などの実用面を改良することにより，洋装品分野への利用が開かれた例である．繊維や加工に関する基礎知識とともに，衣料としての取扱いまでを含めた消費者教育が必要である．賢明で，かつ感性の磨かれた消費者が真の消費者リーダーとなるとき，文化的にも高水準の衣生活が可能となる．

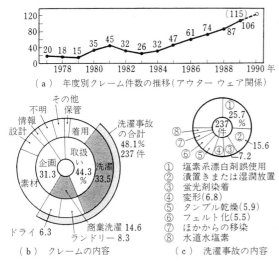

(a) 年度別クレーム件数の推移（アウターウェア関係）

(b) クレームの内容

(c) 洗濯事故の内容

① 塩素系漂白剤誤使用
② 漬置きまたは湿潤放置
③ 蛍光剤染着
④ 変形 (6.8)
⑤ タンブル乾燥 (5.9)
⑥ フェルト化 (5.5)
⑦ ほかからの移染
⑧ 水道水塩素

〔注〕染色堅牢度が明らかに劣っていて洗濯によって色落ちしたとか，取扱い表示のミスで洗濯によって収縮したといったような事故は，(b)のグラフでは"企画"に分類されている．

図8・4 アウターウェアのクレーム[1]

番号	記号	意味	番号	記号	意味
101	○	煮洗いができます．洗濯機による洗濯に耐えます（手洗いもできます）．洗剤の種類は問いません．	105	弱30中性	液温は30℃を標準とし，洗濯機の弱水流または弱い手洗いによってください．洗剤は中性洗剤を使用してください．
102	60以下	液温は60℃を限度とし，洗濯機による洗濯に耐えます（手洗いもできます）．洗剤の種類は問いません．	106	手洗イ30中性	液温は30℃を標準とし，弱い手洗いによってください（洗濯機は使用しないでください）．洗剤は中性洗剤を使用してください．
103	40	液温は40℃を標準とし，洗濯機による洗濯に耐えます（手洗いもできます）．洗剤の種類は問いません．	107	✕	水洗いはできません．
104	弱40	液温は40℃を標準とし，洗濯機の弱水液または弱い手洗いによって下さい．洗剤の種類は問いません．			

(a) 洗いかた（水洗い）

番号	記号	意味	番号	記号	意味
401	ドライ	ドライクリーニングができます．溶剤はパークロルエチレンまたは石油系のものを使用してください．	402	ドライセキユ系	ドライクリーニングができます．溶剤は石油系のものを使用してください．
			403	✕	ドライクリーニングはできません．

(b) ドライクリーニング

図8・5 繊維製品の取扱いに関する表示記号（JIS L 0217）

31. 食生活と消費

多様化する食品

現代の多様な食生活を可能にした要因として，7章27節にみるような家庭外調理の普及のほかに，表8・2のような，多種類の食品が利用できるようになってきたことも考えられる．たとえば，農林水産物の輸入自由化にともない，さまざまな食品が世界各国から輸入されるようになった．その内容は表8・3に示したが，トウモロコシ，大豆などのような加工食品の原料ばかりでなく，魚肉類や野菜類などの生鮮食料品の増加がきわ立っている．

食品に関する科学や工業の発達は，食品を単に栄養源として評価するだけでなく，さまざまな食品の機能を明らかにした．その結果，最近では各種の機能性食品など新規の食品の開発が進んでいる．また加工・保存技術の発達や添加物の多様化により，さまざまな加工食品，調理食品がつくり出されている．さらに将来の食料需給の安定化を目的として，農業分野での**バイオテクノロジー**[†]の実用化や，**栽培漁業**[†]の技術開発なども進められつつあり，食品の多様化は，今後ますます進むものと考えられる．

食品の表示

上記のような食品の多様化や家庭外調理が普及するにつれて，消費者には，食品の内容を細部にわたって確認することが，ますます困難になってきている．そこで，食品の安全性や栄養価についての正確でわかりやすい表示が求められている．わが国での食品の品質表示は，主として表8・4のような法律で規制されている．なかでも**食品添加物**[†]は"食品衛生法"により規制され，使用されたものは合成品，天然物の区別なく表示されなければならない．食品添加物はその種類が多く，現在，合成のもの約350品目と天然のもの約1000品目が使われている．そのおもなものを表8・5に示した．

また近年，有機農産物に対する需要が高まる一

表 8・2 多様化する最近の食品

各食品の特徴
・輸入食品 　肉類，魚介類，果物，野菜など生鮮食料品が増加． 　アメリカ，カナダ，オーストラリアばかりでなく東南アジアや中国からの輸入も増加． ・機能性食品[†] 　食品の第三機能を利用する食品で，オリゴ糖，エイコサペンタエン酸，食物繊維などがある． 　**特別用途食品**[†]中の**特定保健用食品**[†]（図8・6参照）として認可されれば食品の効能表示が可能． ・健康食品 　ビタミンE，ビフィズス菌，胚芽油，プルーンエキスなど多種類のものがある． 　健康食品の定義はあいまいで，また健康への有効性が不明なものも多い． ・その他 　養殖魚介類 　新品種の野菜類

表 8・3 輸入食料上位 25 品目（単位：100万ドル）

品　目	1991年 順位	1991年 金額	2000年 順位	2000年 金額
エ　　　ビ	1	3070	2	3042
トウモロコシ	2	2227	5	1889
豚肉, 豚くず肉	3	2000	1	3259
牛　　　肉	4	1805	3	2601
大　　　豆	5	1146	6	1230
マグロ・カツオ	6	1126	4	2121
小　　　麦	7	918	8	1665
サケ・マス	8	751	7	1077
ブランデー	9	737	37	254
鶏　　　肉	10	717	11	848
カ　　　ニ	11	690	9	942
コーヒー生豆	12	573	16	788
ウイスキー	13	533	27	357
菜　　種	14	520	21	515
タ　ラ　ギ	15	516	29	323
加工ウナギ	16	510	15	792
タ　　コ	17	474	26	363
バ　ナ　ナ	18	462	18	554
粗　　糖	19	451	31	297
生鮮野菜	20	448	12	424
冷凍野菜	21	447	10	863
牛のくず肉	22	438	13	820
タラの卵	23	354	17	536
イ　　カ	24	349	22	433
ブドウ酒	25	343	14	800

日本貿易振興会（JETRO）：農林水産物の貿易，2001より．

表 8·4 わが国の食品表示に関する制度

制度	おもな目的
・食品衛生法	食品の安全性の確保
・農林物資の規格化および品質表示の適正化に関する法律（JAS法）	① JAS規格合格品の認定 ② 品質表示基準の策定
・不当景品類および不当表示防止法	不当表示等の防止
・計量法	適正な計量の確保
・健康増進法	健康増進に資する食品を許可*1
・地域食品認証制度	地域的に生産されている食品の品質向上
・ふるさと認証食品制度 品質表示ガイドライン	地域の特定食品の表示基準 ① 新食品等*2の品質表示の適正化 ② 青果物の表示 ③ 有機農産物等*3の表示

〔注〕 *1 乳児・妊産婦・病者用食品, 特定保健用食品†がある.
*2 ミネラルウォーター類, 朝食シリアル, ウーロン茶飲料など13品目の加工食品.
*3 有機農産物, 無農薬または無化学肥料農産物, 減農薬または減化学肥料農産物の表示基準.

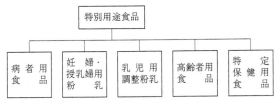

図 8·6 特別用途食品の位置付け

表 8·5 おもな食品添加物

種類	食品添加物の例
甘味料	甘草, サッカリンNa, ステビア
着色料	黄色4号, クチナシ黄色素, アナトー
保存料	ソルビン酸, ヒノキチオール, 安息香酸Na
ゲル化剤	ペクチン, アルギン酸Na, グァーガム
酸化防止剤	エリソルビン酸, ビタミンE, ビタミンC
発色剤	亜硝酸Na, 硝酸Na, ビタミンC
漂白剤	亜硫酸Na, 次亜硫酸Na
防カビ剤	オルトフェニルフェノール

〔注〕 * 上記8種類は用途名を併記しなければならない. そのほかに添加物名でなく一括名で表示してもよいものとして, イーストフード, ガムベース, 香料, 酸味料, 調味料, 豆腐用凝固剤, 乳化剤, PH調整剤, かんすい, 膨張剤, 軟化剤, 酵素, 苦味料, 光沢剤などがある.

方でその流通に混乱がみられたので，有機農産物などの特別表示ガイドラインにより，基準が制定された．さらに，消費者の健康指向と加工食品の利用の増大にともない，栄養成分の表示が求められるようになってきた．加工食品の栄養成分の表示について，1995（平成7）年に改正された栄養改善法により，表示しなければならない栄養成分の種類，強調表示の基準が示された．

また，外食が生活に定着する中で，飲食店の栄養成分の表示についても，厚生労働省を中心として進められている．

食生活の安全を守る課題

調理食品や外食のような家庭外調理に対する需要が，今後ますます増加すると考えられる．このような食生活の社会化が進むと，消費者が食品の品質を確認することはいっそう困難となる．そこで食品の安全性，栄養価，嗜好（しこう）性，機能性を社会的に保証していく必要がますます増大すると考えられる．そのためには，農業・漁業・林業・畜産など食糧の生産に直接携わっている人びと，食品を加工・調理し，運搬・供給する人びと，また食品の利用を計画して実行する調理師や栄養士，さらに食品の安全性を守る食品衛生監視員など，いろいろな分野で"食"に関係する人びとと消費者の協力関係が強化されなければならない．さしあたっては，法的な規制と行政的な監視体制が必要で，表8·4のような食品表示基準をいっそう明確なものにする努力が必要である．おくればせながらわが国でも実現されることになった**製造物責任法**†が，消費者保護の立場から効力を発揮することが望まれている．

食生活の社会化は，食品の大量生産と長期保存，そして長距離輸送をますます加速すると考えられる．それが**食品添加物**†の利用や，残留農薬による食品汚染を拡大することにつながる危険性を考えるならば，食生活に快適さや簡便性を過度に追い求めることを再検討し，安全な食生活を守ることを考えていくことも必要になるであろう．

32. 暮らしと消費者教育

消費者教育

消費者教育は，学校（表8・6），国民生活センター[†]，消費生活センター，企業，消費者団体などの機関で行なわれており，具体的内容としては，消費者保護理念，商品・サービスの選択から廃棄にいたる消費過程に必要な知識，および消費者被害の防止の方法論などが中心となっている．とくに，消費者問題を中心としたものは重視され，最近では，新しい販売形態，契約などが消費者被害との関連のもとで取り上げられる場合が多い．

消費者被害への対応

近年の消費者被害は，訪問販売，通信販売，連鎖販売取引き（いわゆるマルチ商法[†]）などの契約にかかわるものが多く（表8・7），なかでも悪質商法（表8・8）については，業者の倒産やセールスマンの行方不明などで問題解決が困難になる場合も多いので，消費者教育により予防する必要がある．訪問販売法で規定されたクーリング オフ制度[†]（無条件解約制度）や消費生活センターの利用による消費者被害の救済などが重点的に取り上げられている．

またカード社会の反映で，契約に関する消費者被害も多く発生しており，ローンやクレジットカードの利用についての注意点なども，最近の消費者教育では注目されている．

商品・サービスの質自体が関与する消費者被害は，企業の消費者窓口の充実などによって減少しつつある．消費者問題が減少したというのではないが，被害の救済システムが整ってきたということである．しかし現在でも，住宅，医療などの分野では，消費者保護体制に遅れが目立つ．住宅の品質保証はあいまいであり，医療機関についての情報は，知人からの口コミ以外にあてがない，というのが現状である．消費者にその現状を広く伝え，行政や企業などにはたらきかけることによって，それらの分野の消費者保護環境を整備するこ

表8・6 消費者学習希望内容項目

個人生活面	生活様式		価値観，生活目標 将来の生活設計
	資源管理	資金管理	家計簿記 計画的家計運営 貯蓄・保険
		商品・サービスの選択・購入	商品・サービスの選択購入 情報の選択・活用 支払い方法，クレジット 品質表示 販売方法
		資源の活用	生活機器の扱いかた 資源・サービスの有効利用
	環境保全		生活廃棄物の処理
社会生活面	消費生活環境	消費者主義	消費者の権利・責任
		消費者保護	消費者関連法規 消費者行政 消費生活相談，苦情処理 消費者運動・消費者団体
		経済・社会システム	物価・流通経路 税金，社会保障費

中間美砂子・岩崎美貴子：消費者教育，第12冊．

表8・7 PIO-NET（全国消費生活情報ネットワーク・システム）にみる消費生活相談の上位10位の項目

	1997年度	1998年度	1999年度
1	サラ金 (16 811件：4.2%)	サラ金 (20 900件：5.0%)	資格講座 (26 569件：5.8%)
2	資格講座 (14 862件：3.7%)	資格講座 (18 420件：4.4%)	サラ金 (23 488件：5.1%)
3	アクセサリー (13 975件：3.5%)	賃貸アパート・マンション (12 948件：3.1%)	ふとん類 (14 175件：3.1%)
4	賃貸アパート・マンション (12 530件：3.1%)	ふとん類 (12 018件：2.9%)	賃貸アパート・マンション (13 957件：3.1%)
5	クリーニング (11 460件：2.9%)	クリーニング (11 184件：2.7%)	電話情報サービス (10 891件：2.4%)
6	ふとん類 (10 348件：2.6%)	自動車 (10 246件：2.5%)	クリーニング (10 828件：2.4%)
7	自動車 (10 242件：2.6%)	新聞 (9 413件：2.3%)	エステティックサービス (10 660件：2.3%)
8	新聞 (9 392件：2.3%)	エステティックサービス (9 290件：2.2%)	健康食品 (10 486件：2.3%)
9	健康食品 (8 247件：2.1%)	アクセサリー (9 139件：2.2%)	自動車 (10 280件：2.2%)
10	電話サービス (8 221件：2.1%)	化粧品類 (8 931件：2.2%)	アクセサリー (10 233件：2.2%)

教育学習希望内容

"家庭一般"教科書にみられる関連キーワード（6冊）	学習希望比率		χ^2検定 大・短大：高
	大学生・短大生 ($N=738$) %（実数）	高校生 ($N=1848$) %	
生活課題	24.4(180)	15.5	＞＊＊
生活周期，家族周期，長期計画，短期計画，生涯収支	33.9(250)	35.8	n.s.
予算・決算，収入・支出	28.9(213)	30.5	n.s.
家計管理，計画的購入	22.5(166)	20.8	n.s.
金利変動，投資	43.5(321)	45.7	n.s.
	30.9(228)	37.4	＜＊
広告，キャプテン	20.2(149)	27.5	＜＊
消費者信用，消費者金融	50.1(370)	43.5	n.s.
	65.0(480)	31.7	＞＊＊
無店舗販売，悪質商法	72.6(536)	49.6	＞＊＊
取扱い・補修	17.3(128)	42.4	＜＊＊
死蔵品活用，リサイクル	38.8(286)	28.1	＞＊＊
環境破壊，ごみ公害	51.4(379)	27.7	＞＊＊
コンシューマリズム	16.0(118)	12.8	n.s.
消費者基本法，クーリングオフ，契約	31.3(231)	17.0	＞＊＊
国民生活センター，消費生活センター	13.7(101)	7.3	＞＊＊
消費者救済	45.5(336)	29.5	＞＊＊
	3.9(29)	5.7	n.s.
生活共同組合	29.0(214)	26.6	n.s.
非消費支出，公費負担	53.7(396)	44.4	＞＊＊

〔注〕＊…差がある．＊＊…かなり差がある．n.s.…ほぼ同じ．

表 8·8 代表的な悪質商法

かたり商法	自らを公的機関などの職員であるかのようにふるまい，消火器や電話機を買わせる．
安全です商法	現在使用している換気扇や鍋などの商品が危険であると偽って商品を販売する．
SF商法	新製品の説明会などの名目で人を集め，集団で興奮状態にさせて高額な商品を買わせる催眠商法．
恋人商法・デート商法	異性に接近し，恋人のような関係を暗示させたうえで同伴して高額な買い物をさせる．
アポイント商法	"あなたは選ばれた"，"景品が当たった"などのアポイントを契機に呼び出して商品を買わせる．
キャッチセールス	路上でアンケートなどの名目で接触を図り，消費者に不利な売買契約を結ぶ．
原野商法	低価格の原野や山林を巧みな理由付け（鉄道が開通するなど）で高額に販売する．
見本工事商法	外回りの工事など見本工事で割安にするとの表現を用いて，実際には割高の契約をさせる．
士（さむらい）商法	公的に認められていない資格の取得講座を公的資格であるかのように偽って契約させる．
ネガティブオプション	注文しない商品を送り付け，断らなければ売買契約が成立したとみなす商法．訪問販売法の規制対象になるが，代金引換え郵便で送られ，支払ってしまった場合は，後処理が困難．
マルチまがい商法	ネズミ講式にさまざまな商品を販売する．マルチ商法の法規制を逃れようとするもの．
霊感商法	先祖を霊界から解放するためと偽って，高価な仏像・数珠・つぼ（壺）などを購入させる．

とに寄与するのも，消費者教育に求められる課題である．

商品自体（品質）に関与する多額多数被害については，救済体制が整ってきたと考えられるが，多額少数被害については，救済体制が未整備の状態にあった．それは，商品と被害との因果関係を消費者が立証しなければならないという法体制に原因がある．製造物責任法（**PL法**）†は，商品に欠陥があればメーカーの過失の有無にかかわらず損害賠償責任を認めるものであり，1995年7月に施行された．これは消費者の意識を向上させてきた消費者教育の大きな功績といえる．今後は消費者保護のために，どのようにこの法律を生かしていくかといった課題が消費者教育に求められる．

ただ，各消費者被害の具体例を知識として与える消費者教育では，発生した消費者問題の"後処理"で終わってしまうという反省から，最近では，消費者環境の変化に対応することができるように，基本的な消費者能力を高めるための方法が模索されている．

今後の消費者教育の課題

今後の消費者教育では，消費者の権利ばかりでなく，消費者の義務を加えた内容を推し進めねばならない．たとえば，情報化社会に対応する消費者の義務として，情報が有料であるという認識が必要になる．TV番組や新聞の価格は受像機や紙の価格であり，情報は無料であるという認識がある．そこで，ビデオテープ，CDなどのソフトの違法コピー等が問題となっている．しかし，実際には情報が有料の商品であるという認識のもとで，はじめて情報の関与する消費者問題に対応することができる．

また，環境問題との関連では，消費者も加害者であるとの認識が必要とされる．生産者との対立関係の上に立つ従来の消費者保護教育ではなく，生産者との協力の下で環境を考慮した消費社会を形成していくための消費者教育が関係者の間で模索されている．

9章 暮らしと法律

33. 消費者保護と法律

消費者問題と消費者基本法

昭和30年代に始まる経済の高度成長は，消費生活に向上をもたらした．反面，"消費者問題"が一般化してきた．当時の消費者問題は，消費者の生命や身体の安全を阻害するもの（ヒ素ミルク事件†・サリドマイド薬害事件†・欠陥車問題など）や消費者の経済的利益を阻害するもの（にせ牛缶事件†・合成レモン汁の不当表示†・ヤミ価格カルテルなど）であり，相ついで発生している（表9·1）．

また1965年の消費者物価は，前年に比べて7.4％も上昇し，物価問題が深刻化し，消費生活の健全な発展に影を落とすようになった．消費者運動も展開されるようになり，**消費者の権利**を実現するための環境整備を求める気運が高まってきた．

このような背景のもとで，これからは国民生活優先の原則にのっとって，行政の運用が行なわれるべきであるとの考えにたって，消費者保護の新しいありかたを明確にし，今後の施策の基本方針を示すために制定されたのが消費者保護の憲法といわれる消費者保護基本法である（1968年5月）．

制定後36年が経過し，規制緩和や企業の不祥事の続出，消費者トラブルの急増と内容が多様化・複雑化するなど消費者を取り巻く経済社会情勢が大きく変化する中で，21世紀に対応した消費者政策の再構築が強く認識され，議論がなされた．

国民生活審議会消費者政策部会からの提言をふまえ，2004年5月，**消費者保護基本法**が全面的に改正され，**消費者基本法**†が制定された．

消費者基本法の目的

同法は消費者と事業者との間の情報の質および量ならびに交渉力などの格差をふまえ，**消費者の権利の尊重**およびその**自立の支援**その他の基本理念を定め，国，地方公共団体および事業者の責務を明らかにするとともに，消費者の利益擁護および増進に関する総合的な施策の推進を図り，もって国民の消費生活の安定および向上を確保するこ

表9·1 消費者行政の軌跡〔（ ）内は各元号年〕

消費者問題の変遷	おもな消費者問題の事例	おもな法律
昭和30年代（安全性）	森永ヒ素ミルク事件(30) ニセ牛缶事件起こる(35) サリドマイド事件発生(37)	
昭和40年～49年（表示／現金取引中心／店舗販売中心／サービス取引の拡大）	・欠陥自動車問題・果実飲料表示問題 ・PCB問題 ・ヤミカルテル問題	消費者保護基本法制定(43) 食品衛生法改正(47) 不当景品類及び不当表示防止法改正(47) 消費生活用製品安全法(48) 化学物質の審査及び製造等の規制に関する法律(48) 有害物質を含有する家庭用品の規制に関する法律(48)
昭和50年～59年（クレジット販売の普及／無店舗販売の普及／製造物責任）	・ねずみ講，マルチ商法等悪質商法問題 ・サラ金問題 ・食品添加物問題 ・クレジット問題	訪問販売等に関する法律（訪販法）制定(51) 私的独占の禁止及び公正取引の確保に関する法律改正(52) 無限連鎖講の防止に関する法律制定(53) 海外商品市場における先物取引の受託等に関する法律（海先法）制定(57) 貸金業の規制等に関する法律制定(58) 割賦販売法改正(59)
昭和60年～平成6年（サービス取引の多様化）	・資産形成取引に絡む問題 ・クレジット多重債務者問題	海先法改正(60) 有価証券に係る投資顧問業の規制等に関する法律制定(61) 特定商品等の預託等取引契約に関する法律制定(61) 抵当証券業の規制等に関する法律制定(62) 無限連鎖講の防止に関する法律改正(63) 訪販法改正(63) 前払式証票の規制等に関する法律制定(1) ゴルフ場等に係る会員契約の適正化に関する法律(4) 製造物責任法制定(6) 不動産特定共同事業法制定(6)
平成7年～	・契約，解約に関するトラブルの増大 ・多重債務問題 ・インターネット取引に係る問題の増大 ・BSE問題発生	食品衛生法改正(7) 保険業法改正(7) 旅行業法改正(7) 宅地建物取引業法改正(7) 訪販法改正(8) 金融システム改革法(10) 訪販法及び割賦法改正(11) 住宅品質確保促進法(11) JAS法改正(11) 貸金業規制法，出資法，利息制限法改正(11) 特定商取引に関する法律制定(12) 消費者契約法制定(12) 金融商品の販売等に関する法律(13)

〔注〕法律名は一部略称．
内閣府国民生活局編：ハンドブック消費者2002より作成．

とを目的としている．

行政・事業者・消費者の責務

同法の目的を達成するため，行政，事業者，消費者がそれぞれの立場で努力する必要があることを明記し，責務を定めている．

① 国は経済社会の発展に即応して基本理念にのっとり，総合的な施策を策定し実施すること．地方自治体は国の施策に準じるとともに，地域の状況に応じた施策を策定し実施すること．

② 事業者は基本理念にのっとり，供給する商品などについて，安全や取引きの公正，情報の提供，自主行動基準の作成など必要な措置を講じ，消費者の信頼の確保に努めるとともに，行政の施策に協力し，また消費者からの苦情の適切な処理に努めること．

③ 消費者は自ら必要な知識を修得し，必要な情報を収集し，自主的かつ合理的な行動に努め，環境の保全などに配慮すること．

基本的施策

国が実施すべき施策として，安全の確保，消費者契約の適正化など基本的な9項目のほか，高度情報通信社会への対応など今日的項目を掲げている（図9・1）．

消費者基本計画

政府は消費者政策の計画的な推進を図るため，長期的に講ずべき消費者政策の大綱のほか，消費者政策の計画的な推進を図るために必要な事項について，消費者政策の推進に関する**基本的な計画**を定めなければならないとしている．

消費者政策会議，国民生活審議会

消費者基本計画案の作成など，国の消費者施策を総合的に企画し，推進する機関として消費者政策会議の設置を定めている（内閣総理大臣を長とし，内閣官房長官，関係行政機関の長で構成）．

また，消費者政策の重要事項の調査や審議をなし，これらの事項について内閣総理大臣または関係大臣に意見を述べるための機関として国民生活審議会を設置し，行うと定めている（図9・2）．

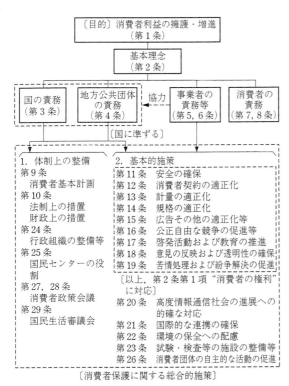

図9・1　消費者基本法の体系

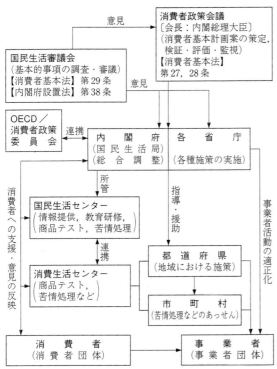

図9・2　わが国の消費者行政の機構

34. 食生活の安全と法律

多種多様な食品が豊富に出まわり，輸入食品の増加による食の国際化が進みつつある．過去に経験したヒ素ミルク事件†や油症事件†，有毒輸入ワイン事件†のような，食品による危害の発生を防ぎ，国民の健康と安全を守ることが，今日いっそう重要な課題となってきている．食生活をめぐる法律はさまざまあるが，うち"食品衛生法"（1947年）は，消費者が飲食によって，危害を受けることなく健康で安全な食生活を営むための基本となる法律であり，同法第1条では，"飲食に起因する衛生上の危害の発生を防止し，公衆衛生の向上および増進に寄与することを目的とする"と定めている．制定後，社会の変化に対応して改正を重ね，現在に至っている．

同法の目的を達成するためのおもな規定は，以下のとおりで，運用にあたっては，政令，省令および告示によるさらに細かい規定がある．

規制の対象

同法では，"食品"，"添加物"，"器具および容器包装"，"乳幼児が接触するおもちゃ"，"果実または飲食器の洗浄用の洗浄剤"であり，これらの製造販売業となっている．

有害食品などの販売禁止

人の健康を損なうおそれのある以下の食品や容器包装などは，販売が禁止されている．

① 腐敗・変敗した食品または添加物（腐ったかまぼこなど）．

② 有毒・有害な物質が含まれもしくは付着した食品・添加物・器具および容器包装（フグ毒，水俣病を起こしたメチル水銀など）．

③ 病原微生物に汚染されている食品または添加物（サルモネラ菌に汚染されたケーキなど）．

④ 異物が混入している食品または添加物（びん詰ののり佃煮にビニールひもなどが混入）．

⑤ 新開発食品†（一般に飲食に供されることがなかったもので，新たに食品として販売されるこ

表9・2 指定添加物（化学的合成添加物）の用途分類と使用目的

用途分類	使用目的	例
調味料	食品にうま味を与えるもの．	L-グルタミン酸ナトリウム 5′-イノシン酸ナトリウム
甘味料	食品に甘味を与えるもの．	サッカリンナトリウム D-ソルビット
酸味料	食品に酸味を与えるもの．	酢酸 クエン酸 ケイ皮酸
強化剤	食品の栄養素を強化するもの．	L-アスコルビン酸 炭酸カルシウム
保存料	カビや細菌などの発育を抑制し，食品を保存するもの．	安息香酸 ソルビン酸
防カビ剤	かんきつ類などのカビ防止に使用するもの．	オルトフェニルフェノール ジフェニルイマザリル
殺菌料	細菌などを殺し，食品の保存や飲料水を消毒するもの．	次亜塩素酸ナトリウム 過酸化水素
酸化防止剤	油脂などの酸敗を防ぐもの．	エリソルビン酸シブチル ヒドロキシトルエン
香料	食品に香りを与えるもの．	酢酸エチル ケイ皮酸
着色料	食品を着色するもの．	食用黄色4号 β-カロチン
発色剤	肉類の鮮紅色を保持するもの．	亜硝酸ナトリウム 硝酸ナトリウム
漂白剤	食品を漂白するもの．	亜塩素酸ナトリウム 二酸化硫黄
小麦粉処理剤	小麦粉の漂白を行ない熟成を促進し，品質を改良するもの．	過酸化ベンゾイル 臭素酸カリウム
乳化剤	水と油のように互いに混和しないものを均一に乳化させるもの．	グリセリン脂肪酸エステル しょ糖脂肪酸エステル
増粘剤（安定剤，ゲル化剤，糊料）	食品になめらかな感じや粘り気を与えるもの．	アルギン酸ナトリウム メチルセルロース
被膜剤	果実などの表皮に薄い被膜をつくり，保存性をよくするもの．	オレイン酸ナトリウム 酢酸ビニル樹脂
ガムベース	チューインガムの基礎に用いるもの．	エステルガム
膨張剤	パンなどにふくらみを与える目的で使用するもの．	塩化アンモニウム 炭酸水素ナトリウム
結着剤	肉の保水性を高め結着性をよくするもの．	ピロリン酸カリウム
醸造用剤	清酒などの醸造食品の製造に使用するもの．	硝酸カリウム
その他の食品添加物	その他の食品の製造に使用するもの．	水酸化ナトリウム D-マンニット
品目合計364	2007年1月現在	

9章 暮らしと法律　73

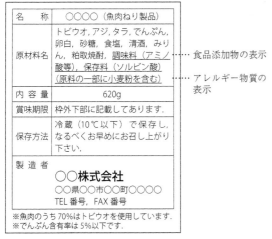

〔食品衛生法にもとづく義務表示事項〕
① 名称（品名）
② 原材料名…遺伝子組換え食品である旨，アレルギー物質を含む旨，食品添加物
③ 期限表示…消費期限，賞味期限
④ 保存方法
⑤ 製造業者（輸入業者）の氏名または名称および製造所などの所在地．
〔注〕 "内容量"表示はJAS（日本農林規格）法による．

図9・3　食品・添加物の表示例（かまぼこ類）

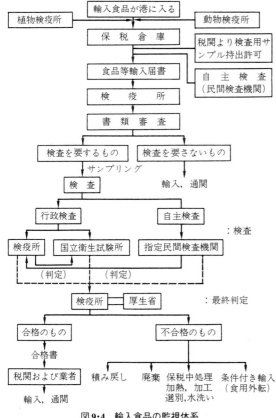

図9・4　輸入食品の監視体系

とになったもの）のうち，厚生労働大臣が販売を禁止したもの．

⑥ 疾病にかかり，またはへい死した獣畜の食肉など．

化学的合成品などの販売などの制限

食品の添加物として使われる化学合成品などについては，その安全性を確保するため，厚生労働大臣が薬事食品衛生審議会の意見を聴いて認めたもの以外のものの使用や販売は禁止されている．

現在，使用が認められている指定添加物（化学的合成添加物）は364品目（表9・2）で，そのほか450品目（香料を除く）の既存添加物（いわゆる天然添加物）がある．

食品または添加物の規格・表示基準の設定

公衆衛生上の見地から，一定の水準を確保するために，食品もしくは添加物には，製造・加工・使用・調理・保存方法について基準および成分規格が定められ，表示の基準も定めている．また，器具および容器包装についても，同様に製造基準や成分規格が定められ，基準や規格に合わないものの販売は禁止されている（図9・3）．

食品などの輸入届

不良な輸入食品などによる事故を未然に防ぐために販売または営業上使用する食品・添加物・器具などを輸入する者は，そのつど，その旨を厚生労働大臣に届け出なければならない（図9・4）．

食品関係営業の許可

食品関係の営業を行なう場合は，都道府県知事の定めた基準に適合する施設・設備を設け，許可を受けなければならない（34業種ある）．これには有効期限があり，更新手続きが必要である．

食品衛生監視員

食品関係営業施設などに食品衛生に関する監視や指導を行なうため，国，都道府県，および保健所を設置する市には，一定の資格をもった食品衛生監視員が配置され，任に当たる．輸入食品監視の第一線業務は現在（2006年4月）全国31検疫所で働く314名の監視員により支えられている．

35. 住生活の安全と法律

住生活関係の法規には，建物の安全・周辺環境との調和・財産の保全を目的とした**建築基準法・都市計画法・日本工業規格・日本農林規格**など，住宅の取り引き関連では**宅地建物取引業法**†，**不当景品類及び不当表示防止法**†など，賃貸関連では借地借家法がある．また住生活用品の"安全性の確保"の目的で，"ガス事業法"，"**電気用品取締法**"，"液化石油ガス法"(略称)が定められている．さらに"消費生活用製品安全法"では，とくに危害を及ぼす恐れが多い住居用品(乳幼児用ベッドなど)に対して，各種の規制がある．

住宅・住生活に関する主な法規・基準・規格とそれに適合した製品に付けられるマークの一部を表9·3に示す．基準などに適合した商品を確認して選ぶことが大切である．

建築基準法 建物の敷地・構造・設備・用途などの最低基準を定め，生命・健康・財産の保護を目的に制定された法律である．制定されて以来，技術水準の向上などにともなって，改正を重ねている．同法の単体規定・集団規定の一部を示す．

Ⅰ：単体規定 個々の建物が，安全・衛生などのために守らなければならない技術的基準があり，全国どこに建てる場合でも適応される規定で，一般構造(採光・換気・天井高さ・遮音・階段・便所など)，構造強度，耐火構造，防火構造，防火区画，内装の不燃化，避難施設および建築設備などの基準が定められている．建物そのものやその敷地に対しての規定であることから"単体規定"ともいわれる．たとえば居室に昼光を採り入れるために，図9·5に示すような"採光に有効な開口部"についての規定などがある．

Ⅱ：集団規定 建物が集まっている市街地において生じる問題，すなわち，防災・安全・衛生などの問題に対処するために定められた規制で，都市計画区域内のみに適用されることから都市計画規定ともいう．市街地で，異種の用途の建物が混

表9·3 住宅・住生活に関連するおもな法規，基準，規格とマーク一覧

関連法規の名称	制度の名称	マーク	目的 など
建築基準法			建築物の敷地，構造，設備および用途に関する最低基準を定めて国民の生命，健康および財産の保護を図り，もって公共の福祉の増進に資する．
消防法	防炎表示	防炎物品ラベル	高さ31mを超える建築物と地下街，劇場，集会場，百貨店，旅館，病院などの不特定多数の人が使用する建物に使用するカーテンとカーペットの防炎表示．
工業標準化法	日本工業規格	JISマーク	鉱工業品および建築その他の構築物に関し工業標準化のための基準を示す．
農林物質の規格化および品質表示の適正化に関する法律	日本農林規格	JASマーク	農林水産省所管の各種物質に関する品質の向上と安定のための規格．
電気用品取締法		電気用品の型式認可Tマーク	電気用品による危険や障害の発生を防止することを目的とする規格．甲種電気用品は型式認可を受け，このマークを付けなければ販売できない．
消費生活用品安定法		Sマーク	危険な日用品を締め出すために国が指定した特定製品はこの基準に合格しないと製造販売が禁止されている．
消費生活用品安定法		SGマーク	日用品の安全性を確保するため各業界が自主的に安全基準を作成し，この基準に合格した製品の安全を保証する．万一事故が生じた場合は補償金が支払われる．
	グッドデザイン	Gマーク	デザインと品質がすぐれたものを選定し，Gマーク推奨製品とする．
	優良住宅部品認定制度	LBマーク	性能，価格，デザインなどが総合的にすぐれた住宅部品の普及を促進する．認定は建設大臣が行なう．
エネルギー法	優良断熱建材認定制度	DKマーク	断熱性能に優れた断熱材やサッシの普及を図る．合格したものにこのマークが付けられる．

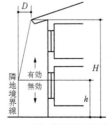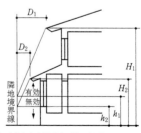

(1) 住居地域：$D/(H-h) \geq 4/10$ または $h \geq H - 2.5D$
(2) 近隣商業地域：$D/(H-h) \geq 2/10$ または $h \geq H - 5D$

図9·5 有効採光面積の算出法

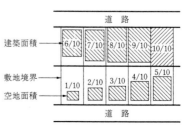

図9·6 建ぺい率と空き地

9章 暮らしと法律

表9・4 用途地域別主要用途の制限一覧表

建築物の用途＼地域	第一種低層住居専用地域	第二種低層住居専用地域	第一種中高層住居専用地域	第二種中高層住居専用地域	第一種住居地域	第二種住居地域	準住居地域	近隣商業地域	商業地域	準工業地域	工業地域	工業専用地域
住宅,共同住宅,寄宿舎,下宿,図書館,老人ホーム	○	○	○	○	○	○	○	○	○	○	○	×
幼稚園,小学校・中学校・高等学校・大学,専門学校	○×	○×	○	○	○	○	○	○	○	○	×	×
神社,寺院,教会,巡査派出所,公衆電話所など	○	○	○	○	○	○	○	○	○	○	○	○
保育所,公衆浴場,診療所	○	○	○	○	○	○	○	○	○	○	○	○
病院	×	×	○	○	○	○	○	○	○	○	×	×
物品販売店舗,飲食店	×	○×	○×	○	○	○	○	○	○	○	○×	×
ボーリング場,スケート場,水泳場など	×	×	×	×	○×	○	○	○	○	○	○	×
ホテル,旅館	×	×	×	×	○×	○	○	○	○	○	×	×
マージャン屋,パチンコ屋,射的場など	×	×	×	×	×	○×	○×	○	○	○	○	×
カラオケボックスなど	×	×	×	×	×	○×	○×	○	○	○	○	○
劇場,映画館,観覧場,演芸場	×	×	×	×	×	×	○×	○	○	○	×	×
キャバレー,料理店,ナイトクラブ,ダンスホール	×	×	×	×	×	×	×	×	○	○	×	×
一般事務所	×	×	○×	○	○	○	○	○	○	○	○	○
倉庫倉庫業を営む	×	×	×	×	×	×	○	○	○	○	○	○
工場	×	×	×	×	○×	○×	○×	○×	○×	○	○	○

〔注〕○:可,×:不可,○×:用途・種類・規模により可あるいは不可.

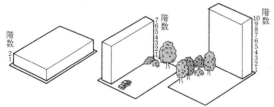

(a) 建ぺい率は80％見当,容積率は2階建てで160％といったところ,まったく空地なしの感じ.

(b) 高層化で建ぺい率は約23％,容積率は160％と変わらず,7階建てのかわりに空地が大幅に増える.

(c) さらに高層化し,10階建てで建ぺい率は16％に低下するが,空地はさらに増え,容積率は変わらない.

図9・7 容積率の考え方

表9・5 住宅性能表示制度の構成

区分	性能表示項目	おもな内容	性能の等級
必須項目	1.構造の安定に関すること	耐震・耐風,地盤など	3,2,1および数値
	2.火災時の安全に関すること	耐火・避難安全性など	4,3,2,1
	3.劣化の軽減に関すること	構造躯体などの劣化体制	3,2,1
	4.維持管理への配慮に関すること	点検,補修への対策	3,2,1
	5.温熱環境に関すること	省エネルギー性	4,3,2,1
	6.空気環境に関すること	ホルムアルデヒド対策,換気など	3,2,1および表記
	7.光・視環境に関すること	採光のための開口率	数値による
	8.高齢者への配慮に関すること	高齢者などへの対応	5,4,3,2,1
選択項目	9.音環境に関すること	開口部,床,壁などの音遮断	5,4,3,2,1

在することによって住環境が悪くなることを防ぐため,地域の用途を定め,建築することができる建物を限定した用途地域指定(表9・4)のほか,建物高さ・建築物の防火上の規制・敷地と道路との関係の規定などがある.また,市街地でも建物が極度に建て込まず,緑地が確保できるように定めたのが,図9・7に示す"容積率"であり,敷地内に一定の空地を確保して市街地環境の保全を図ることをめざした"建ぺい率"(図9・6),などがある.

住宅品質確保促進法(略称) 住宅の品質を確保するなどの目的で制定された.2000年4月1日以降に売買または請負い契約で取得された新築住宅のすべてに,その引渡し時点より10年間(協議によっては20年以下)は,住宅の基本構造部分(構造耐力上重要な部分＋雨水の侵入を防止する部分)に瑕疵(欠陥)が見つかったときの保証を売り主・請負者に義務づけ,また住宅の客観的な品質評価制度を導入した.同法は個々の物件取引に際して添付されている契約書の"契約約款"や,民法の該当条文よりも優先して適用されることを謳い,住宅取得者に不利にならないようにしている."新築住宅の性能表示制度"についても定めている.

住宅性能表示制度 性能評価項目は表9・5のように9項目になっていて,選択項目の音環境に関するもの以外の8項目は全て評価を受けなければこの制度を利用できない.購入物件を選んだり,建築を依頼する場合,住宅の性能を知って契約でき,また欠陥が問題になった時,紛争処理機関に諮り,解決に持ち込むことが可能になった.

住宅金融公庫法 国民が健康で文化的な生活を営むに足る住宅の建設および購入に必要な資金を融資するために制定され,同法にもとづき住宅金融公庫が設立され,その融資を受けてマイホームを取得した人は多く,戦後の住宅復興に貢献した.

建築協定 土地や建物の所有者などが区域を定めて,住環境の質的改善・保全のために,建物の敷地・位置・構造・用途・形態・意匠・設備などに関して基準を協定できることを規定している.

36. 訪問取引と法律

1975年頃には，すでに常設の店舗販売でない"訪問販売"，"通信販売"，"マルチ商法"などの無店舗販売が行なわれ，販売形態が多様化してきた．

こうした販売方法では事業者が積極的に販売するあまり勧誘が強引になりやすく，なかには消費者の知識不足につけ込む悪質な手口もあり，販売量の拡大に比例して消費者苦情も増加した．

このような事態に対応して，これらの取引きの適正化を図るために"訪問販売等に関する法律"（1976年）が制定された．当初は訪問販売，通信販売，連鎖販売取引（マルチ商法†），ネガティブオプション（送りつけ商法†）について一定のルールを設けた．

その後，社会の変化の中で，従来の訪問販売法では規制しきれない取引形態が現れ，4回の改正を行なったが，法律の名称と内容に大きなズレが生じたため，訪問販売法を改正し，"特定商取引に関する法律"（2001年）に名称を変更した．現在は当初の上記4形態に電話勧誘販売，継続的役務提供（エステティック サロン，外国語会話教室など4役務），業務提供誘引販売（内職・モニター商法）が加わり7形態を規制している．

このうち訪問販売についての概要は，以下のようなものである．

規制の対象

この法律でいう"訪問販売"とは，① 家庭訪問販売，職場訪問販売など営業所以外の場所で申込みまたは契約が行なわれる指定商品，指定権利の販売または指定役務の提供と，② 特定の方法で消費者を営業所などに呼び出して行なわれる指定商品，指定権利の販売または指定役務の提供（いわゆるキャッチ セールス†やアポイントメント セールス†，SF商法†など）が対象となっている．すべての商品に適用されるのではなく，"政令で定めたもの"のみに適用される"指定商品制"をとっている点に注意する．消費者トラブルの実態を踏まえ，

表9·6 訪問販売を利用する場合のポイント

①	訪問の目的をはっきりと聞く．"訪問販売員教育登録証"の提示を求めるのもトラブルをさける一方法．
②	いらない場合はキッパリと断わる．
③	契約するときは渡された書面をよく読む．疑問の部分は説明を求める．
④	契約後，解除したいときは必ず8日以内（クーリングオフ期間内）に書面で手続きをし，業者へ通知する．
⑤	8日を過ぎると解約が難しい場合もある．また違約金が必要となることに注意する．

表9·7 訪問販売の規制対象

・指定商品 …… 日常生活に関する取引きで販売される物品

①	動物および植物の加工品（一般の飲食の用に供されないものに限る）であって，人が摂取するもの〔医薬品薬事法（昭和35年法律第145号）第2条第1項の医薬品をいう．以下同じ〕を除く．
2	犬および猫，ならびに熱帯魚その他の観賞用動物．
3	盆栽，鉢植えの草花，その他の観賞用植物（切り花および切り枝，ならびに種苗を除く）．
4	障子，雨戸，門扉，その他の建て具．
5	手編み毛糸および手芸糸．
⑥	不織布および幅が13センチメートル以上の織物．
7	真珠ならびに貴石，および半貴石．
8	金，銀，白金，その他の貴金属．
9	太陽光発電装置．
10	ペンチ，ドライバー，その他の作業工具および電気ドリル，電気のこぎり，その他の電動工具．
11	家庭用ミシンおよび手編み機械．
12	ぜんまい式のタイマー，家庭用ばね式指示はかり，および血圧計．
13	時計．
14	望遠鏡，双眼鏡および生物顕微鏡．
15	写真機械器具．
16	映画機械器具および映画用フィルム（8ミリ用のものに限る）．
17	複写機およびワードプロセッサー．
18	乗車用ヘルメット，その他の安全帽子，繊維製の避難はしごおよび避難ロープ，ならびに消火器および消火器用消火薬剤．
19	ガス漏れ警報器および防犯警報器．
20	はさみ，ナイフ，包丁，その他の利器およびのみ，かんな，のこぎり，その他の工匠具．
21	ラジオ受信機，テレビジョン受信機，電気冷蔵庫，電気冷房機，その他の家庭用電気機械器具，照明器具，漏電遮断器および電圧調整器．
22	電話機，インターホン，ファクシミリ装置，携帯用非常無線装置およびアマチュア無線用機器．
23	超音波を用いてねずみその他の有害動物を駆除する装置．
24	電子式卓上計算機および電子計算機，ならびにその部品および附属品．
25	乗用自動車および自動二輪車（原動機付自転車を含む）ならびにこれらの部品および附属品．
26	自転車ならびにその部品および附属品．
27	ショッピングカートおよび歩行補助車．
28	れんが，かわらおよびコンクリートブロック，ならびに屋根用のパネル，壁用のパネル，その他の建築用パネル．
29	眼鏡ならびにその部品，および附属品ならびに補聴器．

（次ページに続く）

30	家庭用の医療用吸入器，電気治療器，バイブレーター，指圧代用器，温きゅう器，磁気治療器，医療用物質生成器および近視眼矯正器.
㉛	コンドーム，生理用品および家庭用の医療用洗浄器.
㉜	防虫剤，殺虫剤，防臭剤および脱臭剤（医薬品を除く）.
㉝	化粧品，毛髪用剤および石けん（医薬品を除く），浴用剤，合成洗剤，洗浄剤，つや出し剤，ワックス，靴クリームならびに歯ブラシ.
34	衣服
35	ネクタイ，マフラー，ハンドバック，かばん，つえ，サングラス（視力補正用のものを除く），その他の身の回り品，指輪，ネックレス，カフスボタン，その他の身辺細貨，喫煙具および化粧用具.
㊱	はきもの
37	床敷き物，カーテン，寝具，テーブル掛け，タオル，その他の家庭用繊維製品および壁紙.
38	家具およびついたて，びょうぶ，傘立て，金庫，ロッカー，その他の装備品ならびに家庭用洗濯用具，屋内装飾品その他の家庭用装置品.
39	ストーブ，温風機，その他の暖房用具，レンジ，天火，こんろ，その他の料理用具および湯沸かし器（電気加熱式のものを除く），太陽熱利用冷温熱装置ならびにバーナーであって除草に用いることができるもの.
40	浴槽，台所流し，便器，浄化槽，焼却炉，その他の衛生用の器具または設備，ならびにこれらの部品および附属品.
41	融雪機その他の家庭用の融雪設備.
42	なべ，かま，湯沸かし，その他の台所用具および食卓用ナイフ，食器，魔法瓶，その他の食卓用具.
43	囲碁用具，将棋用具，その他の室内娯楽用具.
44	おもちゃおよび人形.
45	釣漁具，テントおよび運動用具.
46	すべり台，ぶらんこ，鉄棒および子ども用車両.
47	新聞紙（株式会社または有限会社の発行するものに限る），雑誌，書籍および地図.
48	地球儀，写真（印刷したものを含む）ならびに書画および版画の複製品.
49	磁気記録媒体ならびに蓄音機用レコードおよび磁気的方法または光学的方法により音，影像またはプログラムを記録した物.
50	シャープペンシル，万年筆，ボールペン，インクスタンド，定規，その他これらに類する事務用品，印章および印肉，アルバムならびに絵画用品.
51	楽器
52	かつら
53	神棚，仏壇および仏具，ならびに祭壇および祭具.
54	砂利および庭石，基石，その他の石材製品.
55	絵画，彫刻，その他の美術工芸品およびメダルその他の収集品.

・**指定権利** …… 日常生活に関する取引きで販売される，施設を利用したり，サービスの提供を受ける権利

1	保養のための施設またはスポーツ施設を利用する権利.
2	映画，演劇，音楽，スポーツ，写真または絵画，彫刻，その他の美術工芸品を鑑賞し，または観覧する権利.
3	語学の教授を受ける権利.

〔注〕 乗用自動車は，クーリングオフができない．
政令で指定された消耗品（○印の商品）は，開封あるいは一部消費するとクーリングオフができなくなることがある．ただし，その旨が契約書に記載されていない場合や，セールスマン自身が開封したり，消費者に開封・使用することを勧めたりした場合，クーリングオフができる．

・**指定役務** …… 20種類は省略

逐次，追加指定されている（表9・7）.

規制の内容

① **氏名などの明示義務** …… 販売業者または役務提供事業者（以下，事業者と省略する）は，訪問販売を行なうときは，事業者の氏名（名称）・販売しようとする商品，権利，役務の種類などを消費者に告げなければならない．

② **書面の交付義務** …… 事業者は，消費者から契約の申込みを受けたときや，契約を締結したときは，一定事項を記載した書面を交付しなければならない．

③ **契約の解除（クーリング オフ†）** …… "クーリング オフ制度"は，消費者にもう一度，冷静に考える期間を与えようとするもので，不意打ち的に勧誘を受けることが多く，巧妙な勧誘にのせられ，正しい判断ができないまま契約を締結しがちである．訪問取引き上の消費者の不利を補うものである．

訪問販売の場合は，消費者が申込みや契約をしてしまっても，事業者に対して，契約の申込みをした日，あるいは契約をした日を含めて8日以内であれば，書面によって，無条件で申込みの撤回や契約の解除をすることができる．

クーリング オフの効果は，すでに商品などを消費者が受け取っている場合は，業者の負担によって商品を引き取ってもらい，損害賠償や違約金を支払う必要はない（原状回復義務）．

ただし，適用除外（表9・7〔注〕）があるので注意が必要．このほか現金取引で総額が3000円未満の場合もこれに該当する．

④ **契約の解除にともなう損害賠償額の制限** …… クーリング オフ期間の経過後，消費者が契約を解除したい場合，事業者が法外な損害賠償金を請求しないよう，上限額に制限を設けている．

⑤ **不適正勧誘などの禁止** …… このほか，取引の適正化および消費者保護を図るため，禁止行為，業務改善の指示，業務停止命令立入検査，報告徴収，主務大臣への申出の規定等が設けられている．

10章 暮らしと健康

37. 健康な生活

健康とは

"健康に勝る幸福はなし"といわれ，人はみな，楽しく愉快で，生きがいのある，健康な生活を望んでいる．では，健康とはどういうことであろうか．世界保健機関（WHO）の定義では，"健康とは，身体的にも精神的にも社会的にも完全に良好な状態をいい，単に病気がないとか，病弱でないとかいうことではない"とされている．健康は，完全に良好な状態という積極的な概念である．さらに，人間の生活は個人ひとりだけで行なっているのではなく，自然的・社会的・文化的環境の中での生活であり，健康の概念も，身体的に健康であるというだけでなく，精神的にも，社会的にもよく順応できなければならないという生活概念として考えられている．

現在の工業化・情報化社会においては，人はさまざまな生理的・精神的ストレスにさらされている．心の健康や，社会への適応が大きな問題となっているが，ここでは，身体的な健康に焦点をしぼる．

健康な生活とは

人口構造の高齢化，社会経済環境の変化にともない，わが国の疾病死亡構造は，結核に代表される感染症から，がん，心疾患，脳血管疾患などの**生活習慣病**†へとその内容が大きく変化した（図10・1）．これらの慢性疾患は，長年にわたる日常の生活習慣（ライフ スタイル）が，遺伝的素質と複雑な関連のもとに，その発生に大きな影響を及ぼしている．

カリフォルニア大学の医学者**ブレスロウ**†は，生活習慣病予防という視点から，喫煙，飲酒量，睡眠時間，運動量，体重管理，ならびに食習慣という日常の重要な生活習慣に注目し，健康な習慣（表10・2）を日常行なっている人の健康度はすぐれており，その後の死亡率にも大きく影響することを実証した（図10・2）．さらに，飲酒・喫煙・食生

表10・1 世界保健機関（WHO）憲章

Health is a state of complete physical, mental, and social well-being and not merely the absence of disease or infirmity.

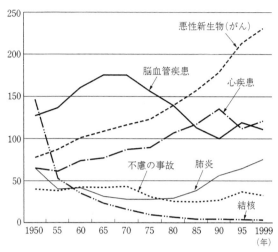

図10・1 主要死因別にみた死亡率の年次推移（人口10万対）
（厚生労働省：人口動態統計）

表10・2 Breslowの七つの健康習慣

① 喫煙をしない．
② 飲酒をしないか，適度な飲酒．
③ 定期的に運動する．
④ 適正体重を保つ．
⑤ 7～8時間の睡眠をとる．
⑥ 毎日朝食をとる．
⑦ 不必要な間食をしない．
プラス；良好な人間関係をつくる．

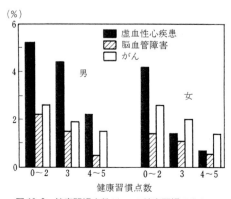

図10・2 健康習慣点数（七つの健康習慣のうち，守っている点数）別死亡率
（30～69歳，男2229人，女2469人，9年間追跡；Breslow）

10章 暮らしと健康

活などの生活習慣に劣らず，人間関係の良否が，健康に大きく影響することも示した．

健康な生活とは，たとえ慢性疾患をもっていても，ハンディキャップを背負っていても，つねに自分の心身に関心をもち，正しい健康習慣を身につけ，健康増進を心がけ，自分の健康は自分で守るという姿勢をもつことである．

健康増進と食生活

生体は，外部環境の変化に対応して，その恒常性を維持する調節機構を備えている．ホルモンや神経の作用によって，体温，血圧，血液の組成などが一定に保たれ，精神的にも社会的にも順応して活動できることが，健康な状態である．病気とは，この**恒常性の維持**†に何らかの理由で破綻をきたした状態である．しかし，健康と病気とは明確に区分することはむずかしい(図10・3)．健康ではあるが病気に移行する可能性をもった人，あるいは潜在的に病気をもった人が存在するからである．健康・病気，いずれにもそれぞれ水準があり，健康の水準を高めることが健康増進である．

健康増進のためには，栄養，運動，休養のバランスが大切であり，厚生労働省から，**食事摂取基準**†(付録；付2)，健康づくりのための食生活指針(表10・3)，運動所要量，健康づくりのための運動指針(本章40節参照)などが，食生活や運動のガイドラインとして示されている．

2005年には，厚生労働省・農林水産省から，健康を維持するために，"何をどれだけ食べたらよいか"が一目でわかり食事の目安となるバランスガイドが発表された．これは，食生活指針を具体的な行動に結びつけるもので，"5つの区分の，主食，副菜，主菜，牛乳・乳製品，果物をバランスよく"，"十分な水分をとること"，"お菓子やジュース，酒などの嗜好飲料は楽しく適度に"，そして"適度な運動を行なうこと"が健康的な食生活につながることを"こま"のイラストで示したものである．1日にとるべき目安の量は，食材料でなく料理の区分別に示されている．

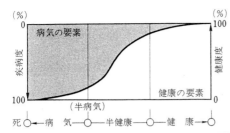

医学	疾病の医学		健康増進の医学	
健康状態	病気 (病人) disease	半病気 (半病人) pre-disease	半健康 (半健康人) poor-health	健康 (健康人) health
医学的対策	医療		健康増進	

図 10・3　病気と健康[1]

表 10・3　健康づくりのための食生活指針
(抜粋：厚生労働省，農林水産省，文部科学省，2000年)

○ 食事を楽しみましょう．
 ・心とからだにおいしい食事を，味わって食べましょう．
 ・家族の団らんや人との交流を大切に，また，食事づくりに参加しましょう．
○ 1日の食事のリズムから，健やかな生活リズムを．
 ・朝食で，いきいきした1日を始めましょう．
 ・夜食や間食はとりすぎないようにしましょう．
○ 主食，主菜，副菜を基本に，食事のバランスを．
 ・多様な食品を組み合わせましょう．
 ・手づくりと外食や加工食品・調理食品を上手に組み合わせましょう．
○ ごはんなどの穀類をしっかりと．
 ・日本の気候・風土に適している米などの穀類を利用しましょう．
○ 野菜・果物，牛乳・乳製品，豆類，魚なども組み合わせて．
 ・たっぷりの野菜と毎日の果物，牛乳・乳製品，豆類，小魚などで，ビタミン，ミネラル，食物繊維をとりましょう．
○ 食塩や脂肪は控え目に．
 ・脂肪のとりすぎをやめ，動物，植物，魚由来の脂肪をバランスよくとりましょう．
 ・栄養成分表示を見て，食品や外食を選ぶ習慣を身につけましょう．
○ 適正体重を知り，日々の活動に見合った食事量を．
 ・普段から意識して身体を動かすようにしましょう．
 ・美しさは健康から．無理な減量はやめましょう．
 ・しっかりかんで，ゆっくり食べましょう．
○ 食文化や地域の産物をいかし，ときには新しい料理も．
 ・地域の産物や旬の素材を使うとともに，行事食を取り入れながら，自然の恵みや四季の変化を楽しみましょう．
○ 調理や保存を上手にしてむだや廃棄を少なく．
 ・買いすぎ，つくりすぎに注意して，食べ残しのない適量を心がけましょう．
 ・定期的に冷蔵庫の中身や家庭内の食材を点検し，献立を工夫して食べましょう．
○ 自分の食生活を見直してみましょう．
 ・自分の健康目標をつくり，食生活を点検する習慣をもちましょう．
 ・学校や家庭で食生活の正しい理解や望ましい習慣を身につけましょう．

38. 食物と栄養

栄養素の作用と食品の機能

生物は物質（食物）を摂取し，代謝（利用）し，それによって生命活動（生活）を維持している．栄養とは，食物の摂取，消化吸収，代謝，成長，生理機能を保つ，これらのすべての過程と定義できる．食品に含まれる成分のうち，身体内に取り込まれて，生命の維持機能を果たす物質を栄養素という．栄養素は消化管において，体内へ吸収可能な形に分解（消化）された後，吸収される．生体にとって必要な栄養素の種類や量は，それぞれの生物体により，また性，年齢，生活活動強度（40節参照）などの条件によって異なっている．栄養素は活動のエネルギー源，体の構成成分，物質代謝を円滑にするなどの機能を果たしている（表10·4）．

食品のもつ機能には，従来からいわれてきた栄養機能，味や香りなどのおいしさのもとになる感覚機能に加えて，生体調節機能（第三次機能として分類される）があるといわれる（表10·5）．たとえば，**食物繊維**†は栄養素ではないが，腸内細菌叢を整え，便通改善，がんや肥満・成人病の予防や治療に役立っている．このように，消化吸収されて利用される栄養素とは異なり，消化管内でおもにその機能が発現するもの，あるいは部分消化物として吸収され，機能を果たすものを**第三次機能**†としている．

日本人の食生活

現在の日本人の食生活を栄養面からみると，平均的には，かなり良好な水準とバランスを保っているといわれている．2003年の**国民栄養調査**†の成績によると，エネルギー，タンパク質，鉄やビタミン類の摂取量は，食事摂取基準の推奨量や目安量に近い．乳製品や魚介類の摂取量は増加を示しているが（図10·4），カルシウムの摂取量は依然として低い（図10·5, 図10·6）．

食塩の摂取量も，依然として目標摂取量をこえ

表10·4 栄養素の種類と機能

① 活動のエネルギー源となる…糖質，脂質，タンパク質
② 体の構成成分となる…タンパク質，無機質，脂質
③ 物質代謝を円滑にする…ビタミン，無機質，タンパク質

表10·5 食品の機能

一次機能（栄養機能）
二次機能（感覚機能）
　食品の成分が味や香などおいしさに訴える機能．
三次機能（生体調節機能）
　食品による体内リズムの調節，生体防御，疾病の予防，疲労の回復，老化抑制などに関与する機能．

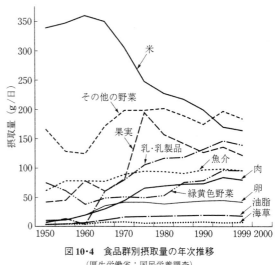

図10·4　食品群別摂取量の年次推移
（厚生労働省：国民栄養調査）

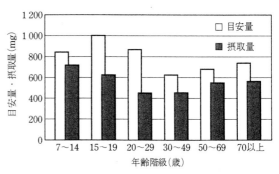

図10·5　年齢階級別男子のカルシウムの平均摂取量と食事摂取基準の目安量との比較
（厚生労働省：国民栄養調査，2003年）

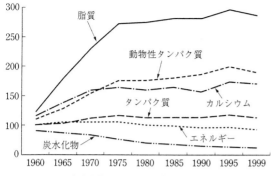

図10・6 栄養素等摂取量の年次推移(1960年＝100)
(厚生労働省：国民栄養調査)

図10・7 食塩摂取量の年次推移
(厚生労働省：国民栄養調査)

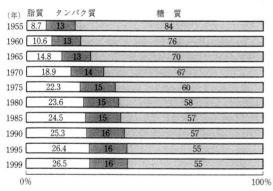

図10・8 エネルギーの栄養素別摂取構成比の年次推移
(脂質の適正比率1～29歳：25～30％, 30歳以上：20～25％)
(厚生労働省：国民栄養調査)

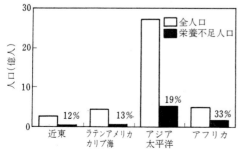

図10・9 開発途上地域における慢性的栄養不足(摂取エネルギーが体重維持と活動に必要なエネルギーより少ない)人口の推計(FAO, 1988～1990年)

ている(図10・7). カルシウム不足と食塩の過剰摂取については, 今後, 高齢社会の進展にともなって増加が予想される**骨粗鬆（こつそしょう）症**[†]や高血圧, 心疾患, 脳血管疾患の予防のためにも, さらに改善の努力が必要である.

エネルギー摂取量の平均値では過不足がないものの, 過剰摂取している人は約2割以上にも及んでいる. BMI (39節参照) 25以上の肥満人口は15歳以上で2300万人にも達すると推計されている. その一方で, 若年女子ではやせの割合の増加も問題となっている. エネルギー摂取量に占める脂質エネルギーの比率は, 平均では30歳以上の適正比率(20～25％)の上限をわずかにこえて久しい(図10・8). 生活習慣病の発生率の高いアメリカでは, 長年, この比率を減少させようと努力を続けてきたものの, いまだ目標の30％よりはるかに高値を示している. しかし, 日本においても20代では, 28％と適正比率の中でも高いほうであり, 若年者の脂質の過剰摂取が心配されている.

世界の栄養問題

日本をはじめ欧米諸国では, 飽食の時代といわれ, 生活習慣病の予防が大きな課題である. 一方, **FAO**[†]の調査によれば, 発展途上国では, 食糧不足, 感染症や寄生虫などによって, 現在でも開発途上国の人口の約20％, すなわち7億8千万の人たちが, 年間を通じてエネルギー必要量を満たすことができない慢性の低栄養状態にあり(図10・9), 体重減少, 成長の遅延, 活動性の低下, 疾病への抵抗力の減少などを起こしている. 1億9千万人以上の子どもたちが, タンパク質やエネルギー栄養不良で苦しんでいる. 毎日4万人の5歳未満児が, 栄養不足によって死亡しているという. 約22億人が鉄欠乏性貧血, 約2億人がヨウ素欠乏症, 約1千万人の人たちがビタミンA欠乏による視力障害などの重大な問題をかかえている. その反面, 食糧不足のこれらの国々ですら, **ライフスタイル**[†]の変化に起因する生活習慣病が増加していることも見逃せない.

39. 食生活の変化と健康上の問題

小児生活習慣病

アメリカでは，朝鮮戦争（1950年代）で死亡した若い兵士の77％に動脈硬化症が認められ，小児生活習慣病が大きな問題となった．日本においても1970年代後半のころから，食事スタイルの多様化（7章27節参照），ライフスタイルの変化による，脂質の過剰摂取や，運動不足による肥満傾向を示す小児の増加とともに，小児生活習慣病（表10・6）がクローズアップされてきた．

小児の食生活上の問題点を表10・7に示す．成長期にある小児にとっては，正しい食習慣やライフスタイルを身につける大切な時期である．加工食品に偏らないで，各栄養素を過不足なく摂取し，**食品間のバランス**†をとり，食事のリズムを大切にし，みんなで楽しく食事をしたり，適度な運動を心がけるような栄養教育と健康指導が重要である．

がん予防とライフスタイル

発がんのリスクファクターには，食習慣，喫煙などの環境因子と，遺伝的要因，老化，免疫能などの生体側などの要因があるが，なかでも食習慣がもっとも関連があるといわれている．世界がん研究財団は，世界で発表された食生活とがん予防に関する論文を分析し（図10・10），がん予防のためには，野菜，果物とビタミン，繊維性食品などを努めて摂ること，またタバコ，アルコールや脂肪，塩分は努めて避ける事が重要であると報告した．野菜や果物に含まれる酸化ストレスを予防する成分は，がんだけでなく，動脈硬化や糖尿病の合併症など生活習慣病の予防につながるのではないかと注目を集めている．

肥満と生活習慣病予防

食生活の欧米化や運動不足から肥満人口が増加し，疾病構造も変化してきた．疾病合併率とBMIとの関係はJカーブを示し，もっとも疾病合併率の少ないBMIは22（図10・11）となり，日本肥満

表10・6 小児生活習慣病の分類

第1群：生活習慣病がすでに小児期に顕在化しているもの
　　　　糖尿病，虚血性心疾患，消化器潰瘍
第2群：潜在している生活習慣病
　　　　動脈硬化の初期病変が10歳代小児の98％にみられる．
第3群：生活習慣病の危険因子がすでに小児期にみられるもの
　　　　生活習慣病予備軍
　　　　（肥満児，高脂血症児，高血圧児など）

小児生活習慣病とは，小児期のライフスタイルの改善などにより，予防しうる生活習慣病をいう．
大国真彦：子ども生活習慣今日からできる予防法，芽生ばえ社，1999．

表10・7 小児の食生活上の問題点

小児期の区分	食行動・食生活上の問題
乳児前半期	遊び飲み，ミルク嫌い
離乳期	離乳開始の遅れ，咀嚼（そしゃく）不良児，ミルクあるいは母乳依存，不規則かつ簡単な離乳食を与える，強要による拒食．
幼児期	かめない子，かまない子，孤食児，欠食児，不規則かつ加工食品による食事，食事の強要，偏食，間食とり過ぎ．
小学生	欠食児，孤食児，外食が多い，不規則かつ加工食品摂取，夜食．
中学生 思春期 青春期	欠食，孤食，外食，加工食品の摂取，夜食，ダイエット志向(女子)．
小児期全般の食生活	家族との団らんのない楽しい雰囲気のない食生活，塩分過剰，加工食品が多い，母親の就労によるライフスタイルの変化，飽食時代でいつでも・どこでも食物が口に入る環境，運動不足．

青木継稔・藤岡共美：臨床栄養，83(1)，1993．

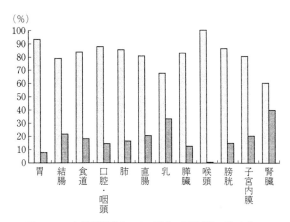

図10・10 症例対照研究により野菜・果物摂取が各部位のがん予防に有効とされた研究数(左)と無効とされた研究数(右)[2]

表10・8 肥満の定義，判定と標準体重

定義：脂肪組織が過剰に蓄積した状態
判定：① 体脂肪率 男20％以上，女30％以上
　　　② BMI 18.5以下：低体重
　　　　 BMI 18.5≦普通体重＜25
　　　　 BMI 25以上：肥満
　　BMI（Body Mass Index）
　　　＝体重（kg）÷身長（m）÷身長（m）
　標準体重（kg）＝22×身長（m）×身長（m）

松澤佑次ほか：新しい肥満の判定と肥満症の診断基準，肥満研究，**6**，(18)〜(28)，2000.

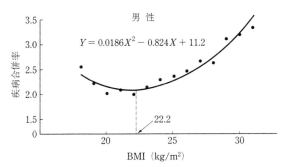

図10・11　疾病合併率BMIとの関係（男性）[3]

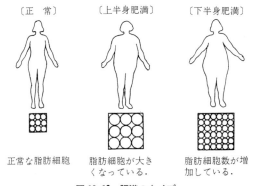

図10・12　肥満のタイプ

表10・9　肥満の種類

① 内臓脂肪型肥満：上半身肥満，男性に多い．合併症が多い．BMI 25以上で，へその周囲径が男85 cm以上，女90 cm以上でその疑いがある．腹部CT法により臍レベル断面像を撮影し，内臓脂肪面積が100 cm²以上．
② 皮下脂肪型肥満：下半身肥満，女性に多く，合併症は少ない．

松澤佑次ほか：新しい肥満の判定と肥満症の診断基準，肥満研究，**6**，(18)〜(28)，2000.

学会では標準体重としてこの値を用いている（表10・8）．肥満とは脂肪が体内に異常に蓄積した状態と定義されており，かならずしも体重が重いことではないが，BMIと体脂肪率とはよく相関しており，肥満の判定にはBMIを用いている．わが国では高度肥満（BMI 30以上）の出現頻度は，欧米諸国の約1/10と少ない．しかし，日本人の多くは軽度の肥満であっても代謝関連の生活習慣病を引き起こしやすいことが報告されている．肥満は脂肪の蓄積量とともに，脂肪が体内のどこに分布しているかも大きな問題となる．腹腔内の脂肪が過剰に蓄積すると，糖尿病，高脂血症，動脈硬化，高血圧などを高率に合併していることから，**内臓脂肪型肥満**[†]の概念が提唱されている（表10・9）．

　この内臓脂肪型肥満は，おもに中高年の男性に多く，食事療法や運動療法による治療効果が高いといわれている．内臓脂肪型肥満と上半身肥満（図10・12）とは必ずしも一致しないが，臍位のウエスト周囲径が，男で85 cm以上，女で90 cm以上を上半身肥満の疑いがあるとされている．生活習慣病予防には，消費と摂取のエネルギーバランス，標準体重（BMI＝22）の維持が重要である．

高齢者の食生活と栄養

　加齢にともなって，精神や身体の機能は減少していくが，その程度は個人差が大きい．たとえば，25歳では生理的年齢の差は約4年にすぎないが，85歳になると20年の幅があるといわれている．高齢者の栄養摂取状況も，過剰栄養の改善が必要な人から，低栄養状態にある人まで幅広い．高齢期を健やかに過ごすためには，老化の進行速度を遅らせ，活動ができるような体力の維持が必要で，そのためには，よく体を動かし，食事を楽しみ，栄養素を過不足なく摂取することである．しかし，高齢者のひとり暮らしや夫婦のみの世帯の増加につれ，食事をつくることができないケースが増大している．現在，厚生労働省の"食"の自立支援事業として，配食サービスが実施されているが，その内容は市町村により差が大きい．

40. 健康とスポーツ

生活の中での運動の必要性

私たちの日常生活は，さまざまな文明発達の恩恵により，歩くことをはじめとして，身体的な活動が著しく減少している．1日にどの程度の身体的活動をしているかを，**身体活動レベル**†で表わし，体を動かすことが少ない"I（低い）"から，よく体を動かしている"III（高い）"まで，3段階に区分している（表10・10）．この区分でみると，国民の大部分はIの身体活動レベルしかない生活を送っており，運動不足状態にあるといえる．身体的活動量の低下は，基礎体力の低下や**易疲労性**†をきたすばかりでなく，エネルギー消費量の減少による肥満や生活習慣病の誘因となる．そこで1989年，厚生省は健康の維持・増進のためには，ある程度以上のエネルギー消費が必要であるとし，望ましい運動量の目安としての"健康づくりのための運動所要量"を作成した．それによると，身体活動レベルの低い男性では活動強度に応じて100〜300 kcal，女性の場合は100〜200 kcal程度のエネルギーを消費する運動やスポーツを余暇に取り入れることが望ましいとしている．

運動の効果

生活の中に運動を取り入れ，生活を活性化することは，エネルギー消費量を増加し，肥満や生活習慣病を予防するだけでなく，血圧や脂質代謝の改善，ストレスの解消，**骨粗鬆（こつそしょう）症**†の予防などさまざまな効果がある．日本は世界に例をみないスピードで高齢社会となり，寝たきりになる原因の第2位が骨粗鬆症による骨折であるといわれている．成長期に充分運動を行なっていた者は，成人してからも**骨密度**†が有意に高く，骨密度の低い者ほど運動嫌いの者が多いという報告もある．

毎日ある程度の運動量が確保できる中学・高校での運動クラブ活動は，最大骨量を高めるために非常に有効である．

表10・10　身体活動レベル別にみた活動内容と活動時間（15〜69歳）

		低い(I)	ふつう(II)	高い(III)
身体活動レベル*1		1.50 (1.40〜1.60)	1.75 (1.60〜1.90)	2.00 (1.90〜2.20)
個々の活動の分類（時間／日）*2	睡眠 (1.0)	8	7〜8	7
	座位または立位の静的な活動 (1.5:1.1〜1.9)	13〜14	11〜12	10
	ゆっくりした歩行や家事など低強度の活動 (2.5:2.0〜2.9)	1〜2	3	3〜4
	長時間持続可能な運動・労働など中強度の活動（普通歩行を含む）(4.5:3.0〜5.9)	1	2	3
	頻繁に休みが必要な運動・労働など高強度の活動 (7.0:6.0以上)	0	0	0〜1
身体活動レベルそれぞれの"日常生活の内容"	低い(I)	生活の大部分が座位で，静的な活動が中心の場合．		
	ふつう(II)	座位中心の仕事だが，職場内での移動や立位での作業・接客など，あるいは通勤・買物・家事，軽いスポーツなどのいずれかを含む場合．		
	高い(III)	移動や立位の多い仕事への従事者，あるいは，スポーツなど余暇における活発な運動習慣をもっている場合．		

〔注〕 *1 代表値．（ ）内はおよその範囲．
*2 （ ）内は，activity factor (A_f：各身体活動における単位時間当たりの強度を示す値．基礎代謝の倍数で表わす）（代表値：下限〜上限）．
日本人の食事摂取基準（2005年版）より．

健康のための運動とは

　健康な生活を送るために生活の中に取り入れる運動やスポーツは，競技能力や技術の向上をめざしたスポーツ選手のそれとは異なるものである．1993年，公衆衛生審議会は，生活の中で無理なく継続してできる運動を普及させ，明るく，楽しく，健康的な生活を創造することを目的とした"健康づくりのための運動指針"(表10·11)を策定した．指針による健康づくりのための運動の基本はまず歩くことであり，生活活動強度を高めるために，とくになんらかの運動やスポーツを始める必要はないであろう．中高年では急にジョギングなどを始めることにより危険をともなう場合もある．エレベーターやエスカレーターを利用せずに階段を昇る，自動車に乗らずに歩く，早足で歩くなど生活様式を変えることで，健康的な生活を送ることができる．また最近では，水を利用した水中運動による健康づくりが注目され，アクアフィットネスとして定着しつつある．水中での運動は，体重による下半身への負担が軽減され，肥満者や妊婦などには適した運動である．

　余暇に運動やスポーツをするにしろ，生活様式を変えるにしろ，生活活動強度を高めるために行なう付加運動によるエネルギー消費量の目安を表10·12に示した．

子どもの健康と運動

　近年，中高年を中心に，老年期を元気に過ごしたいという健康志向が強く，運動やスポーツをする人が増加している．しかし子どもたちの生活は，戸外で遊ぶ場所や時間がなく運動不足の状態にある一方，食生活は洋風化と飽食によってエネルギー過剰であり，これを反映して肥満する子どもが増加している．本来，大人がかかる病気であった生活習慣病が，小学生においてすでにみられ，**小児生活習慣病**[†]として社会問題となっている．生活習慣病の予防や骨密度に与える影響からも，小児期から戸外で体を動かす習慣をつけ，生活を活動的なものにすることが重要である．

表10·11　健康づくりのための運動指針

生活の中に運動を	歩くことから始めよう．
	1日30分を目標に．
	息がはずむ程度のスピードで．
明るく楽しく安全に	体調に合わせてマイペース．
	工夫して，楽しく運動長続き．
	ときには楽しいスポーツも．
運動を生かす健康づくり	栄養・休養とのバランスを．
	禁煙と節酒も忘れずに．
	家族のふれあい，友だちづくり．

公衆衛生審議会，1993．

表10·12　付加運動のエネルギー消費量
(20～29歳男女の概算値：kcal/時)

日常生活活動と運動の種類	男 体重60 kg	女 体重50 kg
ゆっくりした歩行（買物，散歩）	90	70
家庭菜園，草むしり	120	100
普通歩行（通勤，買物）	130	100
自転車（普通の速さ）	160	130
急ぎ足（通勤，買物）	210	170
階段昇降	280	220
ゲートボール	120	100
バレーボール（9人制）	130	100
日本舞踊（春雨）	130	100
ボーリング	150	120
ソフトボール	150	120
野球	160	130
キャッチボール	180	150
ゴルフ（平地）	180	150
ダンス　軽い	180	150
活発な	300	240
サイクリング（時速10 km）	200	170
ラジオ・テレビ体操	210	170
日本民謡の踊り（秋田音頭など）	240	200
エアロビックダンス	240	200
ハイキング（平地）	180	150
ピンポン	300	240
ゴルフ（丘陵）	300	240
ボート，カヌー	300	240
テニス	360	290
雪上スキー（滑降）	360	290
（クロスカントリー）	540	440
水上スキー	360	290
バレーボール	360	290
バドミントン	360	290
ジョギング（120 m/分）	360	290
登山	360	290
柔道，剣道	360	290
サッカー，ラグビー，バスケットボールなど	420	340
スケート（アイス，ローラー）	420	340
水泳　遠泳　軽く50 mを流す	480	390
横泳　〃	480	390
平泳　〃	600	490
クロール　〃	1,200	980
縄とび（60～70回/分）	480	390
ジョギング（160 m/分）	510	420
筋力トレーニング（平均）	580	470
日本民謡の踊り（阿波踊りなど）	720	590
ランニング（200 m/分）	720	590

〔注〕
1. ここに示した付加運動によるエネルギー消費量は安静時の代謝量を含まないため，運動による純粋なエネルギー消費量と考えてよい．
2. エネルギーの単位をkJで表すときの換算は，1 kcal = 4.184 kJ

11章 暮らしと住まい

41. 住宅の公共性

公共財とは何か

"住まいは'自分の甲斐性'で実現するものだ"とする住居観は、日本人にはいまも根強い。それは、住まいというものは、居住者だけが自由に使える私有財産（市場財的部分）であるという性格によるところが大きいと思われる（図11・1）。

では、私有財と公共財は、どこが異なるのであろうか。住宅は、ある特定の私人によって独占的に占有（使用）されるため、私有財産としての側面がきわめて強い。そのために、私有財としての住宅の確保に、公共が、税金からなる国費を投入して、支援したり手助けしたりすることは、不適切だという論理も一応は成立する。

これに対して公共財とは、不特定多数の人たちの利用に供し、すべての人たちがその恩恵にあずかることのできる財をさし、特定の人に経費の負担を求めることが不適切な財をさす。公園や道路、あるいは海上を照らす灯台などは、その典型である。こうした公共財の供給や整備には、逆に、公共は税金を使って介入し、その実現に努力しなければならない責務が生じてくる（表11・1）。

社会資本としての住宅

しかし、住宅の特性を考えると、利用レベルにおける私的性だけで、私有財だと断定するには不適切な側面も多い。とくに都市部での住まい特性を考えると、公共財としての各種のインフラ†と一体となって、はじめて住宅としての本来的機能を果たせる場合が多い。このように都市部では、住宅の立地や供給がインフラと無関係には成立しえない現状を考えると、公共性を強く有する財であるともいえる。また、都市部では一般に、住宅は密集して大量に供給される結果、住宅群一つの都市空間と生活環境を形成することとなる。それは、そこに居住している個々の居住者の意思とは無関係に、その集積によってつくり出された空間が、その居住地空間を共有する不特定多数の人た

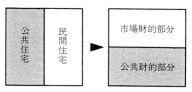

図 11・1　住宅供給における公共の介入領域[1]

表 11・1　"公共住宅論"

住宅という財は、下記の特性を有するため、公共化することの必要性があるとされている。
① 純公共財のような非排除性や非競合性をもたないが、供給にともなう外部性は無視できない。
② すべての社会の構成員が一定水準以上の住宅を必要とする存在性を有する財である。
③ 市場経済を通じては適正な供給が保障されにくく、公共の政策的介入を必要とする財である。
④ 政策に従って、技術的制御や経済的制御を適用することにより、好ましい供給が可能となる財である。

巽和夫(編)：現代ハウジング用語事典, 彰国社, 1993 より要約.

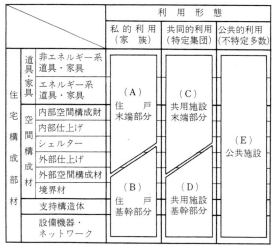

図 11・2　住宅の構成要素と公共性[1]

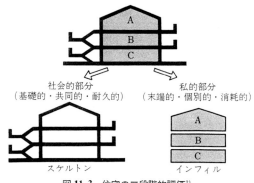

図 11・3　住宅の二段階的評価[2]
（スケルトン＝公共財, インフィル＝私有財）

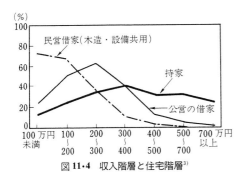

図11・4 収入階層と住宅階層[3]

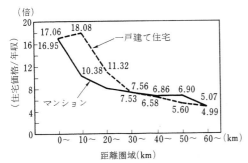

図11・5 首都圏の距離別住宅価格年収比(1989年)
(社団法人 都市開発協会の調査より)

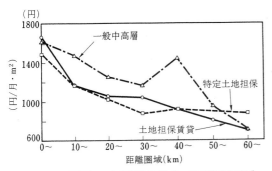

図11・6 距離別にみた家賃単価(住宅・都市整備公団)[4]

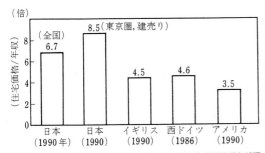

日本…建設省：民間住宅建設資金実態調査，㈱不動産経済研究所調べ，および総務庁：貯蓄動向調査．
イギリス…BSA Bulletin.
西ドイツ…Bundesbaublatt. Statistisch Jahr. buch.
アメリカ…Statistical Abstract.

図11・7 住宅価格と年収倍率(各国比較)

ちの，健康や安全，あるいは心理的アメニティなどに大きな影響を及ぼし，都市の機能をも左右する社会的環境となっているからである．その意味でも，住まいの社会資本としての公共財的側面は，無視することができなくなっている（図11・2，図11・3）．

商品としての特性

自由経済の市場では，住宅も商品として供給されるから，その質や規模の良否は価格との関係で決定される．しかも，現実の社会では人びとの間に所得などの経済格差が存在するから，"貧しい人たちは粗悪な住まいに，豊かな人たちは良好な住まいに"という図式が形成されてしまう．いうまでもなく，住まいは私たちの家庭生活の基地でもある．その中で子どもたちは育まれ，家族生活が織りなされ，人びとは人格を形成していくのである．

したがって，経済格差を理由に，人びとの基本的生活空間がゆがめられるようなことは，絶対に避けねばならないことである（図11・4〜図11・7）．そうした視点に立てば，住まいは基本的人権を構成する"**生存権**[†]"の一部であるともいえる．また，そうした法的位置づけをするかぎり，すべての国民に，健康で快適な住宅を保障することは，公共の責任となり，公的性格の強い財としての位置づけが，どうしても必要となってくる．

このように，住まいは，居住者が自由に占有する私有財的側面をもつとともに，社会保障の対象としての公共財的側面をももつものであり，公私両財の二面性を有している．

さらに，近年のように，商品として供給される住まいの総価格が，私たちの生涯所得のかなりの部分を占めている現状では，その生産や供給のプロセスを経済的に好ましい状態にコントロールするための，公的な責務も発生してくる．その点からも，住まいにみられる公共財的側面と，私有財的側面の重層性は，いっそう顕著になってきているといえよう．

42. 住まいと安全な暮らし

住まいの要件については，52ページの24節で述べたが，安全であることが必須条件といえる．

家庭内事故　人口動態統計の1961～1983年平均から，不慮の事故死者数は年間約3万6千人で，その半数近くは交通事故死であるが，家庭での事故死も約20％に上り，道路についで危険な場所といえる．家庭での不慮の事故死者数は年間6千～7千人で，おもな原因は図11・8のように，火災などが約24％ともっとも多く，階段・窓などからの転落，風呂などでの溺死，食物などによる窒息がいずれも約14％を占め，日常生活の中での事故が多い．高齢者（約45％）と乳幼児（約24％）の両者を合わせると約7割にもなり，生活弱者の被害割合が高い．住宅の設計不良が原因で起る事故のほか，親の不注意で幼児が風呂や洗濯機に落ちたり，ベランダからの転落死など，使用者側に問題がある場合も多い（図11・9）．1死亡事故に対し，約150倍の重・中傷，約5万倍の軽傷の非死亡事故の発生があり，重要な問題である（図11・10）．

防犯　空き巣の60％は玄関から，20％は窓からの侵入で，とくに施錠忘れとガラスを割ってが多い（図11・11）．戸締まりの確認とガラス窓には雨戸や格子を付けることが大切である．主錠のほかに，補助錠を付け，ドアのすきまにはガードプレートを付けるとよい．2階に簡単に侵入できなくする工夫も大切である．隣近所で注意し合うとともに，人が隠れられる物陰をつくらない設計をし，扉や窓を開けるとブザーの鳴る，火災警報装置兼用の防犯・防災装置の設置も有効である．

防災　災害には，自然現象に起因するものと，人為的なものに起因するものがあり，それぞれ地震・台風と火災が代表的といえる．

地震には一般に上部の重い瓦屋根などの建物が不利といえるが，1950年に**建築基準法**†が施行され，1971年と1981年に耐震性が改正・強化された結果，それ以降に建った建物は，手抜きでもな

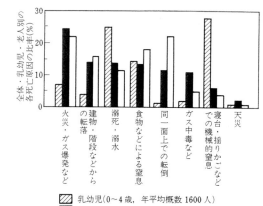

図11・8　家庭内事故死の原因[5]

乳幼児（0～4歳，年平均概数1600人）
全体（年平均概数6700人）
老人（年平均概数3000人）

① コンセントによる感電　② 浴槽での溺死　③ 窓からの墜落
（a）子どもの事故

（b）老人の事故

老人は転倒事故が多い．ちょっとした1cmほどの敷居でもつまづくし，風呂のマットなどはすべりやすい．

図11・9　家庭内の子どもや老人の事故はちょっとしたことでおこる

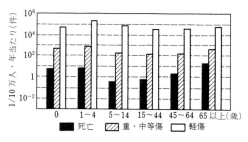

死亡　重・中等傷　軽傷

図11・10　日常災害による年齢区分別被害程度の推定[6]

いかぎり、少々の地震ではこわれなくなった．最近の**海溝型地震**†による人的被害は地震にともなう津波・崖崩れなどによるものが多い．地震時の火の始末と、すみやかな避難を心がける．さらに住宅を建てる際には、湖沼などの埋立て地や山ぎわの傾斜地などは避ける．1995年に発生した**都市直下型地震**†の阪神大震災では、特に1971年の建築基準法改正以前に建てられた建物に大きな被害が出た．遡及して耐震性を改善する必要がある．

また住宅の高層化・狭隘(あい)化で、家財道具の転倒・落下による負傷も多く、家具などの固定、都市的には、水道・ガス・電気といったライフラインや消防力・防災対策の強化が求められる．

気象災害の15～35%は、台風災害で、強風・豪雨・高潮などによって起きる．鉄骨造や木造などの比較的軽い建物が、風の被害を受けやすい．ガラス窓は雨戸付きか、網入りガラスにしたい．屋根材も強風で吹き飛ばされないよう、補強する．

火災原因を図11・12に示す．火災の発生には、可燃物と酸素および発火源(高温)の三者が必要である．防火対策として可燃物を除去し、消火対策としては、水をかけて発火源の温度を下げたり、炭酸ガスや泡で酸素の供給を断つ方法などがとられる．家庭で火を使うことが多い厨房などには、小型消火器などを備えておく心構えが必要である．

室内空気の複合汚染(シック ハウス症候群)

新築や改装直後の住宅で、目や鼻に刺激を感じ、目まいや吐き気、頭痛、アトピー性皮膚炎などの表11・2のような症状を示す居住者が増えている．これがシック ハウス症候群で、建材や家具などの接着剤に使われたホルムアルデヒドや塗料からの有機溶剤、殺虫剤の有機リン系の化学物質が徐々に室内空気に揮発し、居住者に被害を与えたのである．一般に築後2年以上経たないとWHOの基準値まで下がらないから、ホルムアルデヒドなどを含まない材料の使用を心掛ける．また暖房で室温を上げて揮発を促し、つぎに窓を開けて換気するベークト アウトを繰返すと早く除去できる．

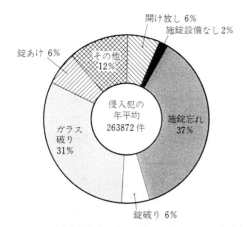

図11・11 犯人の侵入方法別状況(1984, 1989, 1993の平均)
(警視庁編：警察白書, 1984)

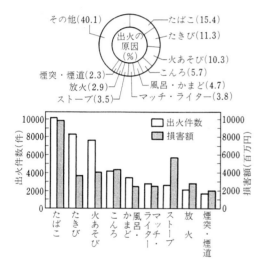

図11・12 出火原因別火災件数および損害額
(消防庁：消防白書, 昭和49年版)

表11・2 シックハウス症候群のおもな症状

① 手足が冷え、疲れやすく、疲れがとれないなどの自律神経疾患のような症状が出る．
② 頭痛、睡眠障害、意欲低下、イライラ、関節痛、筋肉痛などの神経・精神病が現れる．
③ のど、鼻の痛み、風邪などの症状が出る．
④ 下痢や便秘などの消化器系の症状が出る．
⑤ 目や鼻に刺激を感じ、目の疲れ、味覚異常などが生じる．
⑥ 動悸や不整脈、胸部痛などの循環器系の症状が出る．
⑦ ぜんそくや皮膚疾患などのアトピー性皮膚炎やアレルギーのような症状が生じる．
⑧ 生理不順、更年期障害、インポテンツなど老化のような症状が生じる．
⑨ 精密検査を受けても異常が見つからないのに体調が悪く、薬を飲んでもよくならない．
⑩ 家で休んでもよくならないか、かえって悪くなる．

43. 住宅の水準と暮らし

居住水準

住宅とそこに住む人との対応関係としての居住性能を表わす指標を居住水準という．

居住水準を示す指標の設定は，対象，目的，時代，地域などによって異なる．世界保健機構が公表した，①安全性，②保健性，③利便性，④快適性の4項目は，抽象的ないいかたではあるが，居住水準を考える目安となる．また，耐久性，経済性，社会性なども関係する．

住宅政策と居住水準

わが国の場合，住宅政策の目標水準として，広さを中心とする(1986年から)，以下のような居住水準が設定されている．

① 最低居住水準……できるだけ早期にすべての世帯が確保すべき水準．

② 誘導居住水準(都市居住型と一般型)……西暦2015年において国民の3分の2の世帯が確保すべき水準（表11·3）．

具体的には，家族人員別に室構成，居住室面積，住戸専用面積が設定されている．いずれも，世帯構成に応じた寝室，食事室，台所，居間，便所，浴室，収納スペースなどの広さを中心とする算定基準が示され，また，中高齢単身世帯や高齢者同居世帯についても配慮規定が設けられている．

1998年時点での達成状況をみると，最低居住水準は，全体の約95％が満たしている．しかし，借家では1割以上が未達成で，借家の居住水準の改善が大きな課題となっている（表11·4）．

住宅に対する満足度

客観的な評価尺度として居住水準があるのに対し，主観的な評価として住宅に対する満足度があげられる．**住宅需要実態調査**[†]の結果からは，この20年間，住宅に対する不満率は，いずれも約半数に達している．所有関係別に見ると，借家に"非常に不満"，"多少不満"の率がとくに高くなっている（図11·13）．

表11·3 住宅建設5か年計画における居住水準

世帯人員	最低居住水準		
	室構成	居住室畳数	住戸専用面積(m^2)
1人	1K	4.5	18
中高齢単身	1DK	9.0	25
2人	1DK	10.5	29
3人	2DK	15.0	39
4人	3DK	19.5	50
5人	3DK	22.5	56
6人	4DK	27.0	66

世帯人員	都市居住型誘導居住水準		
	室構成	居住室畳数	住戸専用面積(m^2)
1人	1DK	12.0	37
中高齢単身	1DK	14.0	43
2人	1LDK	20.0	55
3人	2LDK	28.0	75
4人	3LDK	36.0	91
5人	4LDK	42.0	104
高齢単身を含む	4LLDK	48.0	122
6人	4LDK	45.5	112
高齢夫婦を含む	4LLDK	51.5	129

世帯人員	一般居住型誘導居住水準		
	室構成	居住室畳数	住戸専用面積(m^2)
1人	1DKS	16.5	50
中高齢単身	1DKS	18.5	55
2人	1LDKS	26.0	72
3人	2LDKS	35.5	98
4人	3LDKS	47.0	123
5人	4LDKS	54.5	141
高齢単身を含む	4LLDKS	60.5	158
6人	4LDKS	56.5	147
高齢夫婦を含む	4LLDKS	62.5	164

表11·4 最低居住水準未満世帯の内訳
〔1998年；( )内は1993年〕

区分	世帯総数(千世帯)	最低居住水準未満世帯	
		世帯数(千世帯)	総数との比(％)
全体	1890 (1781)	99 (148)	5.2 (8.3)
持ち家	1152 (1065)	18 (26)	1.6 (2.4)
借家	709 (700)	81 (122)	11.4 (17.4)
公営住宅	136 (109)	19 (23)	14.0 (21.1)
公団公社	55 (57)	7 (11)	13.1 (18.5)
民間住宅	445 (445)	48 (80)	10.9 (17.9)
給与住宅	73 (88)	7 (9)	9.0 (9.8)

総務庁：1998年住宅·土地統計調査より．

表11·5 持ち家と賃貸の居住水準の比較

区分	1住宅当たり居住室数	1住宅当たり延べ面積(m^2)
持ち家	6.0	122.7
借家	2.8	44.5

総務庁：1998年住宅·土地統計調査より．

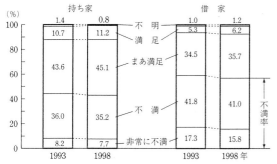

図11・13 住宅に対する評価(持ち家・借家別)
(国土交通省：1998年需要・実態調査より)

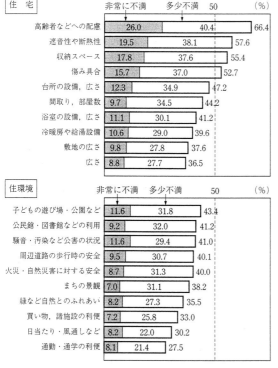

図11・14 住宅・住環境の各要素に対する評価(不満率)
(1998年、全国)
(国土交通省：1998年住宅需要実態調査より)

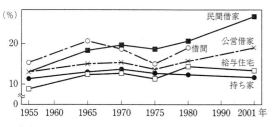

〔注〕1955年は全都市データ、1965年以降は全国勤労者家庭のデータ（家計調査年報より）．

図11・15 住宅費関連支出総額(光熱水料を含む)の消費支出総額に対する100分比の推移

その内容では、住宅の遮音・断熱性能、設備、間取りなど、広さ以外の多様な住宅性能に対する不満が高く、とくに、新たに加わった項目である"高齢者などへの配慮"については、もっとも高い不満率となっている（図11・14）．住宅政策の指標として用いられている、広さを中心とする居住水準指標が、必ずしも国民の求めている住宅の居住性能とは合致していない．今後の政策指標の拡充、あるいは根本的な見直しが必要である．

居住水準と生活問題

居住水準の貧しさは、多様な生活問題を生じさせる．今後の居住水準を考えるうえで、とくに課題となるであろう生活問題を以下に列記する．

① 最低居住水準未満世帯の問題……とくに、借家の4人以上世帯に集中しており、5割前後に及んでいる．**狭小過密居住**†のもたらす生活問題は深刻で、憲法の保障する、基本的人権としての健康で文化的な生活からは程遠い状態である．

② 経済上の問題……諸外国に比べて異常に高い地価のために、住宅取得に要する費用は年収の6.1倍（1998年）で、アメリカの約2倍である．また、家計に占める住居費の比率は年ねん増加し、とくに民間借家では20％前後を占めるようになってきた（図11・15）．その結果、住宅取得難と住居費が、家計を圧迫する事態が生じている．豊かで、好みに応じて選択できる衣と食に比べ、高所得層を除くと、住宅は個人の自助努力で選択的に入手できなくなっている．とくに、多家族の借家層や高齢借家層に、問題が集積している．

③ 安全性の問題……危険度を表わすショッキングなデータを図11・8に示す．家庭内事故死者総数は、交通事故死者数の約半数に及ぶ．しかも、住宅事情にかかわる事故原因では、高齢者の占める割合が高い．安全基準を具体的に定めてこなかったため、とくに高齢・障害者などの社会的弱者に問題が集中している．居住水準指標の中に、住宅の設備・構造・間取りなどについての安全基準を盛り込む必要がある．

44. ライフ スタイル，ライフ ステージと住まい

ライフ ステージと住まい

人びとの日常生活を包む器が，住まいである．したがって，そこに住む人のライフ ステージ[†]と，その一連の流れとしてのライフ サイクルによって，住まいに要求される基本的な型が決まる．図11·16は，ライフ サイクルによって，住まいへの要求が変化する様子を示したものである．これ以外にも，就労形態や立地する地域条件，経済力，居住者自身の住居観などが作用し，住まいの型は多様となる．

戦後の生活変化とライフ スタイル

戦前の住まいでは，農家や小売店に代表される住宅以外の機能をあわせもつ併用住宅が，大きな比率を占めていたが，いまでは併用形態はほとんど姿を消し，専用住宅が9割をこすに至っている．住宅に要求される機能が，単純化したかにみえる．しかし，戦後の都市化過程で生じた産業構造の変化，世帯構造の変化や女性の社会進出，高齢化，情報化などといった変化は，人びとにさまざまな価値観と多様なライフ スタイル[†]をもたらし（図11·17，図11·18），戦前は一般的であった，家を中心に代々住み続けるための住まいから，ライフ スタイルに合わせて住まいを選択していく時代になった．これらの変化が急激であったために，社会的な対応が追いつかず，多くの問題が存在する．今後の"豊かな社会における住まいづくり"について，何が必要であるのかを，その実現策を含めて真剣に取り組まなければならない時代，すなわち，住宅のありかたについても，大きな社会的な転換期に差しかかっている．

多様なライフ スタイルと住まい

ライフ ステージの，ある時点をとらえると，夫の単身赴任（ときには海外），子どもの進学，介護のための妻の一時的な親世帯との同居というふうに，家族が別べつに住むことはめずらしくない．

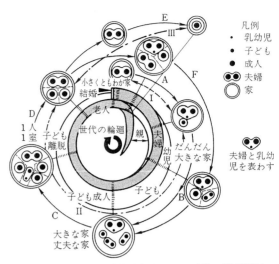

〔注〕 内側の渦巻きは家族構成員を示し，家族の発達段階を
Ⅰ…結婚から長子誕生まで（夫婦同居前期）
Ⅱ…子どもの出生から離脱まで（親子同居期）
Ⅲ…子どもの離脱から夫婦の死まで（夫婦同居後期，独身後期）
の段階に分けている．外側の模式図は家族構成員と住空間の関係を核家族と世代家族の両方からとらえ，A〜Fの流れのように示している．

図11·16　世代の輪廻と住要求・住空間[7]

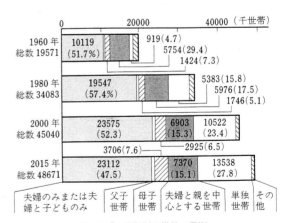

図11·17　類型別世帯数の予測
（経済企画庁編：2000年の日本）

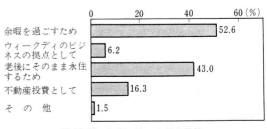

図11·19　セカンド ハウスの目的

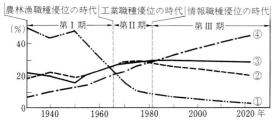

① 農林漁職種（農林・漁業）
② 工業職種（採鉱・採石，技能工，生産工程作業者）
③ サービス職種（販売，運輸，単純作業者，保安業務，サービス職業）
④ 情報職種（専門的・技術的職業，管理的職業，事務，通信）

〔注〕 1930〜1950年…総理府統計局編：国勢調査による．
1955〜1980年…総理府統計局編：労働力調査による．
1980〜2000年…国土庁編：地域におけるサービスニーズとサービス産業の展望に関する調査，1984.3．による．
2000〜2025年…1980〜2000年の傾向をもとに，国土庁計画・調整局試算による．

図 11・18　職業別就業構造の展望
（国土庁計画・調整局編：日本21世紀への展望―国土空間の新しい未来像を求めて，大蔵省印刷局）

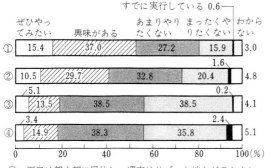

① 平日は都心部に居住し，週末はリゾート地などのセカンドハウスで過ごす．
② 地方都市，リゾート地，郷里などにある企業に転職し，職場に近くて良好な居住環境の持ち家に住む．
③ 平日は都心部のワンルームマンションなどにひとりで住み，週末は自然環境に恵まれた地域に家族とともに住む．
④ 持ち家にこだわらず賃貸住宅に住み，消費生活を楽しむ．

図 11・20　新しい住まいかた
（大都市圏における居住に関する世論調査）

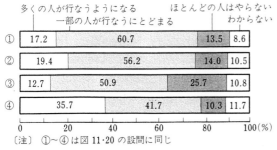

〔注〕 ①〜④は図11・20の設問に同じ

図 11・21　新しい住まいかたの普及の可能性
（大都市圏における居住に関する世論調査）

大都市部では，平日は職場に近いワンルームマンションで，週末は郊外の家族といっしょに過ごすことや，平日は都市部に居住し，週末はリゾート地などのセカンドハウスで過ごすといったウィークシェアリング居住，あるいは都市部で書斎・仕事部屋や楽しみのために，もう一つの住宅を確保する居住形態もみられる．

このように，家族で複数の住宅を住み分けることをマルチハビテーションという（巻末；付5参照）．一方，情報職種の増大は，自宅就労を可能にし，戦前の農家や店舗などの機能とは違った，いわば"書斎的な執務空間"が，住宅の新しい機能として付加するようになってきた．

これら居住形態の多くは，特別な理念を掲げた特殊な居住スタイルというよりも，戦後の生活変化が，家族員それぞれに多様なライフスタイルをもたらした結果であり，人びとの頻繁な移動を助ける交通網の整備，家族相互のコミュニケーションを助ける情報技術や，ホームオートメーション[†]などの生活を支える技術のハイテク化，生活の外部化の進展が可能にしたといえる．世論調査においても，このような居住形態を容認する傾向が強い（図11・19〜図11・21）．

4人に1人が高齢者になる社会では，大都市圏を中心に，親子同居を望んでも実現できない世帯が，ますます増加するであろう．それを補完する形で，高齢者世帯を中心とするネットワーク居住[†]の増加が予想される．高齢者介護について，外部の人や機関に援助してもらうのは避けられない．これからのすまいづくりでは，住宅のバリアフリー[†]化が追求される必要があるが，これに加えて，必要な援助が公民から共に得られるようなしくみが，地域に組み込まれていることが必要になろう．すなわち，地域ネットワーク居住である．マルチハビテーション，ネットワーク居住に代表される新しい居住スタイルは，住宅の社会性をより強くし，社会施設や社会サービスとの関連性を，よりいっそう高めることだけは確かである．

12章 暮らしと福祉

45. 現代社会と福祉問題

ファミリー ステージと福祉問題

　出生率の低下と平均寿命の伸延により，わが国では急速に少子高齢化が進んでいる．現在は5人強の生産年齢人口で1人の高齢者を支えているが，高齢化率が最も高くなると予想される2020年には，2.5人で1人を支えなくてはならないといわれている．

　少子高齢社会は，広く経済社会体制の問題であるだけでなく，家族構成員のライフ ステージも大きく変化させてしまう．人生50年といわれた大正期と人生80年といわれる今日とでは，ライフステージの各期間が大きく変化している（図12・1は戦後期と近年の例を示す）．

　家族を中心として少子高齢社会をみると，私的，社会的高齢者扶養の問題だけでなく，同様に子育ての問題も同時に内包していることがわかる．これは，ファミリー ステージと福祉問題との間の関連の深さをうかがわせる．

　また，これらの各場面に必ずといっていいほど登場するのが女性であり，少子高齢社会は，女性のライフ ステージに大きく関係する問題であるともいえる．

ファミリー ステージと福祉問題

　ファミリー ステージの初期の段階で起こる典型的な福祉問題は，結婚と子育てである．かつてのように，結婚が，男女ともに人生において原則として通過しなければならないゲートであった時代は終息しつつあり，人生の選択肢の一つでしかなくなりつつある．子どもをもつということも同様である．

　これは，個人のライフ スタイルからは当然のことであるが，子どもが生まれてこないという状況は，社会を維持していくという点からは大きな問題となる．結婚そのものを直接的に誘導するのは困難である．そこで登場するのが，子どもを生み育てやすい環境をつくるという施策である．新エ

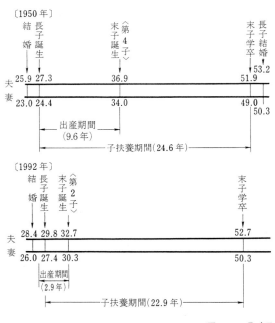

図12・1　ライフ

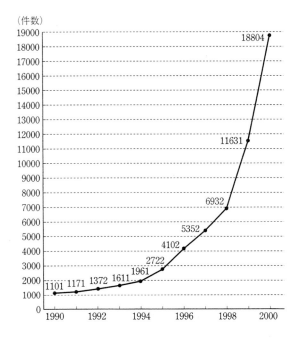

図12・2　児童相談所における児童虐待に関する相談処理件数の推移

（厚生大臣官房統計情報部：社会福祉行政業務報告）
児童虐待の定義（法第2条要約追加）
身体的虐待：身体に外傷が生じ，または生じるおそれのある暴行を加えること．
性的虐待：わいせつな行為をすること，またはわいせつな行為をさせること．
ネグレクト：心身の正常な発達を妨げるような著しい減食，または長時間の放置等．
心理的虐待：著しい心理的外傷を与える言動を行なうこと．

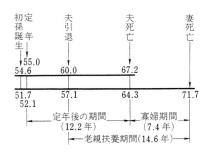

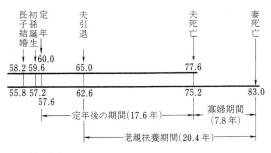

ステージの変化

表12・1 新エンゼルプラン目標値について

プランの項目	平成11年度	目標値
低年齢児受入れの拡大	58万人	平成16年度　68万人
延長保育の推進	7000か所	平成16年度　10000か所
休日保育の推進	100か所	平成16年度　300か所
乳幼児健康支援一時預かりの推進	450か所	平成16年度　500市町村
多機能保育所などの整備	365か所*	平成16年度までに 2000か所
地域子育て支援センターの整備	1500か所	平成16年度　3000か所
一時保育の推進	1500か所	平成16年度　3000か所
ファミリー・サポート・センターの整備	62か所	平成16年度　180か所
放課後児童クラブの推進	9000か所	平成16年度　11500か所
フレーフレー・テレフォン事業の整備	35都道府県	平成16年度　47都道府県
再就職希望登録者支援事業の整備	22都道府県	平成16年度　47都道府県
周産期医療ネットワークの整備	10都道府県	平成16年度　47都道府県
小児救急医療支援事業の推進	118地区	平成13年度　360地区（2次医療圏）
不妊専門相談センターの整備	24か所	平成16年度　47か所
子どもセンターの全国展開	365か所	1,000か所程度
子ども放送局の推進	約1300か所	5000か所程度
子ども24時間電話相談の推進	16府県	47都道府県
家庭教育24時間電話相談の推進	16府県	47都道府県
総合学科の設置推進	124校	当面　500校程度
中高一貫教育校の設置推進	4校	当面　500校程度
「心の教室」カウンセリング・ルームの整備		平成12年度までに 5234校を目途

*5年間の累計で1600か所.

ンゼル プラン（2000年）は，国がこれに対して計画的に取り組んでいくことを示したものである（表12・1）．この中でも，とりわけ，子育てと就労の両立をめざす保育サービスの拡充は急務の課題と意識され，入所待機児を解消するための施策がさまざまに展開されている．

　子育て期のもう一つの課題は，子育ての不安の増大や，母親の社会参加への要求である．これは，一般に地域子育て支援と呼ばれ，新エンゼル プランの課題の一つでもある．子育ての不安や子育て能力の低下は，時には，子どもの虐待となって現れる．児童虐待の防止等に関する法律（2000年）は，このような状況を受けて成立したものである（図12・2）．

　最終段階は高齢期に起こる福祉問題であるが，これについては13章51節で解説する．

生活環境と福祉問題

　一人ひとりの生活を保障する福祉という観点からは，個人および家族が生活する環境も大きな問題となる．環境が日常生活の快適性を阻害している場合，これを除去あるいは軽減する必要がある．いわゆる，バリア フリー化である．

　環境は，人間関係などのソフト面の環境と住宅構造などのハード面の環境と，大きく二つに分けることができる．さらに，ソフト面の環境は家族関係と地域や社会との関係に，またハード面の環境は，住宅と地域とに細分化することができる．このようなハード面のバリアを最初からつくらないという思想と方法をユニバーサル デザインということもある．

　ハード面の環境は，従来，建築や都市計画が中心であって，福祉との連携は必ずしも充分に図られてきたとはいえない．高齢者や障害者の増加の中で，基本的な生活保障の場としての住宅，さらには社会参加の場としての地域環境問題への対応は，今後，福祉との連携が大きく期待される分野である．

46. 社会福祉のしくみ

社会福祉の構造

社会福祉は，大きく四つの構成要素から成り立っている（図12·3）.

第一は，社会福祉が取り組む問題である．福祉問題は，社会体制との関係から規定する立場もあれば，生活そのものの原理の中から規定しようとする立場もある．また，問題の範囲は時代的な影響もかなり受ける．いずれにしても，このような問題が個人の生活の中に現われる．

第二は，福祉問題を解決するための援助資源，サービスである．援助資源には，行政により制度化された資源など公的なものもあれば，家族や地域社会など私的なものもある．両者は歴史的に有機的な関係をもちながら，実際の福祉サービスを推進してきた．

第三は，問題と資源との間をつなぐ援助者あるいはかれらが行使する援助技術である．福祉サービスが必要であると考えられる人のなかには，援助資源を知らなかったり，身体状況や価値観の違いで，サービスの利用の不得手な人が多くある．また，複雑多様化した制度を有効に利用できない人も多い．援助者および援助技術は，これらを解決するためにあり，社会福祉の非常に重要な構成要素である．

第四は，援助の方向，目標あるいは価値といったものである．社会福祉の援助は，生きかたや社会的価値を強制するものではなく，その人らしさを発揮できるようサポートするものである．このような視点にたっての援助観もまた，大きな構成要素である．

社会福祉の制度と資源

福祉問題を解決するために，社会は様々な制度や資源を準備する．社会福祉六法は，これらの基本的な内容を規定するものである．六法とは，生活保護法，児童福祉法，身体障害者福祉法，知的障害者福祉法，老人福祉法，母子及び寡婦福祉法

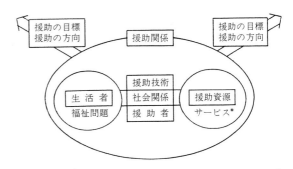

* 公的制度のみならず私的サービス（ボランティアを含む）の人的・物的サービスをいう．

図12·3 社会福祉の援助関係

表12·2 職場からみた社会福祉資源

1　社会福祉施設
　（1）老人福祉施設
　　　養護老人ホーム，特別養護老人ホーム，軽費老人ホーム，老人福祉センター，老人デイサービスセンター，老人短期入所施設．
　（2）身体障害者更生援護施設
　　　肢体不自由者更生施設，視覚障害者更生施設，聴覚・言語障害者更生施設，内部障害者更生施設，重度身体障害者更生援護施設，身体障害者療護施設，身体障害者福祉ホーム，身体障害者授産施設，重度身体障害者授産施設，身体障害者通所授産施設，身体障害者福祉工場，身体障害者福祉センター，在宅障害者デイサービス施設，障害者更生センター，点字図書館，点字出版施設，聴覚障害者情報提供施設，補装具製作施設，盲人ホーム．
　（3）保護施設
　　　救護施設，更生施設，医療保護施設，授産施設，宿所提供施設．
　（4）児童福祉施設
　　　乳児院，児童養護施設，知的障害児施設，知的障害児通園施設，盲児施設，ろうあ児施設，難聴幼児通園施設，肢体不自由児施設，肢体不自由児療護施設，肢体不自由児通園施設，重症心身障害児施設，自閉症児施設，情緒障害児短期治療施設，児童自立支援施設，母子生活支援施設，保育所，児童館，児童遊園，授産施設．
　（5）知的障害者援護施設
　　　知的障害者更生施設，知的障害者授産施設，知的障害者福祉工場，知的障害者通勤寮，知的障害者福祉ホーム．
　（6）婦人保護施設
2　精神障害者社会復帰施設
　（1）精神障害者援護寮
　（2）精神障害者福祉ホーム
　（3）精神障害者授産施設
3　福祉系団体
　（1）社会福祉協議会
　　　全国，都道府県・指定都市，市区町村．
　（2）福祉団体
　（3）福祉系外郭団体
4　行政・機関
　　・福祉事務所
　　・児童相談所
　　・一般行政職（国・都道府県・指定都市，市区町村）
5　その他・法外施設（共同作業所，福祉作業所）
　　・老人保健施設
　　・シルバービジネス

であり，これらが社会福祉の基本的な分野を形成している．

このほかにも，関連する法律として，民生委員法，児童手当法，児童扶養手当法，特別児童扶養手当等の支給に関する法律，母子保健法，児童虐待の防止等に関する法律，老人保健法，精神保健福祉法などの法律がある．

これらの法律を実施するために，行政機構が整備される．行政機構は，審議会，担当部局，相談機関の大きく三つに分けることができる（図12・4）．このうち住民にもっとも関係の深い相談機関は，福祉事務所，児童相談所，さらに市町村の担当部局である．とりわけ，各種の福祉サービスの窓口が市町村に移行されるなかで，市町村の役割は大きくなっている．

住民は，これらの相談機関を通じて社会福祉サービスを利用する．従来，社会福祉サービスは，入所施設を中心に考えられていたが，今日では，地域福祉，在宅福祉の推進体制のもと，在宅で利用できるサービスや通所で利用するサービスの充実が図られている．

一般に，在宅福祉三本柱と呼ばれるホーム ヘルプ†，デイ サービス†，ショート ステイ†は，このなかでも，とくに積極的に推進することが図られている．

社会福祉の改革

昭和20年代に構築されたわが国の社会福祉の基本的構造が，現代社会においてはやや不適応を起こしている．そのため，国では社会福祉の大幅な改革が進められている．

改革の目的は，サービスを提供する側を中心とした制度から，利用者本位の制度への転換である．そのために，措置制度から選択利用制へ，施設福祉重視から在宅福祉・地域福祉重視へ，利用者の権利擁護・権利保障の強化などの施策転換が図られている．

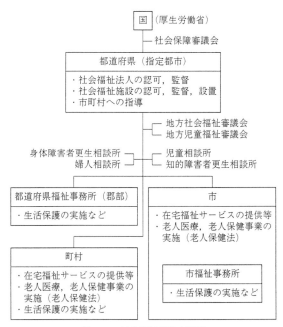

図12・4 社会福祉行政の機構

表12・3 2004年度における介護サービス提供量*

介護サービスの種類	区 分	1999年度 新ゴールドプラン目標	2004年度
訪問系サービス	訪問介護（ホームヘルプサービス） 訪問看護 訪問看護ステーション	17万人 5000か所	225百万時間（35万人）** 44百万時間 （9900か所）**
通所系サービス	通所介護（デイサービス） 通所リハビリテーション（デイ・ケア）	― 1.7か所	105百万回 (2.6か所)**
短期入所（ショートステイ）系サービス	短期入所生活介護 短期入所療養介護	6万人分 （ショートステイ専用床）	4785千週 9.6万人分 （短期入所生活介護専用床）
施設系サービス	介護老人福祉施設（特別養護老人ホーム） 介護老人保健施設	29万人分 28万人分	36万人分 29.7万人分
生活支援系サービス	痴呆対応型共同生活介護（痴呆性老人グループホーム） 介護利用型軽費老人ホーム（ケアハウス） 高齢者生活福祉センター	― 10万人分 400か所	3200か所 10.5万人分 1800か所

〔注〕1. 2004年度（ ）**の数値については，一定の前提条件の下で試算した参考値である．
2. 介護療養型医療施設については，療養型病床群などの中から申請を受けて，都道府県知事が指定を行うこととなる．
* 各地方公共団体が作成する介護保険事業計画における介護サービス見込量の集計等を踏まえ，2004（平成16）年度における介護サービス提供の見込量．

47. 社会福祉の援助

社会福祉の問題把握

社会福祉は，個々人の社会生活上での困難を理解し，その困難な問題の解決や緩和を図ることである．この社会生活上での問題が生じた場合，援助対象者とそれを支えるべき**社会資源**†の間での相互作用がうまく機能していない結果としてとらえ，相互関係を調整することが社会福祉援助の中心となる．

それゆえ，社会福祉援助の内容は，第一に，個人と社会資源を調整することである．これを達成するために，第二は，地域社会を基礎にして社会資源を組織化していくことである．第三は，社会資源の修正・開発をしていくことになる．

Aさんの事例（表12・4）では，多くの社会生活上での問題をもっており，そのため多くの**ニーズ**†と社会資源を結びつけることで，両者の相互関係を調整することができた（図12・5）．

ただ対象者のニーズを満たすのに調整がうまく実施できなかったり，調整すべき社会資源が欠落している場合には，上記の第二や第三の援助内容が有効となる．

第二の社会資源を組織化していくことには，地域社会にある各種の公的・民間の機関や団体が定期会に福祉問題について協議し合う場を設置し，展開していくことである．こうした組織化によって，第一の個人と社会資源の調整を円滑にすることができる．第三の社会資源の修正・開発は，第一の個人と社会資源の調整ができることを第二の形成された組織で協議し，その結果として行政などへ施策などの新たな実施を要請していくものである．そのため，第二や第三の援助内容は，第一の個人と社会資源を調整していくことを側面的に助ける役割を果たしている．

社会福祉援助の過程

Aさんの事例での援助過程では，六つの局面で展開している．これは，① 入口 → ② アセスメン

表12・4 社会福祉援助の事例

Aさん（72歳，女性）は，25年前からスモン病で，8年前にパーキンソン病発病後，入退院を5回繰り返している．杖を使ってなんとか買物にいける程度であるが，歩行が困難のため，ベッドといすの生活である．病気と頼る者がいないことから，不安感が強い．Aさんとの面接の結果，日常生活の援助，孤立の防止，身体的な機能低下の防止を援助の目標として，できうる限り在宅での生活を続けていけることをめざした．今回の退院後，以下のような社会福祉援助を実施した．

① 孤立防止や機能低下の防止のため，老人福祉センターが実施しているデイサービスを利用する．
② 社会生活の援助のために，福祉事務所の老人担当者にヘルパーの派遣を申請し，また寝起きを容易にするため，日常生活用具としてベッドの給付を受ける．
③ サービスの資格要件を広げるために，福祉事務所の身体障害者ワーカーと相談し，身体障害の訪問再診査を受け，身体障害者手帳が5級から2級に変更になる．
④ 日によって体調に差があり，デイサービスへの欠席も多いので，ボランティアセンターに，デイサービスへ送迎してくれる運転ボランティアの派遣を依頼する．
⑤ いままでの総合病院への通院は遠方であり，近くの精神科医を紹介し，週に1回の通院とする．
⑥ 調子の悪いときには，近所の人が通院介助してくれるよう依頼する．
⑦ 身体的な機能のチェックのため，保健センター保健婦の定期的な訪問指導を依頼する．
⑧ 社会福祉協議会のボランティア部会に，買物が充分できないので，社会生活の援助として会食による食事サービスを，また孤立防止のために不定期ではあるが友愛訪問を依頼する．

Aさんは上記の社会資源を受けることができ，地域社会でAさんを支える社会資源は図12・5のようになった．

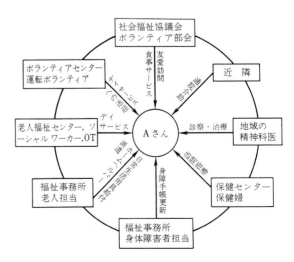

図12・5　Aさんを地域社会で支える社会資源

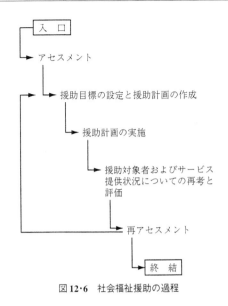

図 12・6 社会福祉援助の過程

ト†→③援助目標の設定と援助計画の作成→④援助計画の実施→⑤援助対象者およびプログラム状況についての再考と評価→⑥再アセスメントである（図12・6）．

まず，入口の段階では，利用者を発見し，社会福祉援助を始めることを約束するインテーク†が行なわれる．

第2段階のアセスメントでは，クライアントを社会生活上の全体的な観点からとらえ，さまざまな種類の問題点やニーズを査定する．アセスメントの内容としては，現在の問題状況，身体的および精神的な健康状態，日常生活動作能力，経済状況，世帯の構成，要援護者の自助能力などが含まれる．

第3段階は，援助目標の設定と援助計画の作成である．まず援助目標が設定され，それにもとづいて援助計画が作成されるが，各援助対象者に即した個別化された計画がなされる．具体的には，まず援助対象者の社会生活上における諸問題を明らかにし，それらの望ましい目標や結果が話し合われ，最後に，それぞれの問題についての援助の種類と内容を援助対象者といっしょに決めていく．

Aさんの事例では，図12・7が援助計画として作成されたものである．

第4段階は，援助計画を実施する段階であり，様々な機関にサービス提供を依頼することになる．

第5段階における援助対象者およびサービス提供状況についての再考と評価は，各種の社会資源が円滑に提供されているかどうか，また援助対象者自身の日常生活動作能力の変化によって，ニーズが変化していないかどうかを監視し，継続的にチェックすることである．その結果，ニーズが充足できていないことが発見された場合には，第6段階の再アセスメントを行なう．

ここで，新たに社会生活上での問題が生じていれば，第3段階の援助目標の設定と援助計画の作成にもどっていき，社会福祉援助過程の循環を繰り返すことになる．

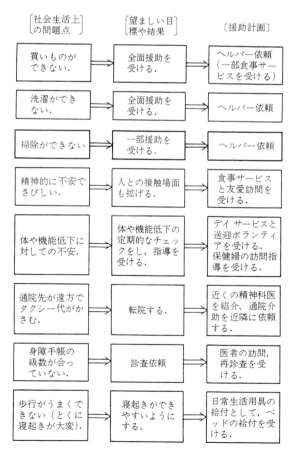

図 12・7 Aさんの場合の援助計画

48. これからの社会福祉

地域福祉の推進

人間は地域社会で生まれ，地域で生活していくが，この過程で疾病や障害といったさまざまな社会生活上の問題に遭遇する．従来の社会福祉援助では，地域で問題が発生したにも関わらず，地域から離れた施設への入所などによって，問題の解決を図ってきた．そうした援助は，住み慣れた地域社会の中で，できうる限り生活を続けていけることを願うことに反することであり，今後は住み慣れた地域の中でできうる限り援助していくことが求められている．こうした社会福祉援助の考えかたを**地域福祉**†と呼んでいる．

地域福祉が叫ばれるようになった理由は，いかなる人であろうとふつうの生活ができるとする**ノーマライゼーション**†思想が普及してきたことが大きい．ふつうの生活とは，住み慣れた地域で生活ができることでもあり，大人も子どもも，障害者も健常者も，だれもが差別されることなく，地域の中で生きていくことである．

地域福祉の歴史は，北欧では障害者のコミュニティケアとして長年の実績があり，アメリカでは1970年代に精神障害者を対象にして地域福祉が進められてきた．日本では地域福祉の考え方が定着し始めたのは最近のことであり，高齢社会を迎え，身体や精神に障害があり，介護を必要とする高齢者を主たる対象にして展開，障害者にも拡げられてきた．

地域福祉成立の基本条件

地域福祉†を進めていくうえでは，第一に各種の保健・福祉サービスを充実しなければならない．これには，ヘルパーなどの福祉サービス（図12・8），訪問看護や往診体制の整備といった保健・医療サービス，就労を保障していく雇用サービス，収入を維持させていく所得保障サービス，また教育サービスが含まれる．さらには，だれもが活動や移動がしやすい**バリア フリー**†の生活環境・住

図12・8 ヘルパーによる家庭訪問

図12・9 段差の解消スロープ

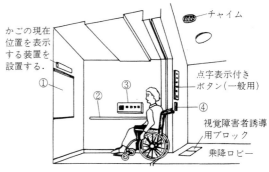

① 戸の開閉状態を確認できる鏡を設ける．
② 左右両面に手すりを設置する．
③ 車いす使用者専用操作盤を左右両面に設置する．
④ 車いす使用者専用の点字表示付きボタンを設置する．

・出入口の幅は 80 cm 以上とし，戸の閉鎖を自動的に制止できる装置を設ける．
・乗降ロビーには音階チャイムなどによる案内装置を，かご内には音声案内装置を設ける．

図12・10 エレベーターの設置

（大阪府：みんなでやさしいまちづくりー大阪府福祉のまちづくり条例のあらまし，1993）

図12·11 ボランティアによる給食サービス

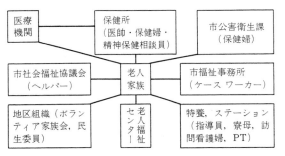

図12·12 A市における機関間の連携図

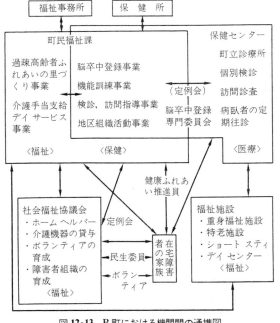

図12·13 B町における機関間の通携図

環境を確立するよう整備を図っていかなければならない（図12·9，図12·10）．

一方，地域福祉を成り立たせるためには，行政サービスだけでなく，近隣での相互扶助，民生委員活動，ボランティア活動といった住民側での活動も不可欠である（図12·11）．さらには，NPO（特定非営利団体）による福祉活動，また民間企業による保育事業や介護事業も求められてくる．

地域福祉に求められる連携と住民参加

こうしたサービスなどを充実させるだけでは，住民は各種のサービスなどを円滑に利用できることにはならない．そのため，バラバラな各種の行政サービスなどを連携させなければならない．とくに，福祉サービスと保健・医療サービスについては，住民は同時に必要とすることが多いだけに，行政が実施するサービス提供機関の間での連携をこえて，"保健福祉センター[†]"といった窓口を一つにする統合が進められようとしている．さらに介護保険制度では，居宅介護支援事業者と呼ばれる機関の介護支援専門員（ケア マネージャー）が要介護者に必要なサービスをすべて結び付けてくれることになっている．障害者領域でも，生活支援事業として地域の障害者に対する相談活動を実施し，障害者と必要なサービスを結びつけている．

また，個々の住民からみると，行政サービスと地域の中の民間の活動を有効に活用していくためには，各種機関間の連携が不可欠といえる．そのため，多くの地域では各種機関のあいだでのネットワークづくりが進められている（図12·12，図12·13）．こうした結果，住民へのサービスや支援の提供が円滑に進むことになる．

さらに，サービスや支援の受け手である住民側の課題としては，自身が自立した生活を維持していくために，自立した人間に成長していく個々人の努力が求められる．そのため，施策の計画・実施・評価にあたっては，住民の参加・参画を通じて，個々人の自立に必要な施策を要請していくことが求められる．

13章　暮らしと高齢者

49. 長寿と栄養

2000年9月，日本国内で100歳以上の高齢者が13 000人を突破し，過去最高を更新した．老人福祉法が制定された1963年の153人から37年間で約85倍に増えたことになる．20年前の13倍，10年前の4倍であり，今後さらに増え続けるものと見られる（図13·1）．このように100歳以上の超高齢者が増加し続けているのにかかわらず，最高齢者の年齢は高くなってはいない（図13·2）．一体，人間は何歳まで生きることが可能なのであろうか．哺乳類の寿命というのは，おおよそ体重に比例しているが，ヒトは体重の割に最も長い寿命をもっている（図13·3）．

20世紀最後の年，2000年の日本での最高齢は113歳で，過去30年間を調べても115歳をこえた人はいない．日本だけでなく世界中の寿命学者がいろいろな方面から追求した結果，114歳がこれまで科学的に信頼できる最高年齢だということになっている．それゆえ，人間の寿命の限界はおおよそ115歳あたりと考えられるので，100歳以上の人は，人間の限界寿命に近づいた長寿エリートということができる．

100歳以上の長寿エリートの生活や身体の状態を調査した報告から，健やかに年を重ねるのに必要な秘訣を，とくに食生活の面から探ってみたい．

100歳老人の特徴

東京都老人総合研究所が，20年以上にわたって，どういう人が長生きするかを追跡調査した結果をみると，まず体格指数と死亡率との関係では，男性も女性もちょうど中位のグループの死亡率が一番低かった（図13·4）．

つぎに，血中コレステロールと死亡率との関係では，男女ともコレステロールが低いグループのほうがやや死亡率が高いようであった（図13·5）．年をとってからは，一定のコレステロール値がないとその人の健康状態があまりよくないことを意味している．

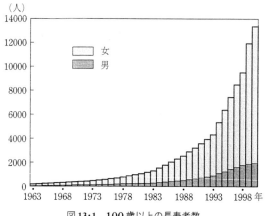

図13·1　100歳以上の長寿者数
（厚生労働省資料より）

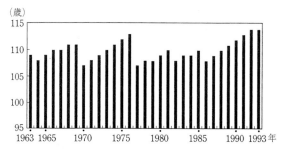

図13·2　1963～1993年の最長寿年齢
（厚生労働省資料より）

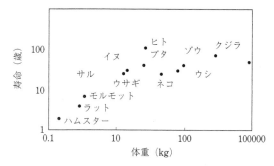

図13·3　哺乳類の寿命と体重との関係
（東京都老人総合研究所資料より）

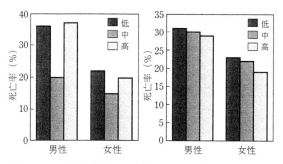

図13·4　BMI（肥満指数）と死亡率　　**図13·5　コレステロールと死亡率との関係**

（東京都老人総合研究所資料より）

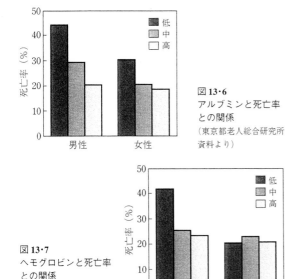

図13·6 アルブミンと死亡率との関係
(東京都老人総合研究所資料より)

図13·7 ヘモグロビンと死亡率との関係
(東京都老人総合研究所資料より)

栄養状態に敏感なタンパク質である血中アルブミンと死亡率をみたところ,アルブミンの低い人が死亡率は高かった(図13·6).アルブミンは,コレステロールよりももっとはっきりした関係がみられ,アルブミンの低かったほうから死亡率が高く,アルブミンの高いヒトの死亡率は非常に低いという結果になっていた.

血中ヘモグロビンと死亡率との関係では,女性では明らかな関係はみられなかったが,男性については,ヘモグロビンの低い人の死亡率が高かった(図13·7).

これらの結果は,栄養が大きく寿命に関与していることを示している.

高齢者に多い疾患について,100歳老人と一般老人とを比較してみると,男女とも100歳老人は,生活習慣病にかかっている割合が少ない(図13·8,図13·9).生活習慣病にかからないことは長寿の条件であり,そのためには,高齢になってから生活習慣を見直してもあまり効果は望めない.生活習慣とは,幼児のころからの生活,とくに正しい食生活にほかならない.

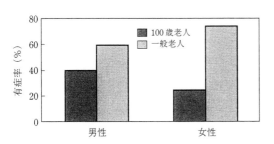

図13·8 100歳老人と一般老人の男女別有症率
(東京都老人総合研究所資料より)

100歳老人から学ぶ長寿の条件

長寿者の食生活,日常生活に関する調査,報告の結果を"長寿の条件10項目"としてまとめると,①食塩をひかえめに,②動物性脂肪のとり過ぎに気をつける,③野菜,果物をたっぷりとる,④牛乳,ヨーグルトなどの乳製品をとる,⑤魚,大豆などで上質のタンパク質を充分にとる,⑥一つのものに偏らず,いろいろなものをバランスよく摂取する,⑦適度な運動を心がける,⑧どの食べ物にどのような栄養があるか,どんな食べかたが体によいかを積極的に学ぶ,⑨家族や社会とのつながりを大切にして,食事も友人や家族といっしょにとる,⑩小さいことにこだわらず,物事を前向きに考えて,明るく,楽しい生活を送る,などであった.

なお,厚生労働省から示された"食生活指針"(2000年)は10章37節に掲げてある.

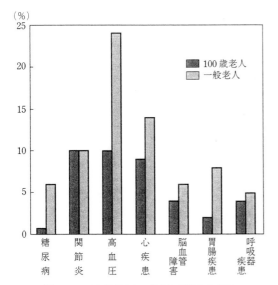

図13·9 100歳老人と一般老人の現在の疾患
(東京都老人総合研究所資料より)

50. 高齢者の生活習慣病対策

日本人の平均寿命は，医療の進歩，生活水準の向上などにともなう栄養や環境衛生の改善により，戦後急速に伸び，今や世界有数の長寿国になった．それにともない，疾病構造が感染症から成人病（生活習慣病）へと変化し（図13・10），65歳以上の高齢者の死亡原因は，悪性新生物（がん），心臓病，脳血管疾患（脳卒中）が全死亡の約6割を占めている．

厚生労働省では1997年から，加齢に着目した"成人病"という名称を改め，**生活習慣病**[†]という概念を導入した（図13・11）．

健康づくりの三本柱

人生80年時代を迎え，21世紀の超高齢化社会に対応するため，1998年から，"健康日本21（21世紀における国民健康づくり運動）"が推進されている．健康づくりの要素である"栄養・運動・休養"の三つがバランスのとれた健康的な生活習慣の確立を柱とし，そのために，早期発見・早期治療の二次予防よりも，健康増進・発病予防の一次予防にさらに重点をおくとともに，生活習慣とその疾病への具体的対策が提示された．

以下に，高齢者の三大疾病について概説する．

悪性腫瘍（がん）への対策

がんの死因順位は，1981年以来つねに第1位である．1998年の部位別死亡数は，男性で肺，胃，肝，大腸，女性で肝，胃，大腸，肺，乳房の順に多い（図13・12）．

がんと生活習慣については，喫煙と食生活（およびその関連要因）の関与が大きいといわれている．タバコの煙には，200種類以上の発がん物質が存在し，愛煙家ほどがん抑制遺伝子（p53など）の突然変異が起こりやすいことからも，日本人男性の肺がんの2/3は喫煙によると考えられている．一方，大腸がんの増加は欧米人並みの高脂肪，高タンパク質の食生活の影響が指摘されている．表13・1に，がんを予防するための適切な食生活およ

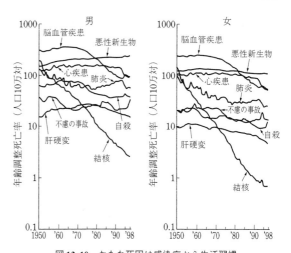

図13・10 おもな死因は感染症から生活習慣
〔注〕年齢調整死亡率の基準人口は"昭和60年モデル人口"である．

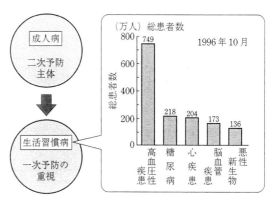

図13・11 "生活習慣病"概念の導入
（厚生労働省：患者調査より）

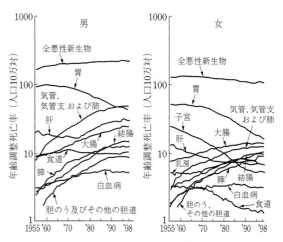

図13・12 男のがん死亡では肺がんが第1位
〔注〕年齢調整死亡率の基準人口は"昭和60年モデル人口"である．
（厚生労働省：人口動態統計より）

表13・1 "がん予防のための食生活14ヵ条"

条項目	内　容
1. 食事内容	野菜や果物，豆類，精製度の低いデンプン質などの主食食品が豊富な食事をする．
2. 体重	BMI〔体重kg/(身長m)²〕を18.5〜25に維持し，成人になってからの体重増加は5kg未満．
3. 身体活動	1日1時間の速歩を行ない，1週間に合計1時間は強度の強い運動を行なう．
4. 野菜と果物	1日400〜800gまたは5皿以上（1皿は80g相当）の野菜類や果物類を食べる．
5. その他の植物性食品	1日に600〜800gまたは7皿以上の穀類，豆類，いも類，バナナなどを食べる．
6. 飲酒	飲酒は勧められない．飲むなら，1日男性は2杯（＝日本酒1合），女性1杯以下．
7. 肉類	赤身の肉を1日80g以下に抑える（赤身の肉とは，牛肉，羊肉，豚肉）．
8. 総脂肪量	動物性脂肪を控え，植物油を使用して総エネルギーの15〜30%の範囲に抑える．
9. 塩分	塩分は1日6g以下．調味に香辛料やハーブを使用し，減塩の工夫をする(酢の使用もよい)．
10. かびの防止	常温で長時間放置したり，かびの生えた食物は食べないようにする．
11. 冷蔵庫での保存	腐敗しやすい食物の保存は，冷蔵庫で冷凍か冷却する．
12. 食品添加物と残留物	添加物，汚染物質，その他の残留物は，適切な規制下ではとくに心配はいらない．
13. 調理法	黒焦げの食物を避け，直火焼きの肉や魚，塩干くん製食品は控える．
14. 栄養補助食	この勧告を守れば，あえて取る必要はなく，がん予防にも役立たない．

世界がん研究財団，米国がん研究財団の報告書(1997年7月)より

表13・2 "健康日本21"とは

社会背景	① 少子・高齢化の進行． ② 生活習慣病の増加． ③ 要介護高齢者の増加． ④ 医療費の増大．
基本理念	すべての国民が健康で明るく元気に生活できる社会の実現． ① 壮年死亡の減少． ② 痴呆や寝たきりにならないで生活できる時間(健康寿命)の延長．
"健康日本21"の構成	[総　論] 第1章　我が国の健康水準 第2章　健康増進施策の世界的潮流 第3章　基本戦略 第4章　目標の設定と評価の基準 第5章　現状分析 第6章　人生の各段階の課題 第7章　環境整備とその実施主体の役割 第8章　行政機関の役割/地方計画 第9章　健康情報システムの確立 参考資料 [各　論] 1. 栄養・食生活 2. 身体活動・運動 3. 休養・こころの健康づくり 4. たばこ 5. アルコール 6. 歯の健康 7. 糖尿病 8. 循環器病 　(高血圧，高脂血症，脳卒中，虚血性心疾患) 9. がん 　[注]"事故"，"母子保険"などを追加する予定．

厚生労働省資料より

び関連要因についての報告例を示すが，がん予防に大事なことは，野菜，果物とビタミン，繊維性食品などの摂取と，過度の飲酒・喫煙の抑制，低脂肪，減塩ということに集約される．

心臓病への対策

日本をはじめ，高齢化が進んでいる先進諸国では，狭心症や心筋梗塞に代表される心臓病が増えている．

狭心症や心筋梗塞では喫煙，高血圧症，高脂血症が三大危険因子といわれ，突然死を起こす生活習慣病の代表とされている．

第一の危険因子である喫煙は，動脈硬化を促進するため，喫煙者の心臓病死亡率は，非喫煙者の2倍である．また，悪い習慣，過食や運動不足も動脈硬化を促進する．

第二の危険因子は高血圧症で，男女とも加齢とともにその頻度が増加する．高血圧の定義は収縮期血圧140 mmHg以上，拡張期血圧90 mmHg以上である〔1999年2月，世界保健機関(WHO)と国際高血圧学会(ISH)の共同による〕．

第三の危険因子は高脂血症で，血中総コレステロールが220 mg以上，中性脂肪が150 mg以上のものをいう．

そのほか，肥満，糖尿病，遺伝，ストレスといった要素が心臓病と関係が深いといわれている．

脳血管疾患(脳卒中)への対策

脳血管疾患(脳卒中)には，脳梗塞，脳出血，くも膜下出血がある．

脳出血は，高血圧などで脳の血管が切れ，脳内に出血する疾患である．脳梗塞は，50〜70歳代によくみられ，**脳血栓症，脳塞栓症**とに分類される．動脈硬化により脳の血管の内腔が詰まることによって起こる．

老年期痴呆は，社会の高齢化とともに増加傾向にあり，なかでもとくに多いのが，脳出血，脳梗塞を原因とする**脳血管性痴呆**である．

脳卒中は高血圧が最大の危険因子で，そのほか，糖尿病，高脂血症，喫煙も危険因子とされている．

51. 老人と介護

超高齢社会の出現と介護の問題

人口問題研究所の"日本の将来推計人口"によれば，わが国の人口は2050年には1億50万人となるが，65歳以上人口の割合は今後も上昇し続け，約3人に1人が65歳以上という**超高齢社会**†に突入する．高齢者の増加は，寝たきりや痴呆といった**要介護老人**の急増をも意味するが，1/4の者が介護をすると見込まれている．また，日常生活で何らかの支援が必要な虚弱老人をも含めると，その数は，2025年で520万人に達し，介護の問題は全国民的な課題となっている（図13・13）．

介護の実態

介護に関する数多くの問題点のうち，最初に介護者に焦点を当てると，その大部分を高齢者の親族（85％が女性）に依存し，しかも50％以上を60歳以上の高齢者が担っているという現実に突き当たる（図13・14，図13・15）．

世帯の核家族化が進行し，高齢単独や高齢者夫婦世帯が増加する中で，家族が抱える介護労働や介護ストレスの問題は，家族関係の崩壊や高齢者への虐待になって現われることも指摘されている．

つぎに，介護の内容に焦点を当てると，その**長期化と重度化**をあげることができる．

たとえば，50歳代の人が脳血管疾患を患い，急性期治療を医療期間で行ない，その後在宅療養生活に切替えた場合，半身麻痺や言語障害という後遺症をもちながら多くの人は，20数年という要介護生活を継続することとなる．

寝たきりになった状態がどのくらい続くかという調査では，3年以上の人が53％，1年以上は3/4に近い数値が示されている（図13・16）．

契約から措置へ公的介護保険の登場

1953年に制定された老人福祉法の下では，介護を希望する高齢者は，その旨を行政に申請し，経済的判定や家族関係の調査を経たうえで，**措置**として，施設への入所やホームヘルパーの派遣を受

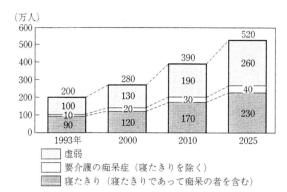

図13・13 寝たきり・痴呆症・虚弱高齢者の将来推計
(厚生省大臣官房統計情報部：国民生活基礎調査，社会福祉施設等調査，患者調査，老人保健施設実態調査から推計)

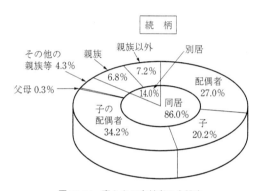

図13・14 寝たきり高齢者の介護者
(厚生省大臣官房統計情報部：平成7年・国民生活基礎調査より)

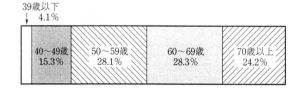

図13・15 寝たきり高齢者の主な介護者(同居)年齢階級別構成割合
(厚生省大臣官房統計情報部：平成7年・国民生活基礎調査より)

図13・16 寝たきり期間別にみた寝たきり者の割合
(厚生省大臣官房統計情報部：平成7年・国民生活基礎調査より)

けていた．

あるいは在宅での支援が受けられないという理由から，医療機関で社会的入院†という変則的な型で生活を維持してきたという事実がある．このような状況下で，先述したように，介護の質と量の多様化と変貌という現象が増大してきた．

1998年に制定され2000年4月から開始された公的介護保険†は，この介護という福祉課題を根本から変革しようと誕生した社会保障政策の一環である（図13·17）．

介護計画（ケア プラン）を中心にした支援体制

介護保険の中心をなす理念は，要介護者の自立支援にある．高齢者が残された心身の能力を充分に稼働させて可能な限り自立した生活を維持するためには，各人のニーズに最適な福祉サービスの活用と医療との連携がなければならない．

介護保険制度の下に，サービスを必要とする高齢者・利用者に代わり，どこにどのような福祉サービスがあるかを調査し，訪問看護やリハビリテーション，福祉用具，住宅改造などについて，他施設と協力を密にして，その人の介護計画（ケア プラン）を立案する仕事がケア マネジメントと呼ばれる仕事である．

介護保険では，このケア マネジメントという手法の役割を果たす介護支援専門員（ケア マネージャー）の制度（図13·18）を法運用上の中心的な手段として位置づけている．

豊かな実りある老後のために

国民が連帯意識をもって介護保険を自分たちの誇りある制度に育てていくのには，幾多の変革が必要であろうと思われる．同時に，世界一の長寿を手に入れた私たちは，できるだけ寝たきりや痴呆にならないために努力を怠ってはならないであろう．生活習慣病を避け，骨折に気をつけ，地域福祉に参加し，過度の介護をしないといった賢明な生活態度が，豊かで実りある老後を約束してくれると思われる．

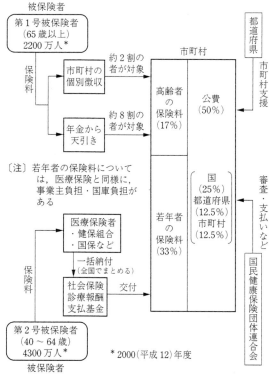

図13·17 財源構成からみた介護保険制度

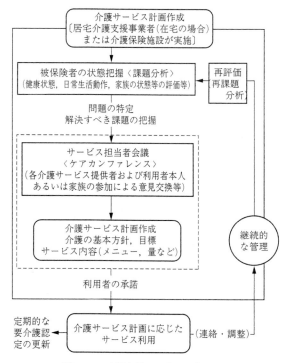

図13·18 介護支援サービスのプロセス
（厚生省監修：介護保険制度Q&A, 中央法規出版, 1998）

52. 高齢社会の住まい

高齢化率と居住施策

少子高齢化は今後も進み，2015年には4人に1人が65歳以上になると見込まれている．高齢化率の低いときは，虚弱高齢者の居住環境は老人ホームなどの施設で対応してきた．しかし，個人のプライバシーが損なわれるといった問題が生じると同時に，高齢化率が高くなるとサービス需要が高くなるため，ふつうの暮らしができる高齢者住宅（ケア付き住宅，シルバー ハウジングなど）が登場した．さらに，高齢化が進むと，特定の集団として対応する方法ではコストがかかり非効率的であるため，住宅対応の体制が整えられ，在宅サービスが発達してくる（図13・19）．高齢化率と高齢居住施策の関係は，おおむねどの国も高齢化率の上昇につれて，施設対応，高齢者住宅，在宅対応と変化しているようである（図13・20）．

世帯構造の変化と住まい

日本は同居率の高い国であった（図13・21）．これには，農耕社会の影響や高齢者が自立できる社会環境の未整備などの背景があった．しかし，現在その状況は大きく変化している．核家族化が進み，そして，高齢単身・夫婦のみ世帯が増加している．加えて女性の社会進出，共働きの家庭が当たり前となった現在では，以前のように家族の介護力だけに頼る時代ではなくなった．2000年より実施された介護保険制度は，これまでの高齢者の介護問題を変革するものであり，高齢者が地域社会で生活を継続できるような住環境整備の必要性が位置づけられている．

今後，家族のありかたは多様化し，血縁者と暮らす以外に，気の合う仲間といっしょに暮らす住まいかたもある．内閣府の調査によると，自分の身体が虚弱化したときの住まいについて，現在の住宅にそのまま住み続けたいという回答が多いものの，ケア付き住宅や介護専門施設への入居を希望する者が増えているという（図13・22）．

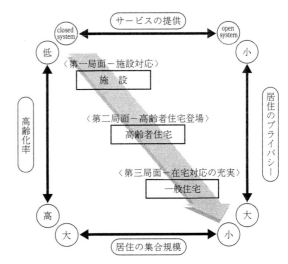

図13・19 高齢化率と居住サービス[1]

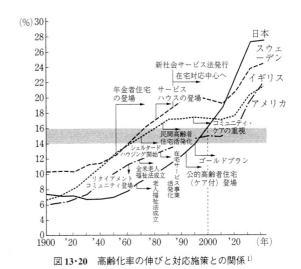

図13・20 高齢化の伸びと対応施策との関係[1]

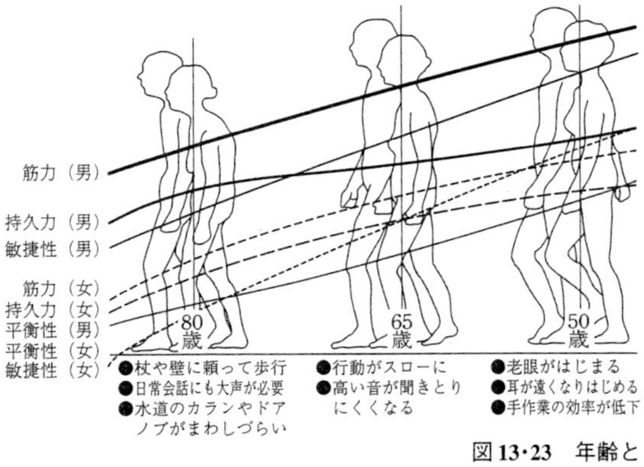

図13・23 年齢と
（「日本人の体力標準値　第4版，東京
（山根千鶴子・後藤義明：高齢者が住みたい家－ユニ

13章 暮らしと高齢者

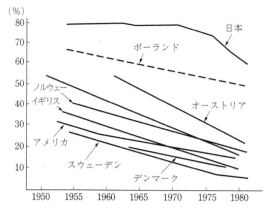

図13·21 65歳以上老人の子どもとの同居率の国際比較 (1950～1980年)[2]

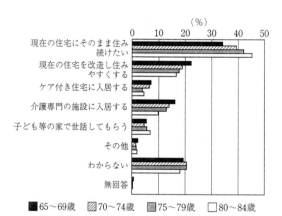

図13·22 虚弱化したとき望む居住形態（複数回答）
(内閣府政策統括官：高齢者の住宅と生活環境に関する意識調査，平成12年より作成)

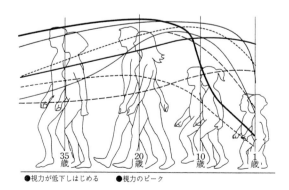

体の変化
都立大学体育学研究室 をもとに作図)
バーサルデザインで快適にくらす一, 講談社, 1999)

身体機能の低下と住まい

高齢になると住宅内で過ごす時間が長くなり，住環境の質が生活の質を大きく左右する．若年期では身体能力の高さによって住みこなすことのできた住宅が，加齢にともなう身体機能の低下によって住みにくくなっていることがある（図13·23）．住まいが身体状況に適合していないために，家庭内事故（同一面上での転倒，浴槽内での溺死など）や居住困難といった結果をまねいている．わが国の住宅はその特徴をあげると，①段差が生じやすいため移動を困難にしている，②尺貫法の影響が大きく基準寸法（モジュール）が910 mmであるために狭く，福祉用具の活用や介助を困難にしている，③床座の生活様式は立ち座りの身体負担が大きい，④夏向きにつくられていて，冬季の暖房が十分でないため，循環器系への負担が大きい，と多くの問題点がある．

日本は高齢者の寝たきり率が高いといわれてきた．これには，人的な介護体制以外に住環境の質も大きく影響しており，"寝たきり"ではなくて，住環境の不具合によって"寝かせきり"になっている例も多いという．たとえば，トイレまで移動することがむずかしいために，おむつを使用することになったり，車いすを使えば自力で移動することができるのに，住空間が狭く段差が多いために車いすが使用できず，おのずと行動範囲が狭められたりしてしまうのである．

後期高齢者の増加にともない，何らかの疾患をもって在宅生活を送るケースが増えてくる．国の施策も施設医療から在宅医療重視へと転換され，これからの住宅は医療機器や福祉用具の導入に対応できることが求められてくる．

そこで，高齢化対応仕様の住宅が促進されている．1995年に長寿社会対応住宅設計指針が策定され，高齢者住宅の骨子ができあがった．2000年には"住宅の品質確保の促進等に関する法律"が施行され，この中に高齢者などへの配慮に関する評価基準が定められている．

14章 暮らしと文化

53. 人類生活史

生活変化と研究対象

私たちの家庭生活を直接の研究対象とする科学の方法論や研究領域は，当然のことながら，家庭生活そのものの実態に強く影響される．そして，私たちの生活実態も，人類発生当時の原始的時代から今日までの間に，大きく変化してきた．そう考えると"人類の生活は不断に発展的に変化する"流動的な現象とみるのが正しいだろう（図14・1）．

そのことは，生活を対象とする科学が，過去に人びとの生活を扱っていたときの内容と，現代の生活を扱う場合とでは，その内容や方法論や対象とする事象自体に，当然質的な変化のあることを意味している（図14・2～図14・3）．

人類生活史の区分

では，人類の生活史を簡単に振り返ると，どのような変化の過程として，整理できるのであろうか．人類史を一般に区分する視点としては，その時どきの生産様式や権力構造の違いを用いることが多い．しかし，本論では，庶民が生活に必要とした，生活物資の確保のしかたに焦点を当て，新しい時代の区分を試みてみた．

社会の生産力がまだ幼稚な初期の段階では，私たちは自己の生活に必要な生活物資を，自らの手で生産していた．"自給自足の時代"がそれである．ついで，そのような生活に必要な物資の，余剰的生産が可能な水準に社会が移行すると，物資の直接流通を基盤とする"物々交換の時代"が登場する．大胆な時代区分では，前者は古代社会まで，後者は中世社会が相当する（図14・4）．

さらに生活物資の生産力が上昇すると，この交換経済は交換の機能だけを純粋化した"貨幣交換の時代"に変化していくこととなる．とくに産業革命以後の，生産力の飛躍的な発展と拡大は，家庭生活を，貨幣流通を不可避とする生活構造の中へ組み込むことになった．

このように，時代によって，生活に必要な物資

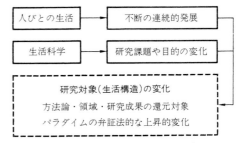

図14・1 生活変化と研究対象の変化

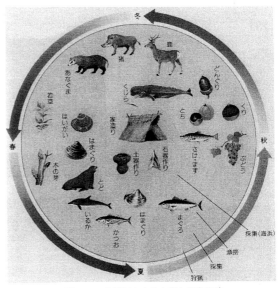

図14・2 自然にたよる古代人の食事[1]

図14・3 農耕の開始[1]

14章 暮らしと文化　111

図14·4　物資の交換時代[1]
この時代の蔬菜(そさい)の多くは宅地の中で生産されるのがふつうであり、荘園領主へ納める公事(くじ)の主要な部分を占めていた。各地に適地野菜が生産され、商業の発達によって商品化されるようになった(石山寺縁起絵巻)。

図14·5　貨幣経済の時代[2]
貨幣経済が生活に定着し始めた江戸時代の両替屋の店先

図14·6　情報交換の時代[3]
情報交換による経済取引きの活発化

を確保する手段が変化する中で、生活を扱う科学は、その研究対象を変化させることになる。最初は、物資の生産や管理のしかたを重視した、生活に直接役立つ知識と技術の科学として登場してきた。しかし、その後の交換経済の発達や、封建的身分秩序の確立の中で、生活を扱う学問は、生活物資の管理と運営や、その分配に重点を置く、経営管理の知識や技術の学問へと展開していった。

ところで、近代に入って、貨幣経済が生活に決定的影響をもつ段階になると(図14·5)、生活を対象とする科学の中心的課題は、家庭の経済的運営の充実と発展に関心を移すこととなる。もちろん、今日でも、生活物資そのものの属性的側面を対象とする研究も、生活を扱う学問の大切な研究領域であるが、時代的な推移としては、以上のような中核的目標の変化が指摘できる。

新しい社会と研究対象

現代社会では、私たちは、さまざまな情報を選択することで、日々の家庭生活を成立させている。そして現在では、日常のすべての生活行為や意思決定を、情報に依存して実現している。現実の生活物資の多くは、貨幣によって取得されているにせよ、必要な物資は店頭に立ってはじめてその存在に気づいているわけではない。あらゆる物資や行為の選択基準は、事前に生活者の側に情報として蓄積されている。その意味で、現代の家庭生活における生活物資の入手のしかたは、情報交換の段階に変わりつつあるといえよう(図14·6)。

このように、生活内容が時代とともに変化するにつれて、生活を対象とする科学も、"人と生活物資のかかわりかた"だけでなく、"物資の供給プロセスをも対象とした社会的ひろがり"自体を対象とすることが求められている。

前者ならば研究対象を、日々の家族生活周辺の現象に限定することができる。しかし、後者は対象を、成果の家庭生活への還元を前提に、社会の生産システムまで拡大することを必然的に求めることになる。

54. 暮らしと階級分化

階級発生の必然性

前節のような，生活物資と人間のかかわりの変化は，おのおのの時代に，生活物資をもっとも確保しやすい立場に身を置く者と，そうでない者との生活状態を分化させる原因となってきた．いわゆる社会階級の発生である．大量の生活物資を握る少数の恵まれた人たち（支配階級）と，わずかな生活物資しか手にできない多数の貧しい人たち（被支配階級）とが発生する．ところで，生活を改善し，発展させようとする本質的要求や努力は，実はこの階級間の矛盾と相克の中から発生してくるのである（図14·7，表14·1）．

人的差別の時代

自給自足経済の下で，豊かで安定した生活を実現するには，物資を直接生産する大量の働き手の確保が必要となる．社会全体の生産力が低い段階で，そのような要請を満たすには，忠実で有能な働き手（奴隷）の確保を可能にする社会制度の成立が，必然的に求められる（図14·8）．その結果，他部族や異民族の制圧と奴隷的支配が発生する．中世の物々交換経済の時代になると，働き手を奴隷的に支配する非人間的側面は回避しながら，いっそうの膨大な働き手を確保するために，限定的に人格を許容された働き手が登場することとなる．同一民族を働く人と働かない人とに分解する身分制度が登場してきた．そして，庶民と貴族や庶民と武士団を分ける根拠には，選民意識にもとづく世襲的身分制度の確立が必要であった．

物質的差別の時代

やがて人びとの生活物資の生産力が上昇し，貨幣経済の段階に入ると，富の集中は新たな階級を生みだすことになる．すなわち，人びとの家庭生活でも，労働の対価としての貨幣をどれだけ多く獲得できるかということが，新たな階級分化の要因として登場してくる．

生産手段を確保した資本の側には，自由競争原

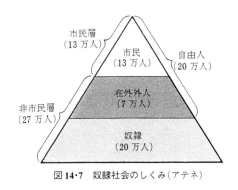

図14·7 奴隷社会のしくみ（アテネ）

表14·1 ギリシア文明と奴隷制

ギリシアの文明は古代社会の華であり，西欧文化の源泉であり，市民参加型民主主義政治の手本とされている．

しかし，その豊かな社会もアテネを例にとると，人口の半分を占める奴隷の労働によって成立していた．

奴隷は，敗戦国の捕虜，隣国からの略奪人，市民の中の禁治産者，捨て子などから構成されており，彼らの中には氏・素姓の高貴な人も含まれていた．
（アテネ市人口40万人＝市民13万人＋在外外人7万人＋奴隷20万人）

図14·8 パンを練る女奴隷

14章 暮らしと文化　113

理の下での経営努力の結果として，収益としての利潤(貨幣)の拡大が約束される．また一方，労働する働き手の側にも，より多くの労働の報酬としての収入(貨幣)の増加が約束され，それが働く人の生活水準を向上させるはずであった．しかし，現実には，巨大な生産手段を手中にする者と，労働力を提供するだけの者とでは，富の格差は必然的に拡大し，貨幣の保有による新たな階級分化が成立することになった(図14・9)．こうして，貨幣交換の時代に登場した階級格差は，それまでの格差とは異なるものであった．すなわち，階級は先天的で不可侵なものではなく，理論上は，すべての人たちは，平等な富の確保が約束されているはずであった．しかし，現実には，一方での富の集積は他方での富の搾取を必要とし，全体としての富の不均衡配分と，それによる階級分化の発生は不可欠な現象であった．生活を対象とする科学は，貨幣経済の普及が，家庭生活に与える影響を構造的に解明することを，重要な研究視点とするようになったのである．

新たな階級発生

将来の社会では，5章18節で述べたように情報が支配する時代となるが，そのとき，すべての人たちが公平に情報に接するであろうか．情報取得に乗り遅れる人たちや，技術的操作に弱い立場にある人たちと，情報取得に優位な立場や，操作能力のある人たちとの間に，生活格差の生じる危惧もはらんでいる．今世紀初頭に登場した計画経済の制度は，市場経済が生み出した階級矛盾から，人びとを解放するはずであったが，結果的には政治と経済を執行する機関あるいは人たちの情報独占が，新しい支配階級を形成してしまった．その意味では，情報交換時代の到来を考えるとき，生活科学の研究は，人びとの生活を家庭のわくをこえて，広範な社会情報とのかかわりの中で，公平に発展させることのできる，研究環境や還元の制度の確立が，新たな課題として問われているように思う(図14・10，表14・2)．

図14・9　19世紀中ごろのロンドンのスラム街[4]

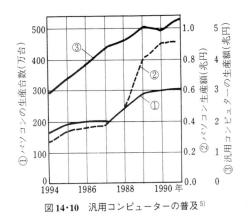

図14・10　汎用コンピューターの普及[5]

表14・2　若年層で高い情報化の実感(単位：%)

	20代	30代	40代	50代	60代	70歳以上
そう思う(1985年7月調査)	89.2	87.4	81.8	73.1	55.1	52.1
そう思う(1981年2月調査)	84.6	81.1	75.4	67.0	58.6	41.5
そう思わない(1985年7月調査)	7.8	7.0	10.2	13.9	17.5	8.5
そう思わない(1981年2月調査)	8.1	7.6	8.9	8.6	7.1	6.1

国民生活白書，1994．

55. 21世紀の生活像

生活像の多様さ

科学技術の発展を促進する側からみれば，今日これらの領域では，自己の発展の論理の中に，科学技術の初期の命題であった"人間の家庭生活の問題解決に直接的に寄与する"という目標を見いだすことは，ますます困難になっている．

元来，個別な領域での発展というものは，つねにそのような宿命をもつものである．しかし，自己の発展や前進が，本来は自己目的であった"人類の家庭生活の安定的存在"という使命を揺るがしかねない水準にまで発展を遂げた今日，科学技術のありかたを，本来の目標に回帰させる努力は，人類が地球環境との共生を実現するためにも，真剣に模索されねばならない課題となっている（図14・11）．

主体的生活の崩壊

ところが，現在の社会では，生活者自身も自己の生活内容や方向を，自主的に判断し選択することが，ますます困難になっている．人びとの生活は情報支配の中で，主体性の喪失と画一化や管理化を深めようとしている．だとすると，科学技術の成果が還元される対象としての家庭は，人間の本来的な要求とは異なる，虚構的存在に変化させられることにもなりかねない．現代社会の家庭生活は，外的環境の急激な変化の中で，生活者の本来的欲求から乖離（かいり）する傾向を深めつつある．しかし，そうした外的環境自体が，その進むべき方向を，生活者のニーズに対応させざるをえないという矛盾にも直面し始めている．

現代までの人類の生活は，家庭外で生産されあるいは提供される，さまざまな生活物資や制度などを，どのように取り入れるのかという営みであった．生活者の描く目標の違いから，取入れかたが違っていても，社会発展とは，外部からの提供物を拡大し，増加させることを目的とする活動であった．

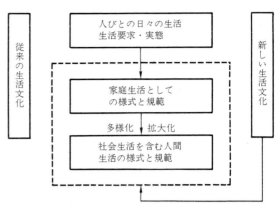

図14・11　生活文化の質的転換

図14・12　古代の家庭

図14・13　中世市民の家族[6]
食事をする市民の家族(1534年？)．食卓の上にナイフ以外の道具が見られないことに注意．婦人の帽子も新しいモードを反映している．

14章 暮らしと文化　115

図14・14　近代市民の家族（イギリス"House and Homes"より）

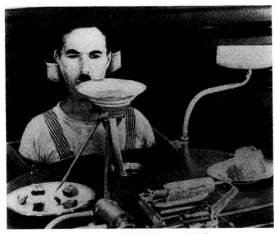

図14・15　機械に使われる人間[7]
（映画"モダン・タイムス"より，川喜多記念映画文化財団提供）

図14・16　機械化情報時代の家庭[8]

生活領域の拡大

ところが，今日の社会では，そうした営みの延長上に，理想の生活像を描くことがむずかしくなっている．家族形態の個別化や，家庭の機能の外部化，さらには地球環境との共生など，生活主体と生活物資との対応関係は，家庭という消費の生活圏域から，社会という生産の圏域にまで拡大している．

私たちが将来創造しようとしている新しい生活像とは，人類社会がこれまで体験したことのない基本的な矛盾と，どのように対応し解決するのかを示す生活内容となる必要がある．それは，家庭生活がかつてのように，受身的存在として機能する生活ではないことを意味している．そうではなく，家庭生活という具体的な活動の場から，社会の科学技術や生産供給システムのありかた，あるいは社会の諸制度に，本来的な要求をフィードバックできるような，能動的生活像を創造していくことが問われていることを意味している．社会発展の成果が，自分たちの日々の生活に直接どのように役立つのかを生活者自身が判断し，その是非を生産や供給プロセスに還元できる，そのような主体的な新しい生活像が求められている．

主体的な生活像

もちろん，日々の家庭生活の主体者が，生産や社会サービスの場に課題を還元するには，専門性や技術性の面での限界がある．また，生活主体者の体験は，個別的で主観的体験にすぎないという限界もある．しかし，人間の生活とは，そのような個別的で主観的な体験の集積の上に成立している社会現象である．したがって，個別的に主観的に社会へフィードバックされてくる課題を受け止め，これを客観化し，普遍化する学問が必要となる．この仕事こそが，これからの生活科学に問われている，新しい研究上の社会的使命である．そして，本来は家政学という，家庭生活の価値追求に基盤をおく学問に求められていた，科学としての独自性（オリジナリティ）であるといえよう．

56. 生活文化の継承と創造

生活文化とは

人間の家庭生活自体から発生する生活改善のさまざまな要求と，その具体化のために，科学技術や社会の生産システムは独自な発展を続けることになる．これが人間生活の本質であり，生活と社会の基本的な関係である．そう考えると，人間生活の営みとして創造される，"生活文化"という現象も，現代の社会では新たな視点からのとらえかたが必要となってくる．

従来の概念では，生活の中で形成されてきた独自な様式や伝統，あるいは価値観などといったものが，"生活文化"を意味する中身であった．そして，そうした生活文化にも支配階級や上流階層に特有なものもあれば，被支配階級としての庶民や市民の側に属したものもある．いつの時代でも"生活文化"は，単一で画一的なものとして存在するものではなかった．加えて地域的な違いや時代的な違いも当然存在するから，生活文化と呼ばれるものは，つねに個性的で多様的なものとして形成されてきたのである．

生活の発展と文化

今後も，生活文化は，このような特性を存続させながら，従来とは異なる発展を示すことになるだろう．すなわち，人びとの日常の生活の中にこそ，社会を発展させようとする本質的な原理（動機）が存在している．そして，その原理を中心に据えないかぎり，これからの人類社会の均衡のとれた持続可能な発展が期待できないのが，現代社会の特性となってきている．現実の生活から遊離し，生活を軽視した生活文化は，早晩にその存在基盤を失うことになるだろう（図14・20）．

均衡発展の必然性

そして今後の家庭生活は，社会の発展のありかたと密接に結びついた，高次な文化を形成することになるだろう．とくに家庭生活の場では，つねに均衡のとれた発展を志向する価値観に支持され

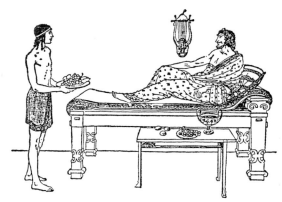

図14・17 古代ギリシア時代の貴族の生活[9]

図14・18 昭和初期の農民生活の惨状[1]

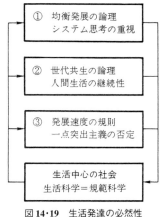

図14・19 生活発達の必然性

14章 暮らしと文化

た，新たな生活様式と生活文化を創造することが問われることだろう．

それは一点豪華主義や物財至上主義の生活文化から，均衡充実型の生活文化への転換を意味するものではないだろうか．現代社会の私たちに問われているのは，日常的な生活の場から，科学技術の発展の成果と意義を吟味し直すことである（図14・21）．同時に，人間の存在にとって，もっとも好ましい社会発展のありかたを，生活の現場から提案できるような生活スタイルを創造することであり，そこに精神的基盤を置く文化を創造することである．

新しい生活文化の課題

それが実際に，どのような生活像として登場してくるのかを，いまただちに描くことはむずかしいことかもしれない．とにかく，これまでの受身的姿勢から能動的姿勢の生活へ，個別充実主義から均衡充実主義の生活への転換が問われていることだけは確かである．そして，これらを具体化した生活様式や生活観の創造は，とにかく私たちにとって新しい未知の課題である．しかし，人類の社会が現在抱えている，さまざまな矛盾や問題を克服し，持続的可能な均衡のある発展*を続けようと思うならば，成長や発展のパラダイム†の革命的転換は避けて通ることはできないだろう．

私たち人類の家庭生活が，いっそう充実し，安全な状態で発展することを望むならば，新しい生活文化を創造し，それを基盤に社会発展を制御していかねばならない段階に世界は到達している（図14・22）．

生活科学という学問は，このような人間存在についての，均衡的発展を科学的に志向する学問であり，広義には社会発展に対して，規範的なかかわり方を示す科学分野の，全体的な体系をさすものである．しかも，生活科学それ自体が一つの新しい生活文化なのだともいえよう．

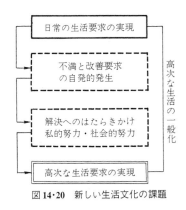

図14・20　新しい生活文化の課題

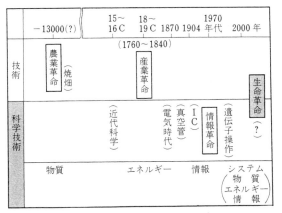

図14・21　科学技術の新しい使命[10]

図14・22　世界環境サミットを伝える週刊誌[11]
ブラジル最大の週刊誌 "Veja" のサミット特集号

---

* 持続可能な発展：世界環境サミット宣言，ブラジル，1994.6．

15章 生活科学の展開 I

57. 在宅生活支援のための住居改善の実践的研究活動

住居改善支援の必要性

高齢社会の到来とともに，高齢期の住まいの条件整備が社会的に意識され始めた．

現在，高齢者・障害者が困っている住宅条件には，表15・1に示すような多くの共通点がある．

これらの多くは，日本固有の住文化・住様式とされている点である．そして，欧米に比べて危険で動きにくく，極端な場合は寝たきり状態に陥ってしまう．また，居住条件だけでなく，わが国の在宅福祉サービスの水準や経済条件，自立的生活や住居を改善しようという生活者の意識，実際に利用できる相談制度の整備状況など，住居改善実施上の多くの問題が存在する．その結果，とくに，心身機能の低下してきた高齢者のみ世帯では，日々の暮らしそのものに精一杯であることが多く，在宅生活を希望しつつも，住居的要因によって，施設入所・入院を余儀なくされている場合も多い．このような世帯に対して，住居改善を実施していくためには，行政サービスとしての取組みが不可欠であり，最近では，自治体による福祉サイドでの先進的な取組みが散見され始めた．

住居改善と住宅改造

ハンディキャップをもった高齢者・障害者がかかえる住生活困難な状況を改善することを住居改善という．したがって改善内容は，単に住宅の設備や構造の改善（住宅改造）だけではなく，住みかたの工夫，物の整理や収納のしかたの工夫，福祉機器の導入，家事援助，介護の援助，福祉サービスの利用などを含み，総合的な在宅生活支援の中に位置づけられる．また，住居改善の個別の目的は，図15・1に示すように介護負担の軽減，自立の支援，安全・利便性の確保などといった形で設定されることが多い．具体的に改善策を検討していくうえでの実践的な目標は，生活圏の拡大，および住生活の内容を質・量ともに拡大することで

表15・1 高齢・障害者に住みづらいわが国の住宅の特徴

① 寝室から離れた位置にあるせまい浴室．外洗いと深い浴槽につかる習慣．
② 寝室から離れた位置にある便所と和式便器．
③ 玄関でくつを脱ぐ高床式の住まい．
④ せまい部屋，部屋の区切りごとに多い小さな段差．
⑤ 急勾配で危険な階段．
⑥ 床座といす座の併用．
⑦ 和ぶとんによる畳の上での就寝様式．
⑧ 家の中にあふれている耐久消費財などの物や家具．

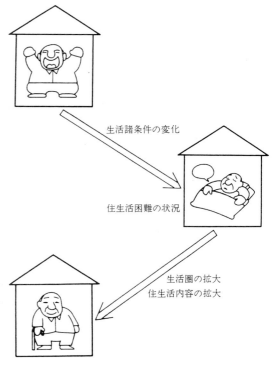

図15・1 住まいの改善・工夫の方法論－住居改善のしくみ－

ある．生活圏の拡大で見落としてはならないのは，移動の連続性である．たとえば，トイレ動作の自立を目的とする場合には，寝室などからトイレに行き，用を足してもどってくるまでの一連の動作が，すべて自立しえてはじめて目的が達成されるのである（図15・2）．これが，生活圏の拡大としての移動の連続性を，住居改善の第一の目標とする理由である．当然のことであるが，このような目的の達成のためには，住宅を訪問し，実際に動作を確かめ，改善内容を決定する必要がある．

福祉・医療・保健・建築分野の連携の必要性とその効果

住居改善とは，人が住んでいる状態を改善することを意味する．したがって，住むことにかかわる多くの分野の眼が必要になる．基本的には，表15・2に示す4分野が必要であろう．そして，この4分野が連携することで，表15・3に示すような効果が期待できる．もちろん，多くの分野が意見交換すると時間がかかるが，職能の違いを知り合い，おたがいを高め合う効果もある．

住居改善支援が日常生活に与える効果

住居改善によって，本人や家族，介護者にさまざまな効果をもたらす．また，個人のレベルの効果ばかりでなく，社会的な効果も最近では注目されつつある．たとえば，高齢者住宅整備を行なうと莫大な介護費用の軽減が図れるとするレポートなどである．筆者も，住居改善の支援活動で以下のような効果を体験している．

介護が楽になった．自分でできる行為が多くなった．危険な個所が少なくなり安全性が増した．寝たきりでなくなった．寝たきりにならずに暮らせている．動きまわれるようになり，リハビリにもなるので元気になった．外出できるようになり，施設サービスが利用できるようになった．安心して暮らせるようになった．家族が互いに笑って暮らせるようになった．ホームヘルパーや入浴サービスの利用が減った．入院せずに在宅生活が可能になった．

〔改善内容〕

個 室　和ぶとんからベッドへ．ひとりで立ち上がれるようになった．

通 路　手すりを付けたのでひとりでトイレまで行けるようになった．

トイレ　ウォシュレットを取付けたので，自分で後始末ができるようになった．

ウォシュレット操作ボタンをうまく使えないので水を流せない．

図15・2　移動の連続性

表15・2　住居改善に必要な諸分野

① 複雑な居住条件を整理し，改善策を提示する空間づくりの専門家である建築士，および工事を担当する施工業者．
② 保健活動や家事支援活動によって，実際に住生活に困っている人の生活現場に立つことのできる職種である保健婦やホームヘルパー．
③ 社会福祉諸制度の情報提供者である福祉関係職員．
④ 心身機能面の障害のレベルを判定し，将来を見通すリハビリ関係医療職．

表15・3　連携効果

① 福祉・医療・保健分野は改善ニーズをもつ人にアクセスしやすく，安心してアドバイスを聞いてもらえる．
② 連携によって必要な社会サービスをアレンジすることがたやすくなる．
③ 連携による情報交換が，アドバイスをより的確なものにする．
④ 連携による情報交換により，民間の建築およびリハビリ医療職などの作業効率を高めることができる．

58. マンション問題解決のための諸研究活動

生活科学は，その性格から目的学といわれたりするが，具体的な生活問題の解決を目標に，他の学問が扱わない独特の部分を解明する科学である．単に諸科学の知識を寄せ集めるのではなく，諸科学の成果を基礎に，新しい分野を開拓するのである．マンション問題に対して，どのような生活科学研究が行なわれたかを述べてみる．

マンション問題は，分譲マンションが増加し始めた1970年代から生まれた．初めは，日照問題や，分譲にともなう売買上のトラブルなどが問題となったが，ついで，管理規約の不備とか，管理会社とのトラブルなどの管理をめぐる問題が生まれ，やがて年数を経たところで，修繕など建物の維持管理の進めかたといった課題が出てきた．

これらの課題への対応を考えると，住居や建築，法律などの学問分野が大きな役割を果たすことがわかる．マンションは建築物であるから，建築学が課題をもつ．たとえば，老朽化しにくい長持ちするマンションのための建築技術や，修繕技術などがそれである．しかし，分譲マンションは多くの人に区分所有されていて，その共用部分の管理や修繕には，それらの人びとの合意が不可欠で，その合意形成をどのように図っていくかとなると，法律や人間集団における物事の決定方法に関する学問の知識が必要になる．

このテーマが，さまざまな研究者によって注目されるようになったのは，マンション居住者らのアクションがあって，研究者が刺激されたからである．管理組合の経験交流会（図15・3）などが開かれたり，管理組合の協議会が生まれるなどして，居住者から問題が投げかけられた．生活者から研究者のもとに，課題が届けられたといえる．

提起された課題は多岐にわたり，いろいろな分野の研究者，専門家がかかわっていった．建築や法律のほかに，地震や火災に遭遇したマンション

表15・4 マンション
(a) 学会関係の動向

1976. 4.	日本建築学会近畿支部住宅部会，分譲マンション管理問題を年間研究テーマに．
1977.10.	建築学会大会研究協議会 "分譲マンションと区分所有者"
1977～78.	建築学会近畿支部住宅部会，マンション管理調査
1979.10.	日本土地法学会シンポジウム "集合住宅の管理をめぐる法律問題"
1982.10.	土地法学会シンポジウム "集合住宅と区分所有"
1984.10.	建築学会大会研究協議会 "分譲集合住宅の管理"
1985. 2.	建築学会第1回市民のためのシンポジウム "分譲集合住宅の修繕計画"
1986. 3.	第2回市民のためのシンポジウム "マンションと管理会社の諸問題"
1986. 4.	建築学会，建築経済委員会に集合住宅管理小委員会設置．
1986. 7.	建築学会ミニシンポジウム "マンション設備の保守点検"
1986.10.	建築学会ミニシンポジウム "マンションの計画修繕"
1987. 1.	建築学会ミニシンポジウム "マンションの大規模修繕をめぐる諸問題"
1987. 3.	第3回市民のためのシンポジウム "集合住宅の日常管理・診断・計画修繕"
1987.10.	建築学会ミニシンポジウム "行政側からみたマンションの管理問題"
1988. 3.	第4回市民のためのシンポジウム "マンション管理を考える"
1989. 2.	第5回市民のためのシンポジウム "マンション生活と専門家"
1990. 2.	第6回市民のためのシンポジウム "集住を生かす"
1991. 2.	第7回市民のためのシンポジウム "マンションストックの改善・建替えを考える"
1991. 9.	建築学会大会研究協議会 "マンションストックの改善・建替えを考える"
1992. 2.	第8回市民のためのシンポジウム "マンション管理の地域性を考える"
1992. 4.	マンション学会設立，第1回大会
1993. 2.	第9回市民のためのシンポジウム "マンション管理の地方性を考える"
1993. 4.	マンション学会第2回大会
1994. 4.	マンション学会第3回大会
1995. 4	マンション学会第4回大会，シンポジウム『マンションにおける行政の取組みの可能性』
1996. 4	マンション学会第5回大会
1997. 4	マンション学会第6回大会
1998. 4	マンション学会第7回大会
1999. 4	マンション学会第8回大会
2000. 4	マンション学会第9回大会
2000. 9	建築学会研究協議会 "21世紀の都市住居―マンション問題とその可能性"
2001. 5	マンション学会第10回大会，シンポジウム『100年マンションは可能か』
2001. 7	住総研シンポジウム『マンション居住を考える―マンションの建替をめぐって―』
2002. 5	マンション学会第11回大会

図15・3 マンション管理組合の経験交流会

関連年表

(b) 行政・住民・一般の動向

1962.4.	区分所有法 (1963.4.施行)
1969.	分譲住宅管理組合連絡協議会 (分住協) 発足
1976.	マンション問題を考える会発足
1979.3.	行政管理庁 "分譲マンションに関する勧告"
1979.10.	高層住宅管理業協会設立
1980.12.	建設省, 分譲マンションの全国調査 (第1回)
1981.3.	関西に管理組合の協議会発足 (関住協, 京滋管協)
1982.1.	住宅宅地審議会, "標準管理規約" "標準管理委託契約書" 発表
1982.	中部地方に管理組合協議会発足
1983.5.	区分所有法改正 (1984.1.施行)
1983.9.	住宅宅地審議会 "標準管理規約" 改正
1983.	北海道に管理組合協議会
1984.6.	集合住宅維持管理機構 (マンションドクター) 設立
1985.8.	財団法人 "マンション管理センター" 設立
1986.4.	全国マンション管理組合連合会 (全管連) 発足
1986.	広島, 北九州に管理組合協議会発足
1987.	福岡に管理組合協議会発足
1988.2.	建設省, 分譲マンションの全国調査 (第2回)
1988.3.	第1回マンションライフフェア (大阪) 開催
1989.	熊本に管理組合協議会発足
1990.6.	第2回マンションライフフェア (大阪) 開催
1992.5.	総務庁行政監察局 "分譲マンションの管理についての勧告"
1992.7.	第3回マンションライフフェア (大阪) 開催
1993.	埼玉に管理組合協議会発足
1993.8.	建設省, 分譲マンション全国調査 (第3回)
1994.4.	マンションライフフェア (集合住宅管理組合センター, 東京)
1994.6.	集住博 (第4回マンションライフフェア, 大阪)
1995.3	被災区分所有建物の再建などに関する特別措置法公布, 施行
1995.	横浜に管理組合協議会発足
1996.7.	集住博 (第5回マンションライフフェア, 大阪)
1996.	宅地建物取引業法施行規則改正
1997.2.	標準管理規約改正
1997.	高層住宅管理業協会, 区分所有管理士制度を創設. 宝塚に管理組合協議会発足
1998.7.	集住博 (第6回マンションライフフェア, 大阪)
1999.6.	住宅品質確保の促進に関する法律
1999.11.	総務省行政監察局 "分譲マンションの管理等に関する勧告"
1999.	建設省, 分譲マンション全国調査 (第4回)
1999.	神奈川に管理組合協議会発足
2000.4.	全国都道府県及び政令指定都市にマンション管理相談窓口設置
2000.6.	集住博 (第7回マンションライフフェア, 大阪). 大阪市, マンション管理支援機構設置
2000.7.	東京都, 分譲マンション管理アドバイザー制度発足
2000.12.	マンションの管理の適正化の推進に関する法律公布 (2001.8.施行)
2001.1.	国土交通省, マンション管理対策室設置
2001.12.	マンション管理士・管理業務主任者第1回資格試験
2001.	兵庫, 川崎に管理組合協議会発足
2002.6	集住博 (第8回マンションライフフェア, 大阪). マンションの建替えの円滑化等に関する法律公布
2002.12	区分所有法改正

図 15・4
工事見学会

の問題には, 防災や保険の研究者が, 貯水層の衛生管理については公衆衛生の専門家が, 居住者たちのコミュニケーションの問題には, 社会学の研究者がかかわるといったようにである.

さきに, 生活科学は目的学といったが, 具体的な生活上の問題に解決策を与える科学であるという点に注目すると, **政策科学**†的な性格をもっている. すなわち, 総合的な判断をもって, 対策を提起するところに特徴がある. 科学は専門分化が進み, それぞれ細分化された分野が深く研究されている. したがって, 総合的な対策を生み出すためには, いろいろな分野の専門家が集まって討論し, 他分野の知識を吸収し合い, 対策を練り上げることが必要になる. たとえば, ある分野の学者が, 鉄筋コンクリートの建物は20年ぐらいで構造的にだめになるものだと思っていて, マンションの建替えについて議論をしていたことがあった. 建築学の常識では, 70～80年は優にもつから, 20年といえばまだ青年期である. 逆に, 建築の学者が, 他分野の初歩的なことを知らなかったということも当然多い. 総合的な対策の検討は, 諸分野の研究者がそれぞれに関係するところの知識, 研究成果を出し合って練り上げる. その場合, 個別の学問分野にとっては, 必ずしも重要でなかったり, 初歩的であったりする資料収集や分析を行なわねばならないことがある. それぞれの学問分野は, それぞれの学問の論理と学問の積み重ねをもっていて, それからみると, あまり意味がないと思われることもあろう.

マンション問題の, 生活科学的な中心課題は, その管理を取り計らっていく運営管理 (マネージメント) のシステムと方法を明らかにすることで, これはマンションという場の政治経済学とでもいえるが, 政治学や経済学という学問は, このようなことをあまり問題にしない. マンションという共同生活空間と, そこでの生活をどのようにうまく管理し, 取り計らっていくかを考えることが生活科学に課せられている.

59. たすけあいのための地域ネットワーキング

活動のはじまりは共感から

自発的なたすけあい活動は常に何らかのきっかけから始まる．ここに紹介する"寝屋川市民たすけあいの会"（大阪府）も，障害児を抱える母親や寝たきり高齢者を介護している家族からのSOSの叫びを見過ごすことができない気持ち"他人事ではない，互いに支え合おう…"を持った主婦が訪問活動を始めたことから始まった．

ところが，活動は順調には進まなかった．在宅要援助者のかかえる困難は予想以上に大きく，従来のような単なる受給調整活動では，地域福祉[†]活動は進展しないことが明確になっていった．

活動の輪がひろがる

当時，寝屋川市に居住していた筆者は，"大坂ボランティア協会"のO局長から"福祉を研究する者として，実践をふまえた取り組みを"との提言を受け，ケースカンファレンスならと専門家気取りで引き受けた．子どもを保育所に預けながらの大学勤務で，自分の生活だけで疲れきっていたのに，むしろ当事者やボランティアのエネルギーに触発され，"気がつけば，多くの人びとと多くの活動とにつながっていた"のである．つまり，たすけあいのネットワーキングの始まりであった．

障害者や高齢者，子育てに悩む母親など，地域社会での生活の不自由さを感じている人たちの問題は，多種多様であり，かつ重い課題を背負っている．在宅医療・福祉・保健サービスが整備されない中で，また，住民の偏見や差別意識が残っている地域社会の中で，ひとりの力は弱い．1977年には"寝屋川ボランティアグループ"，その後"寝屋川地域ケアを進める会"と改め，セミナーの開催，特別養護老人ホームへの定期訪問，団体の行事への協力，1978年からは古い民家を借り受け，"たすけあいホーム"を設置し，図15・6のように"寝屋川市民たすけあいの会"として，在宅

図15・5　在宅療養者交流会

―たすけあいの会 それは…―

「たすけあいの会」は，
一人一人の人間が尊重され，差別のない社会を目ざし，市民自らの手による寝屋川ボランティア・ビューロー（たすけあいホーム）を拠点として……

- 人と人との交流の場をつくりを目ざします．
- たすけあいのネットワークづくりを目ざします．
- 市民による福祉のまちづくりを目ざします．

市民が創り…
気づいた人が主役です．わく組みにとらわれない開拓的な活動をめざします．そのためにも，運営資金もなるべく市民の手で，と考えています．

市民が考え…
その場かぎりの活動に終わらせず，常に問題の背景や改善の方向をさぐります．いろいろな領域の専門家も参加しています．

市民が動いています．
自分達の手と足と頭を使って，助けを求めている人の「今」を支えます．

この会は，社団法人大阪ボランティア協会を母体に生まれました．
特定の宗教や政治的な信条を越え，一人の人間として，また一人の市民として活動を展開しようと願うものです．
民間団体として独立した立場を守りつつ，行政機関とも協働して事業をすすめています．また，地域の社会福祉協議会等の団体とも協力しあって，地域福祉の推進につとめます．

図15・6　"たすけあいの会"のパンフレット

15章 生活科学の展開 I

表15・5 在宅援助活動の例（寝屋川市民たすけあいの会）

対象者（児）の状況と活動内容	依頼者	期間	回数	担当者
〔1970年代〕				
◎ともに知的障害者と肢体不自由の障害をもつ姉妹（ともに小学生）の遊び相手．週1回程度．	母親	'78.4.〜'79.6.	34+α	勤労者2名 学生4名
〔1980年代〕				
◎長年のリューマチのため手足が不自由な主婦（50代）．月1〜2回，掃除・縫い物などの家事援助．	本人	'81.6.19.〜'82.	20	主婦5名
◎膠原病のため，入退院を繰り返している主婦（40代）．買い物，その他の用事．	難病相談室 保健婦	'81.10.19.〜'83.	25	主婦2名
◎高齢者世帯で夫（80代）が寝たきり．週1回，洗濯・ふとん干しなど体力が必要な家事を援助．	民生委員，K病院ケースワーカー	'81.10.8.〜'82.5.31.	29	主婦2名
◎精神障害者（女性，40代，ひとり暮らし）．耳がまったく聞こえない．買物の付添い，当ビューローでの話し相手，軽作業など．週1回．	保健婦	'84.3.13.訪問 '84.3.20.〜7.31.	20	勤労者2名 主婦2名
〔1990年代〕				
◎60代の難病の女性．散歩の介助．	保健婦	'93.10.6.訪問 '93.10.20.〜	1	1名
◎40代の全身マヒの男性の通院，外出介助作業所への移送．	本人	'96.5.31.〜	70	3名
◎対人関係に自信のもてない母親．家事援助など．	児童相談員	'97.3.7.訪問 3.7.〜	40	5名
◎難病の男性の薬を病院に取りに行く．	家族・本人	'98.8.18.訪問 8.19.〜'00.7.3.	4	2名
◎車いすの男性の移送．	家族・本人	'98.8.21.〜	15	4名
◎70代の女性．中央老人センターまでの移送．	家族・本人	'99.1.12.訪問	17	1名
◎60代の難病の女性．病院への移送，薬の受取り．	家族・本人	'99.2.19.訪問 '99.3.3.〜	25	5名
◎50代の難病の女性．病院への付添いと薬との受取り．	家族・本人	'98.9.7.訪問 '98.9.8.〜	12	2名
◎車いすの男性の通院．	家族・本人	'99.7.14,10.12.	6	3名
◎養護学級の通学バスへの送迎．	母親	'99.5.13.訪問 '99.5.13.	21	1名
〔2000年代〕				
◎U病院からB病院への転院のお手伝い．	本人	'00.5.21.	1	1名
◎70代の女性．病院への通院．	家族	'00.5.17.訪問 6.21.〜	6	1名
◎70代の男性．病院への移送．	家族	'00.6.21.〜		
◎K病院に入院中の70代の男性．	家族	'00.6.12.訪問 6.13.〜'01.1.11.	29	3名
◎寝屋川市内の高校で，車いすの男子学生の昼食時の介助．	学校	'00.6.30.訪問 11.6.〜	32	2名
			10	3名

サービスを地域福祉のまちづくりの視点から取り組んでいった（表15・5）．多種多様な会員が，思い思いの自由な活動を展開していくには，運営委員会，総会，学習会など組織運営が大切である．福祉系の大学からの実習生や，専門職の事務局員の働きが大きかったが，医師や看護婦や大学の教員，保健婦，薬剤師などが会員として，一人の市民として活動に参画していることが強みである．

ゆるやかに連帯

1984年以降，ケース検討会†の充実の中で，ボランティアには荷が重いケースの代弁を専門機関にするべく，保健所，福祉事務所，社会福祉協議会などと合同ケース検討会をもち，ケースマネージメント機能†を先駆的に発揮していった．一方，生活は交流から始まるとの考えから，バザーや英会話，生け花，書道などを楽しんだり，若者の交流の"ボチボチの会"に友人を連れてくるのもよし……というように，生活全体を大切にできる人間像をボランティア像にしている．

1990年に入り，子育てに不安をもった母親たちがセルフヘルプ グループ活動を始めた．たすけあいの会は，高齢者だけとか障害者だけとか対象を限定しない．生活者としての"たすけ・たすけられる関係"を通して，生活そのものを"学び合う場"にしたいと考える．

"この指とまれ"方式の活動は次々に新しい実践を生み出していった．介護保険事業の基準該当サービス事業者として，介護福祉士による訪問介護事業の開始，ガイド ヘルパー ステーションの設立，そして2001年9月には特定非営利活動法人"寝屋川市民たすけあいの会地域ケアセンター"が設立され，種々の市民団体とゆるやかに連携しながら活動を展開している．

しかし，問題は山積みである．既存の住民組織や行政・社協との関係，専門職との協同，財源，リーダーの問題など限りがない．それにしても，お金や権力から遠く離れた素人の市民のエネルギーにはロマンがある．

60. 育児不安と育児ネットワーク

核家族化，少子化の現代は，大家族時代とは比べものにならぬほど，親にとって子育てが困難な時代である．かつて子どもたちは，地域社会の中で多くの人びとの世話になり，人間関係を結びながら成長していくのが常であった．育児は，親個人の仕事というよりは，地域社会が共に担う仕事であった．子どもたちには，血縁の兄弟はもちろんのこと，"乳きょうだい"や"擬きょうだい†"など地縁でつながる人間関係も大勢あった．老若男女さまざまな人びとと接触する中で，子どもは人として育っていった．もちろん育児ばかりでなく，生計を維持する諸生産活動においても，地域社会の人びとは，力を合わせて生活するのが当たり前であった時代のことである．

文明化が進み，高度産業社会となった現代においては，生産労働をはじめとする社会的労働の場と，私的な生活の場が切り離されることが多くなった．このことは，現代人が高い評価をおく個人のプライバシーや自由を尊重するという点では，プラスの側面が大きい．しかしその一方で，本来は社会的な営みであった育児が，私的な領域の家庭内へと押し込められることになり，育児専業者に位置づけられた母親たちの手に任される事態になってしまったのである．

情報社会でもある現代では，育児に関する情報はちまたにあふれている．しかし，生身のわが子にぴったりの情報は少なく，いきおい個々の母親は，標準的な子どもの発達とわが子の育ち具合とを比較し，一喜一憂する日々を送ることになる．育児雑誌には，子どもの発育の程度，食事の量，できるようになった言動など，年齢に照らし合わせた標準的な姿や平均値が数量化して示されることが多いが，そのいずれをもクリアして発達していく子どもなどありえるはずはない．だが，孤立して子育てに従事する母親であれば，容易に育児不安に陥ってしまう．生活上のストレスや思うよ

表15・6 重点的に推進すべき少子化対策の具体的計画
〔新エンゼルプラン*：厚生省（現厚生労働省）関係部分〕

(a) 保育サービスなど子育て支援サービスの充実

事　項	平成11年度	平成16年度
① 低年齢児の受入れ枠の拡大	58万人	68万人
② 多様な需要に応える保育サービスの推進		
・延長保育の推進	7000か所	10000か所
・休日保育の推進	100か所	300か所
・乳幼児健康支援一時預かりの推進	450か所	500市町村
	7～11年度の5か年で	16年度までに
・多機能型保育所などの整備	1600か所	2000か所
③ 在宅児も含めた子育て支援の推進		
・地域子育て支援センターの整備	1500か所	3000か所
・一時保育の推進	1500か所	3000か所
④ 放課後児童クラブの推進	9000か所	11500か所

(b) 母子保健医療体制の整備

事　項	平成11年度	平成16年度
・国立成育医療センター（仮称）の整備など		13年度開設
・周産期医療ネットワークの整備	10都道府県	47都道府県
		13年度までに
・小児救急医療支援の推進	118地区	360地区
		（2次医療圏）
・不妊専門相談センター	24か所	47か所

* 平成12年度を初年度として平成16年度までに重点的に推進する少子化対策の具体的実施計画〔大蔵，文部，厚生，労働，建設，自治（当時）6大臣合意〕．

表15・7 児童虐待に対する厚生労働省の主な取組み

取組みの種類	取組みの内容
虐待の予防	○子育てに関する小冊子「それでいいよだいじょうぶ」，虐待防止のためのビデオ，パンフレット「子どもの声に耳をすませて」の作成などによる国民への啓発．
早期の発見，早期の対応	○早期の段階での児童相談所への通告を促すための「子ども虐待防止の手引き」の作成，児童相談所における具体的対応マニュアルとして「子ども虐待対応の手引き」の作成，そのほかテレビ，ラジオ，刊行物を通じての広報．
子育てに関する相談・支援体制の整備	○保育所の活用による地域子育て支援センター，児童福祉施設に付設される児童家庭支援センターの整備促進． ○児童相談所において，児童委員などに対し虐待の専門的研修を行い，地域における相談機能を強化．
児童相談所の体制の強化および関係機関との連携の強化	○保護者からの分離が必要な場合の児童の一時保護，施設入所などの迅速，適切な実施についての指導通知． ○全国174か所の児童相談所に児童虐待対応協力員を配置（12年度から），児童福祉司を増員するため，地方交付税を増額（12年度から）． ○市町村児童虐待防止ネットワーク事業を実施（12年度から）し，福祉事務所・保健所・保健センターを中心として児童虐待防止のための関係機関の連携を強化．
児童へのケアの充実	○心理治療が必要な児童が一定数以上入所している児童養護施設に心理療法担当職員を配置して心理的外傷をもつ子どもへのケアを充実．

図15・7 育児サークルのつどい―親も仲間づくり―

図15・8 育児サークルのつどい―出席シールを貼る―

図15・9 育児サークルのつどい―仲間と共に自然探索―

表15・8 育児ネットワーク事業の具体例

① 育児支援者の掘りおこし・育成
② 地域子育て講座や親子教室の開催と運営
③ 育児支援活動へのサポート
④ 育児の悩み相談事業の展開
⑤ 育児不安予防プログラムの立案と実行
⑥ オルタナティブな育児情報発信

うにいかない育児に，子どもの生命や人格を脅かす虐待や育児放棄を繰り返してしまう未成熟な親の存在も現代社会の大きな問題となっている．こうした母と子の閉塞状況を切り開き，かつて地域共同体が有していた，共同子育ての知恵を現代によみがえらせる新しい方法として，注目される活動がある．とくに，都市部の集合住宅に住む若い母親たちを中心にした育児サークル活動，およびそれらを支援する育児ネットワーク†づくりがそれである．とりわけ3歳未満の子どもをもつ家庭にいる母親たちが，週何度か定期的に団地の集会所，地域の公民館，公園などに集まり，子どもをいっしょに遊ばせながら育児に関する情報を交換したり，親同士も仲良く交流するという形態が一般的である．たとえば，地域のミニコミ新聞などでメンバーを募集し，集団保育の経験がある，もと保育士や幼稚園教諭の母親が，集団遊びを指導したりしながら，親の創意による自主的な"手づくり保育園"として機能しているサークルもある（図15・7～図15・9）．

1999年，日本の合計特殊出生率†は1.34と史上最低を記録した．目前に迫った超高齢社会の支え手や，労働力の確保を考えれば，進行する少子化は看過できない現象である．この現状を改善しようと1994年の少子化対策"エンゼルプラン"に加え，さらに2000年に政府は"新エンゼルプラン"を打ち出し，子育ての社会的支援を積極的に担う政策を示した．各自治体の行政施策においては，まず"男女共同参画社会"づくりを具体的に推進してほしい．そして今後一層，男女が共に育児と仕事を両立させることができ，地域の子育てサポート活動やセルフヘルプグループ活動が活発化するよう支援する必要がある．

また育児不安だけでなく，子どもの発達上の問題発生を予防するためにも，時代に適した育児サークルが生み出されうるコミュニティの育成や，その活動の推進，育児ネットワークの推進を図る実践的研究がひろがることが望まれる（表15・8）．

16章　生活科学の展開Ⅱ

61. 生活主体者を支える地域の福祉力

私たちの生活と地域社会

　私たちは，地域社会の中で生まれ，育ち，学び，働き，やがて老い，命の終末を迎える．

　地域で暮らしていることを1本の木に例えてみよう．私たちは，年齢に応じて図16・1のように，さまざまの社会的役割を担っている．生活をしているということは，人間がもつ基本的な要求を地域社会の中で，社会的役割を通して充足していく過程である．ところが，日常生活の中では，出産や病気，事故，加齢にともなう病弱化などにより，さまざまの役割が果たせなくなり，役割の枝がボキボキと折れてしまうことがある．また，地域社会における**社会資源**†の欠乏や，サービスの未整備から役割を遂行できない状態が，日常的に固定してしまうことがある．たとえば保育所，ホームヘルパー，ケアつき住宅が不充分なために，家族員おのおのの役割がとれず，家庭崩壊にまで発展したケースさえある．

　地域社会は"生活の場"であると同時に，"問題発生の場"でもある．しかし，"問題解決の場"でもあってほしい．そのような願いを込めて，各地でさまざまな取組みがなされている．

生活の主体者はだれか

　最近，"障害児"を抱える母親から相談を受けた．"子どもが○○へ行きたいとか，○○をしたいと主張するようになってきた．手がかかるし，困っている"と．また，特別養護老人ホームに入所している高齢者から，食事についての苦情が出されたとき，職員がしかったなど，話を聞くたびに，その生活の主体者がだれなのかを見失っているのではないかと反省する．図16・2は要援助高齢者の1日の行動と，生活を支援するサービス，サポートである．たとえ，病弱になったとしても，人は可能な限り自立し，住み慣れた場で，自分と縁のある人びとに囲まれ，日常生活を継続し，個

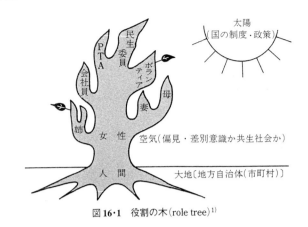

図16・1　役割の木(role tree)[1]

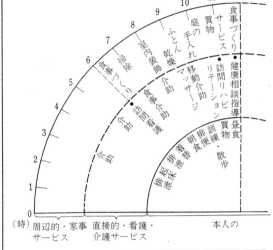

図16・2　寝たきり高齢者の

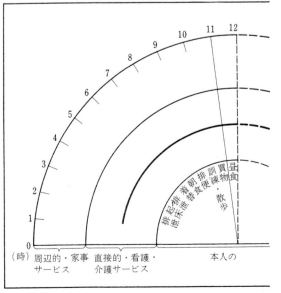

図16・3　2方向の

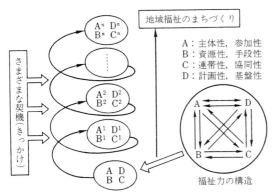

図16・4 福祉力と形成のプロセス

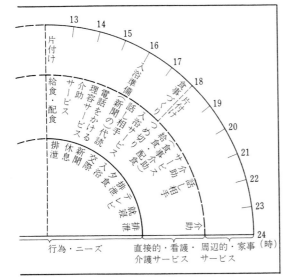

生活ニーズとサービスの一例[1]

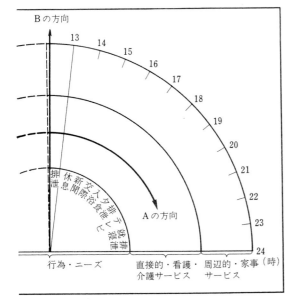

調整の必要性[1]

性的で主体的な生活を最期まで営みたいと思っている．

このような生活の全体性や継続性を，個人の主体性とのかかわりで包括的に保障しようとするならば，図16・2，図16・3に示したように，個人の24時間のミニマム ケア†を二つの方向，つまりAの方向とBの方向で調整する必要がある．ややもすると，サービス供給側からの発想で生活の保障を考えてきたが，サービス利用者側からの，生活の質を求める新たな福祉・生活運動が求められている．

地域の福祉力の形成

諸外国の"障害者"，女性，高齢者などのさまざまの差別撤廃運動は，かれら自身が生活の主体者であることを宣言し，福祉・医療・保健・教育・住宅・文化など，あらゆる生活を支える分野を統合した新たな視点を導入した．これに学ぶ点は多い．しかし，日本の状況の中で，生活の主体者として自らを位置づけ直すには，かなりのエネルギーを必要とする．生活科学の必要性はこのエネルギーの創出にある．

生活主体者としての主体性は，そのときどきの家族・地域・教育・文化・政治・経済などの社会状況に規定されながら形成される．自分が生活の主人公だと気づくのは，不自由を強いられたときかもしれない．それだけに，きっかけはなんであれ，生活の不自由さ・不都合さを自らの問題と感じた人，つまりボランティアは，活動を通して生活主体者として成熟する可能性をもっている．

住民の，生活者としての力が育っているところは，地域の福祉力も高い．もちろん，地域福祉†活動によって，住民は主体化される．図16・4に示したように，四つの要素が相互に刺激し合い，変化し，より高次元の福祉力を形成していく．そして，この"福祉力の形成"に"きっかけ（契機）"が作用し，らせん状に変化していく．地域社会は生きものである．地域社会は創造していくものである．

62. 外国における生活問題への取組みの例

ここでは，アメリカにおける生活問題への取組みの事例として，州立大学の付属機関であるCo-operative Extension Serviceの活動について紹介しよう．

アメリカでは，1862年のモリル法，1887年のハッチ法，1914年のスミス・レイバー法などの制定により，19世紀の中ごろからLand-Grant University（国有地無償交付大学と呼ばれる州立総合大学）が設立されている．大学建設にあたって，国有地を無償で交付することにより，授業料を引き下げ，それまで一部のエリートしか入学できなかった高等教育を広く一般に解放する，すなわち学問の機会均等をめざしたものであった．そして，大学の目的を ① 教育，② 研究，③ 普及，と明確に位置づけ，地域へ教育および研究成果を還元・普及することを義務づけているのが特徴といえる．

そのため，州立大学にはCooperative Extension Service（以下，Extensionと略す）という付属機関があり，そこが地域の社会教育を担う活動拠点となっている．農学部とHome Economics, Human Ecologyといった家政学・生活科学系の学部出身の専門家が中心となり，外部のさまざまな非営利団体と連携をとりつつ，300万人をこえるボランティアの協力のもとに，活動が行なわれているのである．州の各行政地区ごとに支所（全米で約3150か所）があり，そこでは各種ワークショップ†（講習会）が催されたり，大学における研究成果をパンフレットやビデオの形でわかりやすく解説した生活情報を流したり，テレビ，ラジオ，衛星通信，コンピュータなど，住民にさまざまなメディアを通じてはたらきかける生活情報の発信基地としての役割を果たしている．

ここでcooperativeとは，連邦政府のUSDA（農務省），州立大学，地方自治体との連携，協力関係をさしており，原則としてExtensionの財政は，

図16・5　エクステンションで扱う社会教育の対象は幅広い
（USDAパンフレットより）

図16・6　インターネットによる情報提供も重要な役割である
（エクステンションのホームページより）

Commitment to Change

▲ Cooperative
A nationwide network of educators who serve in the national interest.

▲ Extension
Extending research-based knowledge and technology from the laboratory to the community.

▲ System
A unique educational system that draws on the expertise of federal, state, and local partners.

December 1992

図 16・7　エクステンションサービス活動の説明
(USDAパンフレットより)

図 16・8　水質問題は USDA の基本プログラムの一つである

それぞれが1/3ずつ負担している.

このExtensionの特徴は，つぎの三点に集約できるが，活動内容と組織は，たえず地域住民のニーズに応じて，柔軟に変化することが強調されている．

① 協同……国民の関心のある問題に，全国のどこでもサービスが受けられる社会教育ネットワークである．

② 普及……実験に裏付けられた科学技術と，研究にもとづいた知識を広くコミュニティに普及する．

③ 組織……国，州，地方行政専門家の協力のもとにつくられたユニークな教育システムである．

上記のように，Extensionは，おもに地域の人びとに，生活改善の手助けをする役割を担っている．しかし，教育は住民だけではない．企業や行政の人びとを対象にしたプログラムも多く用意されている．最近では，企業でも，消費者や住民の要求を積極的に取り入れ，たがいの共存共栄関係を図らなければ，生き残れないという意識に変わりつつあり，ワークショップへの参加者も増えているという．

州立大学では，州全体に置かれた支部で働く専門家を教育するとともに，各支部で使われるパンフレット，ビデオ，教材を製作し，提供するなど，学問を生活問題の解決・向上に役立てようという目的意識が明確である．逆にいえば，生活に役立つ学問が要請されており，いま，現実の社会で何が問題なのかが，つねに問われている．

なお，現在，住民の生活問題として，全米のExtensionで取り組まれている基本プログラムには，4H運動の推進と青少年の発達，コミュニティ資源と経済の発展，農業問題，家族の発達と資源の運営（親の教育，育児支援，高齢者問題，住宅の室内空気質，住宅購入者への教育やユニバーサル デザイン），自然環境の保全，ボランティアとリーダーシップの育成，食生活と健康問題（食品の安全性，栄養指導）などがあげられている．

63. 持続可能な人類発展のために

先進諸国では人びとが快適な生活を追求し、それを可能にする経済活動の高まりがエネルギーの多消費をもたらし、地球環境の温暖化が問題になってきている。また発展途上国では、人口の爆発的な増加にともなう食糧不足が貧困の克服を阻害し、それがまた人口増加からの脱出を阻み、森林の破壊・砂漠化をもたらしている。このような地球環境破壊の悪循環を阻止するためには、クリーンなエネルギーの使用や省エネルギーと資源の循環型使用を前提とする社会の構築および地球人口の増加を止めなければならない。私たちは人類の持続的生存・発展を可能にするために、生活のスタイルと質を変える必要がある。

持続可能な地球上の人口

2000年、地球人口は60余億人であるが、なにか対応策を打たないと約60年後には百数十億になるという。地球環境の空間の広さや食糧の確保から、地球上に棲める人間の数は約100億人が限度といわれ、有効な手段で早急に人口増を抑える必要がある。人類は生活水準が向上すると少子化し、人口が頭打ちか減少することは、先進諸国の例で明らかである。人口増加の著しい発展途上国の生活水準を一日も早く向上させる必要がある。

生活水準の指標として、エネルギー・食糧・教育が考えられる。図16·9〜図16·11より、最低限、エネルギー消費量が石油換算1.9 t/年·人、摂取食糧が2700 kcal/日·人、就学率70%という条件が人口増加率ゼロの目安といえる。

地球環境と資源問題

地球環境は人類共有の財産であり、再生可能な範囲で利用しなければならない。現在の地球環境問題は、図16·12のように地球全域に及んでいる。100億の人口が必要とするエネルギー量は現在の約2.6倍になり、地球の温暖化・大気汚染などで著しい環境悪化をきたすことになる。地球の温暖化・大気汚染・生態系の破壊などに悪影響がなく、

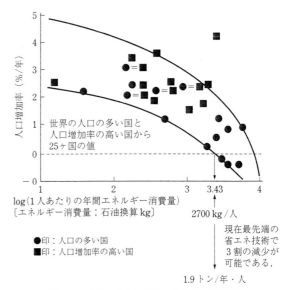

図16·9 1人あたりの年間エネルギー消費量と人口増加率の関係[2]

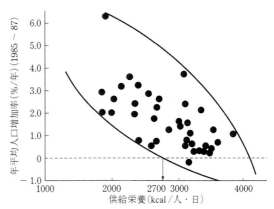

図16·10 1人あたりの供給栄養と人口増加率[2]

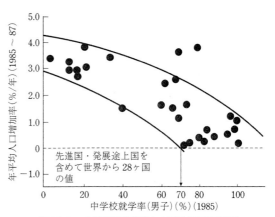

図16·11 中等教育普及率と人口増加率の関係[2]

図 16・12　地球環境問題の広がり
(通商産業省：エネルギー'96)

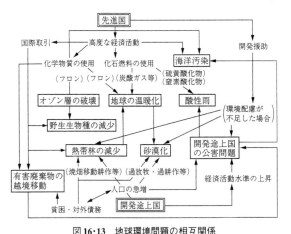

図 16・13　地球環境問題の相互関係
(環境庁地球環境部編：改訂・地球環境キーワード事典)

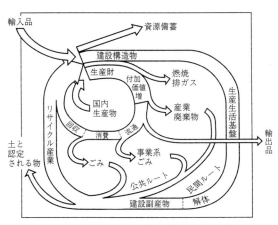

図 16・14　日本での理想的な物流システム[3]

枯渇しないクリーンなエネルギー源の太陽光・風力・波動・バイオマス・地熱などの自然力は，エネルギー資源の少ないわが国で唯一自給できるエネルギーであり，今後の技術開発の進展が待たれる．また，太陽エネルギーの発生原理と同じメカニズムである核融合発電も将来有望といえる．

人類が必要とする食糧の生産も地球環境を破壊してきた．とくに人口の増加と肉食は地球上から多くの森林を消滅させた．地球上の人口を"100億人に安定"を前提に必要カロリーを計算すると，現在の約 2.6 倍の量となり，世界中の人が肉食を減らし(食肉の生産には約 10 倍ものカロリーの穀物が必要で，非常に非効率)，穀物主体の食生活にする必要がある．各種の環境問題は複雑であり，総合的な解決を考えなければならない(図 16・13)．

廃棄物処理とリサイクル

人類は地球にある有限の多くの資源を活用して多種多量の資源を消費し，廃棄物を排出して活動し，快適で豊かな生活を築いてきた．良好な生活環境の維持には資源の有効活用が大切であり，図 16・14 のように地球環境に汚染物を放出しないクローズドシステムをとる必要がある．**廃棄物の 3R**[†]（発生抑制・再利用・再生利用）の精神を表わす"もったいない"の言葉が一般に使われていたほど，日本人は従来，物を大切にしてきた．

地方自治体が収集した燃えるふつうのごみは焼却場で処理され，残った灰や不燃ごみは埋立地で処分される．焼却されると，ダイオキシンをはじめ有害物質が大気中や残渣(さ)に放出・残留されて危険なことは衆知の事柄である．容器包装リサイクル法[†]が 1997 年 4 月から施行され，自治体はごみの分別収集による減量化・資源化に取り組み始めたが，再利用は進んでいない．2001 年からは家電 4 製品の有料回収も開始されたが，不法投棄の増加が自治体を悩ませている．回収・再処理に要する費用を初めから製品価格に上乗せするデポジット制の導入が必要で，生ごみを堆肥(コンポスト)にして減量・資源化する努力も必要である．

64. 学校における生活科学教育の課題

生活科学教育とは

　生活科学は，私たち人類が好ましい生活環境と条件の中で生きるための科学である．すなわち生活に根ざし，生活の内部から発生する改善要求と，社会や生産の場に還元されるための知識と技術の体系である．もともと科学や社会の発展は，このように，私たちの日常生活そのものと密接なかかわりをもつところに本来的な使命があった．

　しかし，現実の社会発展は，そうした理念とは逆に，私たちの生活をあやうくする現象さえ，うみ出している．つぎの社会を担う世代に，生活がもつ科学的意味を正しく認識させ，社会発展を矛盾なく志向できる価値観を啓発する学校教育の展開が問われている．

　それは，一つは"バランス型"思考を確立することであり，いま一つは，"環境との共生"を前提とした新しい価値観を育む教育を展開することであるといえる（図16・15）．

家庭科教育の実態

　生活科学の内容を学校教育で扱う際に，現行の教科枠の中でもっとも近接した教科は家庭科である．家政学を上位科学とする家庭科教育は，小学校から高等学校までの各教育課程毎に必修教科として設置され，家庭生活の特性を解明し，生活主体に好ましい生活能力の確立をめざす教科として実施されている．

　しかし，現行の家庭科教育の内容は，教育課程ごとの領域構成や教科理論について，整合性と一貫性が欠如している面もみられる．また，内容的にも，家庭生活の多様化や複雑化への対応に欠ける問題を内包している（図16・16，図16・17）．すなわち，多様化した今日の家族形態や生活様式，あるいはますます外部化と機械化や合理化を深める家庭の機能に，充分対応しきれていない面も存在している．

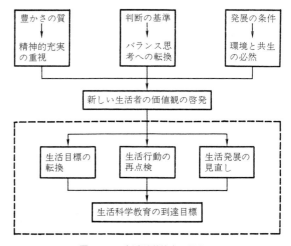

図16・15　生活科学教育の視点

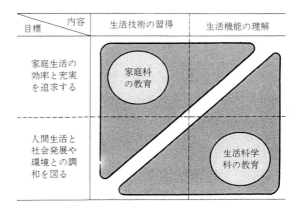

図16・16　生活科学科と家庭科の違い

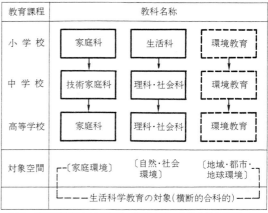

〔注〕　高校家庭科には"家庭一般""生活一般""生活技術"を含む．

図16・17　現行の教科目の名称

生活科学教育に問われるもの

現行のそうした家庭科教育の教科内容は，現実の生活実態に即して，再整理する必要があると思われる．そのうえで，家庭科と生活科の教育内容や，環境教育との接点領域をも含む新たな教科として，生活科学教育を位置づけることが必要と思われる．

現在の家庭科は，かつての良妻賢母のための家事・裁縫の技術教育を彷彿させるからとか，家庭科だと陳腐だという二義的な視点から，生活科学系教育へ転化しようとする傾向も強い．しかし，人間の家庭生活のもつ発展的側面や複雑な要求を秩序づけるための均衡化の機能といった特性に目標を据えた新しい教科理論の展開こそが，生活科学教育に問われている課題なのではなかろうか．

それは学習主体である児童・生徒の発達段階と，それにともなう主体的な問題解決能力に対応して，自己とまわりの生活の現実をみつめ，そこに存在する矛盾やそれにかかわる背景要因を的確にとらえ，解決に向けての課題を見出すこと，そして生活者の立場から生産や社会活動の場に提言し，実践できる主体的な能力と技術を育む教育でもある（図 16・18，図 16・19）．

新しい提案

したがって，生活科学が教えなければならない中心的課題は，人びとのこれからの生活に欠かせない知識や技術の前提となる価値観である．このことを考えると生活科学の教育は，義務教育の初歩的段階から，長期的に系統的に位置づけ，その中心的課題をすべての人たちに共通理解として定着させることが必要である．

さらに，小・中・高等学校のすべての課程を通して，子どもの発達段階に応じ，生活現象の個別的認識から全体的認識へ理解を普遍化し，主観的理解から客観的理解に整理する力を育む具体的な教材開発が大切な作業になる．つまり，生活者の視点から科学や社会や生産のあり方を考える教科の確立が，国民的な課題となっている（表 16・1）．

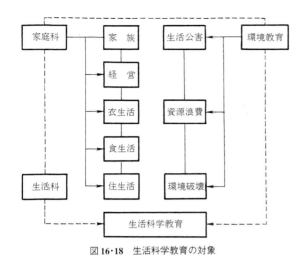

図 16・18 生活科学教育の対象

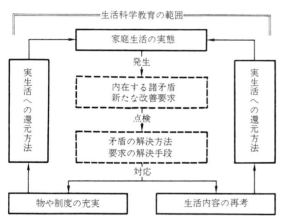

図 16・19 生活科学教育の対象範囲

表 16・1 生活科学教育の課題

項　目		小学校	中学校	高等学校
領　域		生活主体 生活手段 生活環境	家族 生活の物的手段 生活の情報的手段 生活事象の問題把握	生活主体 生活空間 生活環境 生活発達
目　標		しくみを見つける． 自分の生活を見る． 疑問を感じとる．	生活の客観化 生活の不変化 生活の法則化	問題発見と背景要因 矛盾と解決手法 対応の方法(私と公)
現　状		生活科との連動や家庭科の低学年化への試行的実践	環境教育と連動した授業の実践	環境教育と連動した授業の実践
認識のひろがり		個別的認識 主観的世界		全体的認識 客観的世界

まとめ　生活科学の展望

　バブル経済が崩壊し，景気の長期低迷の中で，1994年現在の人びとの生活をみると，図1のように，バブル崩壊直後の1992年に比べても，年齢・性別にかかわりなく，男女とも，暮らしがきびしくなってきていると感じていることがわかる．しかし経済的ゆとりが減少した反面，時間的ゆとりが中年層を中心に増加している（図2）．その結果，手づくり料理やインテリアを重視する一方，流行追従や外食の傾向は減っており，また生活の基本である衣食住で個性を尊重する人が増えてきている（図3）．生活にどのような価値観をもっているかについてみると，バブル時代の収入や家具・家電製品などの物質的豊かさ指向が減って，円満な家庭，知的生活，余暇生活，社会奉仕，住まいといった項目が"幸せな生活の基本"と位置づけていることがわかり，心の豊かさを求めるようになってきている（図4）．

　これまでのような物質優先の豊かさは，産業革命によってもたらされたといえる．

　産業革命は，イギリスで繊維生産における作業機械の出現で始まり，つぎに，蒸気機関の発明によって交通機関に変革をもたらし，さらに，工作機械の出現によって熟練を必要としなくなり，機械が機械を生産するようになって大工業化が可能になった中で進展した．これは，社会そのものの構造の変化をもともなった変革であって，労働を商品化することによって労働者を生み出し，労働問題，社会問題を発生させた．

　従来の科学技術は，主として産業の発展に寄与するものであった．この影響は間接的に農業にも及び，産業で大量につくり出された化学肥料は，農作物の密植を可能にし，農業生産の効率化の追求は，品種の画一化，耕地の大規模化をもたらしたが，病害虫の大規模発生をまねき，農薬の使用量を急増させることになった．病害虫に農薬耐性をもたせることにもなり，より強い農薬の開発を必要とするようになった．また一国が強力な武器を開発すれば，他の国のさらに強力な武器の開発

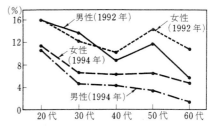

図1　現在の暮らし向き（楽になったと感じる割合）[1]

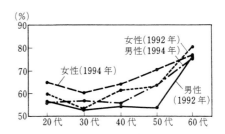

図2　時間的ゆとり度（ゆとりがあると感じる割合）[1]

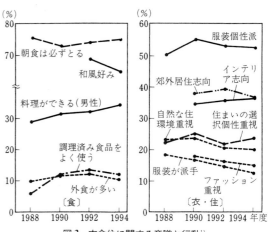

図3　衣食住に関する意識と行動[1]

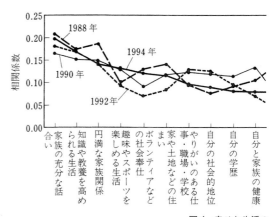

図4　幸せな生活の

まとめ　生活科学の展望

表1　地球に優しく暮らすための6か条[2]

ここにまとめた六つの原則は，毎日の生活が環境に及ぼす影響を軽減するのに役立つだろう．それは規則集というよりは，何が公害をもたらし，何が公害を防ぐのかを見極めるのに役立つチェックリストである．

① 自分自身に責任をもつ．
環境への損害を抑えるためには，日々の暮らしの影響を理解することがきわめて重要だ．これが責任の原則である．自分が外界に及ぼす影響を，すべての人が認識すべきだということである．

② 物事を地域レベルですませる．
エネルギーの消費や公害，化学薬品の使用などは，いずれも食物のような生活必需品の供給元が，消費の場から遠く引き離された場合に増加する．地域主義の原則とは，遠く離れた所から運ばれてきたものより，地元で採れたものを優先する，ということである．

③ 物事を簡素に保つ．
複雑さが増せば，その分ゴミやエネルギー消費量，公害は増える．簡素さの原則とは，必要以上に複雑なものよりもシンプルなものを選ぶべしということである．

④ 専門化を避ける．
環境を意識した暮らしは，専門化を退ける．多様性の原則とは，できるだけ多様性を守るほうが，より安全で，よりむだがなく，より汚染が少ない，ということである．

⑤ 暴力を避ける．
自然界に対する物理的な暴力や化学的な暴力は，やがて同じようにわれわれにはね返ってくる．非暴力の原則は，大地や動物を虐待する行動をすべて避けることを求める．

⑥ 節度を守る．
環境が直面している諸問題の多くは，過剰な消費が生み出したものである．中庸の原則は，われわれは本当に必要な分以上の消費をしてはならない，と主張する．

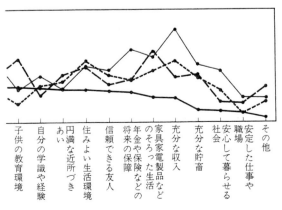

基礎事項[1]

をまねくという悪循環に陥る結果にもなった．

これまで，科学技術は主として企業や国家に奉仕してきており，それは，一時的な物質的豊かさを人びとに与えはしたが，結局，戦争や環境汚染，環境破壊をもたらし，地球の破壊や人類を破滅へと追いやることになってきたといえる．

1998年にクローン羊が初めてイギリスで誕生した．2001年にはアメリカのバイオ企業が，さまざまな体組織になりうる胚性幹細胞の基になるクローン胚づくりの成功を伝え，臓器移植を望む患者には福音となる技術かもしれない．一方，コピー人間を造ることにもつながる技術で，事実，倫理的問題として先進各国がクローン技術の人への応用を禁じているにもかかわらず，2002年末にはクローン人間の誕生が伝えられた．

従来の多くの科学研究は，おもに専門化・細分化する方向で研究が進められた結果，分析し，解明すること自体が研究の目的となってしまって，人類の福祉に貢献するという本来の目的をすっかり忘れたところに問題点があった．

私たちの生活も，これまで物質的な豊かさを追求してきたあまり，各種の公害や地球の温暖化をはじめとする環境汚染，環境破壊をもたらしてきた．私たちは，毎日の生活から人や地球に優しい生きかたを始めなければならない．私たちの生活が，環境に及ぼす影響を少しでも軽減するために，いますぐからでも始められるチェックリストを表1に示す．

これからの時代には，地球や人類に奉仕する，人びとに心の豊かさをもたらす科学技術が求められているのではなかろうか．これこそが1章1節でも述べた，"生活そのもの"を主対象に，人とそれを取り巻く環境や地球を科学し，人類の福祉に貢献することをめざす"生活科学"であり，生活科学を学んだ皆さんがたの活躍がまたれている．

極言すれば，人類の未来は社会人としての，また家庭人としての皆さんがたの双肩にかかっているといえよう．

付　　　　録

付1．おもな消費者保護関係法

1. 通　則
   - 消費者基本法（昭43年法78号，平16年法70号で消費者保護基本法から改題）（所管：内閣府）
     消費者の利益の擁護および増進に関し，消費者の権利の尊重およびその自立の支援その他の基本理念を定め，国，地方公共団体，事業者の責務などを明示し，その施策の基本となる事項を定める．
2. 危害の防止
   - 食品衛生法（昭22年法233号）（所管：厚生省）
     飲食に起因する衛生上の危害の発生を防止し，公衆衛生の向上及び増進を目的とする．食品，食品添加物，器具，容器包装について有毒・有害な物質を含有・付着するものの製造・販売を一般的に禁止する．表示基準を定めたものについて，違反した場合，販売・使用を禁止．
   - 農薬取締法（昭23年法82号）（所管：農林水産省）
     公定規格，製造販売業者の届出制，農薬使用の規制．農薬使用の被害の防止の指導．
   - ガス事業法（昭29年法51号）（所管：通商産業省）
     ガスの使用者の利益を保護し，公共の安全を確保する．
   - 薬事法（昭35年法145号）（所管：厚生省）
     医薬品・医薬部外品・化粧品・医療用具の使用に伴う保健衛生上の危害の防止と効果の確保．
   - 電気用品取締法（昭36年法234号）（所管：通商産業省）
     電気用品の製造・販売・使用の規制により，危険や障害の発生を防止する．事業者の登録及び型式の認可．
   - 液化石油ガスの保安の確保及び取引の適正化に関する法律（昭42年法149号）（所管：通商産業省）
     液化石油ガス（LPガス）販売業者の貯蔵・販売施設等を規制し，許可制を取り，保安を確保する．器具の製造・販売等について規制・検定を行い，充てん年月日・量等の表示．
   - 消費生活用製品安全法（昭48年法31号）（所管：通商産業省）
     消費生活用製品の安全性確保を図るため，特定製品として政令指定した危険な製品の国による取締りと，民間における製品の安全性確保向上に関する自主的努力を推進する機関となる製品安全協会の設立と事故発生に伴う被害者救済制度の運営と安全基準・表示（マークを含む）を規定．
   - 有害物質を含有する家庭用品の規制に関する法律（昭48年法112号）（所管：厚生省）
     有害物質を含有する家庭用品について，保健衛生上の見地から基準を設け，基準不適合品の販売等の禁止，家庭用品衛生監視員制度を規定．
   - 医薬品副作用被害救済基金法（昭54年法55号）（所管：厚生省）
     基金を設け副作用による疾病，障害又は死亡に関して，医療費障害年金等の給付などの救済をはかる．
3. 計量の適正化
   - 計量法（昭26年法207号）（所管：通商産業省）
     計量単位を規定し，計量器の製造・販売・検査・量目・品質について定めている．
4. 規格及び表示の適正化
   - 工業標準化法（昭24年法185号）（所管：通商産業省）
     鉱工業品の種類，寸法，品質等を全国的に統一し（日本工業規格），製造業者が表示（JISマーク）することを規制する．
   - 農林物資の規格化及び品質表示の適正化に関する法律（昭25年法175号）（所管：農林水産省）
     食料品の等級及びその標準を定め，都道府県その他資格のあるものがその表示（JASマーク）をすることについて規制する．製造・販売業者の守るべき品質表示の基準の規定．
   - 栄養改善法（昭27年法247号）（所管：厚生省）
     国民の栄養を改善するため，栄養検査，集団給食施設における栄養管理，特殊栄養食品の表示について規定している．
   - 家庭用品品質表示法（昭37年法104号）（所管：通商産業省）
     通常生活用品のうち，品質の識別が困難なものについて表示の標準を定める．
5. 契約関係の適正化
   - 宅地建物取引業法（昭27年法176号）（所管：建設省）
     業者の免許制度を規定し，取引態様の明示，書面の交付，その他の規制を行う．
   - 割賦販売法（昭36年法159号）（所管：通商産業省）
     割賦販売条件の明示，契約解除に伴う損害賠償額の制限，販売業の許可制などを規定．
   - 訪問販売等に関する法律（昭51年法57号）（所管：通商産業省）
     訪問販売・通信販売・連鎖販売取引の条件の明示，また押付け販売（ネガチブ・オプション）に対しても規制．
   - 特定商品等の預託等取引契約に関する法律（昭61年法63号）（所管：通商産業省）
     特定商品，施設利用権の預託等取引条件の明示，契約解除に伴う損害賠償額の制限，書面の交付等について規制している．
6. 公正自由な競争の確保
   - 私的独占の禁止及び公正取引の確保に関する法律（昭22年法138号）（所管：公正取引委員会）
     私的独占，不当な取引制限などを禁止し，公正自由な競争を促進することにより，一般消費者の利益を確保する．
   - 不当景品類及び不当表示防止法（昭37年法134号）（所管：公正取引委員会）
     不当な顧客誘引防止のための景品類の制限や禁示を行うことができるなどを規定する．

付2. 「日本人の食事摂取基準（2005年版）」の概要

厚生労働省は「日本人の食事摂取基準（2005年版）」を2004年末に公表した．健康な個人または集団を対象として，国民の健康維持・増進，エネルギー，栄養素の欠乏症の予防，生活習慣病の予防，過剰摂取による健康障害の予防を目的とし，エネルギーおよび各栄養素の摂取量の基準を示すものである．望ましい摂取量の策定においても，その活用においても，栄養学のみならず確率論的な考え方が必要であるということから，名称を従来の"栄養所要量"から"食事摂取基準"に改めた．2005年から5年間使用される．

1. 基本的考え方

「日本人の食事摂取基準（2005年版）」は，つぎに示すような基本的考え方にもとづいて策定されている．

① エネルギーおよび栄養素の"真"の望ましい摂取量の策定には栄養学および確率論的な考え方が必要であること．

② 生活習慣病の予防をとくに重視し，リスクが低いとされる"摂取量の範囲"を示し，過剰摂取により健康障害のリスクが高くなることを明確にする．

2. 設定指標

食事摂取基準として，エネルギー1種類と栄養素5種類の指標を設定した．

（1）エネルギーに関する指標

推定エネルギー必要量：エネルギー不足のリスクおよび過剰のリスクの両者が最も小さくなる摂取量（図1）．

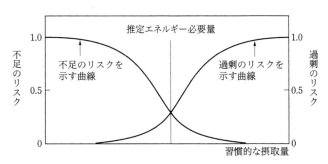

習慣的な摂取量が増加するにつれて，不足のリスクが減少するとともに，過剰のリスクが増加することを示す．両者のリスクが最も少なくなる摂取量が推定エネルギー必要量である．

図1 推定エネルギー必要量を理解するための模式図

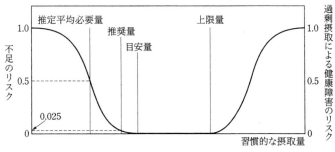

不足のリスクが推定平均必要量では0.5（50％）あり，推奨量では0.02～0.03（中間値として0.025）（2～3％または2.5％）あることを示す．上限量以上を摂取した場合には過剰摂取による健康障害が生じる潜在的なリスクが存在することを示す．そして，推奨量と上限量との間の摂取量では，不足のリスク，過剰摂取による健康障害が生じるリスクともにゼロ（0）に近いことを示す．

目安量については，推定平均必要量ならびに推奨量と一定の関係をもたない．しかし，推奨量と目安量を同時に算定することが可能であれば，目安量は推奨量よりも大きい（図では右方）と考えられるため，参考として付記した．

目標量については，他の方法，主に，推奨量または目安量と，現在の摂取量中央値から決められるため，ここには図示できない．

図2 食事摂取基準の各指標（推定平均必要量・推奨量・目安量・上限量）を理解するための模式図

（2） 栄養素に関する指標

健康の維持・増進と欠乏症予防のために，推定平均必要量と推奨量の二つを設定した．この2指標を設定できない栄養素については目安量を設定することにした．また，生活習慣病の一次予防を目的として食事摂取基準を設定する必要のある栄養素については目標量を設定した．さらに，過剰摂取による健康障害を起こす可能性のある栄養素については，障害を未然に防ぐことを目的として上限量を設定した（図2）．

推定平均必要量（EAR）：特定の集団を対象として測定された必要量から，性・年齢階級別に日本人の必要量の平均値を推定．当該性・年齢階級に属する人びとの50%が必要量を満たすと推定される1日の摂取量．

推奨量（RDA）：ある性・年齢階級に属する人びとのほとんど（97～98%）が1日の必要量を満たすと推定される1日の摂取量．原則として"推定平均必要量＋標準偏差の2倍（2SD）"．

目安量（AI）：推定平均必要量・推奨量を算定するのに十分な科学的根拠が得られない場合に，ある性・年齢階級に属する人びとが，良好な栄養状態を維持するのに十分な量．

目標量（DG）：生活習慣病の一次予防のために現在の日本人が当面の目標とすべき摂取量（またはその範囲）．

上限量（UL）：ある性・年齢階級に属するほとんどすべての人びとが，過剰摂取による健康障害を起こすことのない栄養素摂取量の最大限の量．

3. 食事摂取基準

付3（a）～（c）に食事摂取基準を抜粋して示す．

付3. 食事摂取基準〔日本人の食事摂取基準（2005年版）より〕

（a） エネルギーの食事摂取基準（推定エネルギー必要量；kcal/日）

年齢	男性			女性		
	身体活動レベル			身体活動レベル		
	I	II	III	I	II	III
0～5（月）母乳栄養児	—	600	—	—	550	—
人工乳栄養児	—	650	—	—	600	—
6～11（月）	—	700	—	—	650	—
1～2（歳）	—	1050	—	—	950	—
3～5（歳）	—	1400	—	—	1250	—
6～7（歳）	—	1650	—	—	1450	—
8～9（歳）	—	1950	2200	—	1800	2000
10～11（歳）	—	2300	2550	—	2150	2400
12～14（歳）	2350	2650	2950	2050	2300	2600
15～17（歳）	2350	2750	3150	1900	2200	2550
18～29（歳）	2300	2650	3050	1750	2050	2350
30～49（歳）	2250	2650	3050	1700	2000	2300
50～69（歳）	2050	2400	2750	1650	1950	2200
70以上（歳）	1600	1850	2100	1350	1550	1750
妊婦　初期（付加量）				＋50	＋50	＋50
中期（付加量）				＋250	＋250	＋250
末期（付加量）				＋500	＋500	＋500
授乳婦　　（付加量）				＋450	＋450	＋450

（b） タンパク質，総脂質，炭水化物・食物繊維の食事摂取基準（目標値のみ）

年齢	タンパク質（エネルギー比）	総脂質（エネルギー比）	炭水化物（エネルギー比）	食物繊維	
				男	女
18～29歳	20%未満	20以上30%未満	50以上70%未満	20 g	17 g
30～49歳	20%未満	20以上25%未満	50以上70%未満	20 g	17 g
50～69歳	20%未満	20以上25%未満	50以上70%未満	20 g	18 g
70歳以上	25%未満	15以上25%未満	50以上70%未満	17 g	15 g

付録 139

(c) ビタミン，ミネラル，微量元素，電解質の食事摂取基準（各指標値）

分類	種類	18〜29歳 男性				18〜29歳 女性				70歳以上 男性				70歳以上 女性			
		推定平均必要量	推奨量	目安量	上限量	推定平均必要量	推奨量	目安量	上限量	推定平均必要量	推奨量	目安量	上限量	推定平均必要量	推奨量	目安量	上限量
水溶性ビタミン	B₁ (mg/日)	1.2	1.4	—	—	0.9	1.1	—	—	0.8	1	—	—	0.7	0.8	—	—
	B₂ (mg/日)	1.3	1.6	—	—	1	1.2	—	—	0.9	1.1	—	—	0.8	0.9	—	—
	ナイアシン (mgNE/日)	13	15	—	300	10	12	—	300	9	11	—	300	7	9	—	300
	B₆ (mg/日)	1.1	1.4	—	60	1	1.2	—	60	1.1	1.4	—	60	1	1.2	—	60
	葉酸 (μg/日)	200	240	—	1000	200	240	—	1000	200	240	—	1000	200	240	—	1000
	B₁₂ (μg/日)	2	2.4	—	—	2	2.4	—	—	2	2.4	—	—	2	2.4	—	—
	ビオチン (μg/日)	—	—	45	—	—	—	45	—	—	—	45	—	—	—	45	—
	パントテン酸 (mg/日)	—	—	6	—	—	—	5	—	—	—	6	—	—	—	5	—
	C (mg/日)	85	100	—	—	85	100	—	—	85	100	—	—	85	100	—	—
脂溶性ビタミン	A (μgRE/日)	550	750	—	3000	400	600	—	3000	450	650	—	3000	400	550	—	3000
	E (mg/日)	—	—	9	800	—	—	8	600	—	—	7	700	—	—	7	600
	D (μg/日)	—	—	5	50	—	—	5	50	—	—	5	50	—	—	5	50
	K (μg/日)	—	—	75	—	—	—	60	—	—	—	75	—	—	—	65	—
ミネラル	マグネシウム (mg/日)	290	340	—	—	230	270	—	—	260	310	—	—	220	270	—	—
	カルシウム (mg/日)	—	650*	900	2300	—	600*	700	2300	—	600*	750	2300	—	550*	650	2300
	リン (mg/日)	—	—	1050	3500	—	—	900	3500	—	—	1000	3500	—	—	900	3500
微量元素	クロム (μg/日)	35	40	—	—	25	30	—	—	25	30	—	—	20	25	—	—
	モリブデン (μg/日)	20	25	—	300	15	20	—	240	20	25	—	270	15	20	—	230
	マンガン (mg/日)	—	—	4	—	—	—	3.5	—	—	—	4	—	—	—	3.5	—
	鉄 (mg/日)	6.5	7.5	—	50	5.5(9)	6.5(10.5)	—	40	5.5	6.5	—	45	5	6	—	40
	銅 (mg/日)	0.6	0.8	—	10	0.5	0.7	—	10	0.6	0.8	—	10	0.5	0.7	—	10
	亜鉛 (mg/日)	8	9	—	30	6	7	—	30	7	8	—	30	6	7	—	30
	セレン (μg/日)	25	30	—	450	20	25	—	350	25	30	—	400	20	25	—	350
	ヨウ素 (μg/日)	95	150	—	3000	95	150	—	3000	95	150	—	3000	95	150	—	3000
電解質	食塩 (g)	1.5	<10*	—	—	1.5	<8*	—	—	1.5	<10*	—	—	1.5	<8*	—	—
	カリウム 高血圧予防 (mg/日)	—	2800*	2000	—	—	2700*	1600	—	—	3000*	2000	—	—	2900*	1600	—

* 目標量を示す．鉄のうち（ ）内は月経ありの場合，食塩の＜印は未満を示す．
† 同，高血圧予防

付4. 20世紀の科学技術の潮流(科学技術庁科学技術政策局計画・評価課作成資料より抜粋)

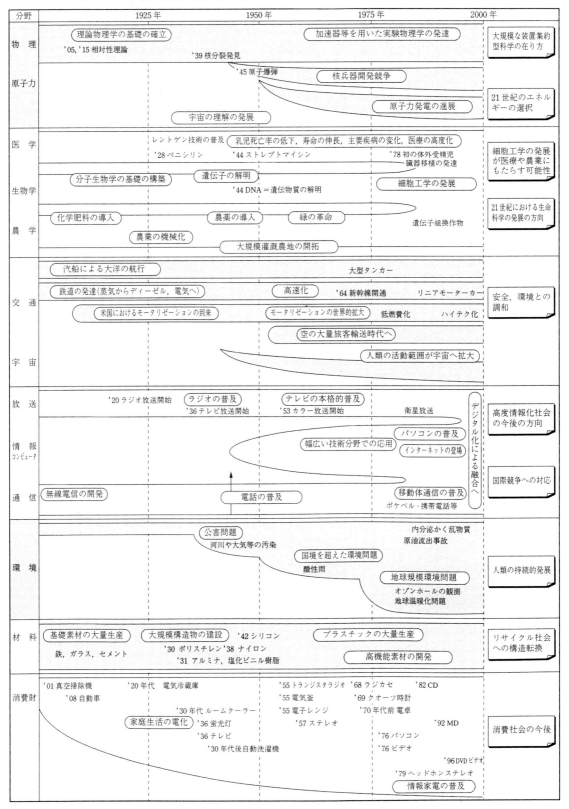

付　録　141

付5. ネットワーク居住（ウィークシェアリング居住などの新しい居住形態の概念図）（経済企画庁総合計画局作成）

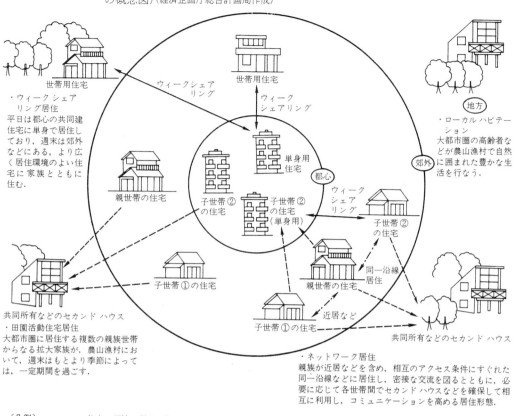

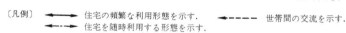

付6. 民家形式の分布図[1]

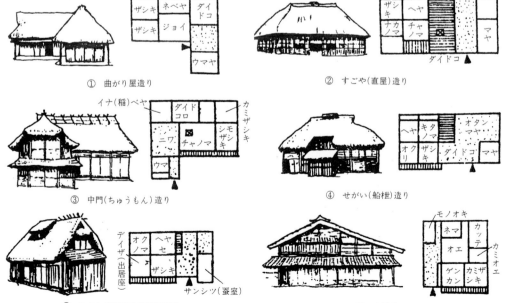

① 曲がり屋造り　　② すごや（直屋）造り

③ 中門（ちゅうもん）造り　　④ せがい（船枻）造り

⑤ かぶと造り突上げ屋根2階　　⑥ 本棟造り

（次ページに続く）

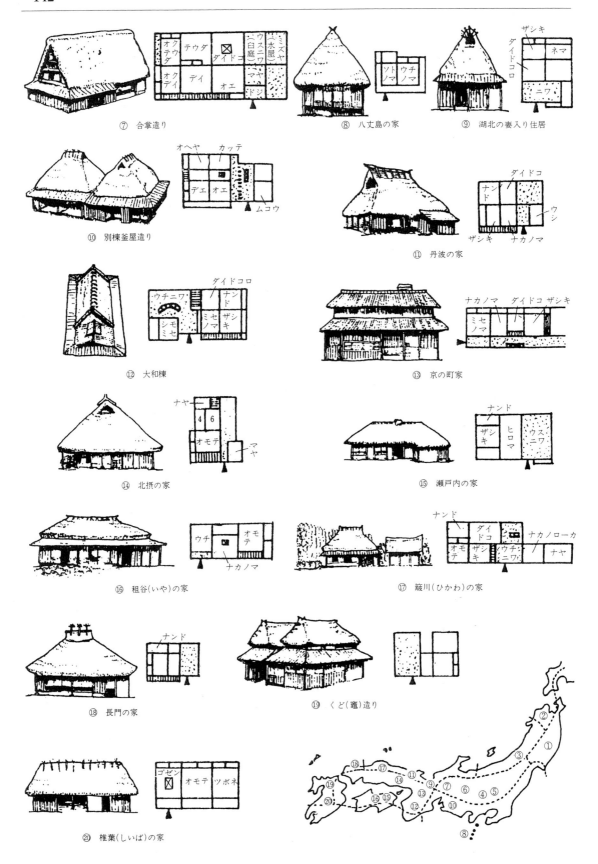

用 語 解 説

あ 行

アヴェロンの野性児
18世紀の終わりころ，フランスのアヴェロンの森で推定年齢11～12歳の男児が発見され，"アヴェロンの野性児"として知られている．青年医師が6年にわたる教育記録を残しており，そこから，人間は誕生後のある時期に家族のような親密な人びとの中でていねいに育てられないと言葉やコミュニケーション能力の発達が困難であることが示唆されている（大久保，p.31）．

アセスメント
査定や事前評価と訳されているが，問題状況を把握することである．そのためにアセスメントでは，本人や家族の状況についての身体的・心理的・社会的な事項について，くわしくたずねることになる．アセスメントをもとにして，対象者の援助計画が作成される（白澤，p.98）．

アパレル（apparel）
衣服，服装，とくに既製服をさす．第二次世界大戦後，急速な洋装化が進み，既製品の品質向上とともに，急速に変化するファッションがさらに既製服化を促進させる相乗効果を生み出し，繊維産業の中でも，とりわけアパレル産業を急成長させた．またアパレル産業の発展には女性の社会進出による経済力の向上と人件費の高騰，それに逆比例して自由時間の減少による家庭内仕立て，注文仕立ての急激な減少がある（佐藤，p.64）．

アポイントメント セールス
電話やはがきで"モニターに選ばれた"，"抽選でプレゼントが当たった"など目的を隠して誘い出し，店に出向くと長時間説明し，契約させる商法をいう．主として若者が対象とされる．英会話の教材・宝石・呉服・レジャー会員権などに多い．契約の解除は，8日以内なら，クーリング オフができる．そのほか，民法における"要素の錯誤"，公序良俗違反などで，契約の無効，また詐欺による契約の取消しなども，場合によってはできる（片山，p.76）．

アリエス
フィリップ・アリエス．1914年にフランスに生まれる．社会史家，心性史家．1970年以降のフランスにおける"新しい歴史学"，人びとの意識のありかたに焦点を合わせるマンタリテ（mentalité）の歴史学の流れを代表する歴史学者のひとりとされている．著書である「子供の誕生―アンシャンレジーム期の子供と家族の生活」（みすず書房，1980）では，4世紀にわたる図像記述や墓碑銘，日誌，書簡など豊富な資料をもとに子どもの遊びや服装の変遷をはじめ，日常世界を支配している深い感情（mentalité）の叙述に成功している．また子どもの発見が近代の出来事であり，新しい家族の感情はそこから芽生えたといった事実が明らかにされた．そのほか「フランスの人口の歴史」（1948），「死を前にした人間」（1977）などユニークな歴史研究がある（吉田，p.22）．

育児ネットワーク
子育てに役立つ網の目状の組織のひろがりをいう．現在，子育て真っ最中の親たちの子育て仲間（育児サークル），育児支援をするグループや施設，育児情報なども含める（岩堂，p.125）．

衣料二次製品
繊維材料を用いた最終用途の製品のことで，洋服・和服・かぶりもの・はきもの・寝具類・室内装飾品・付属品・その他（袋もの・風呂敷き・傘など）多くのものがある．これら多用途の製品に関わる繊維産業は，繊維素材から最終製品（衣料二次製品）の生産・卸し・小売り販売などの流通経路を経て消費者の手にわたる非常に複雑な産業構造となっている．すなわち繊維産業は，原糸・紡績・製糸・製織（その途中の精錬・染色・加工工程を含む）の中間素材までの製造業を繊維工業（テキスタイル工業）と定義し，外衣・下着類・ネクタイ・スカーフ・寝具などの衣料品の製品製造業をアパレル工業と分類している．その生産から流通に至る各工程には，中小零細企業の分業システムがあり，さらに原料・糸・織物，二次製品のそれぞれの段階において流通業者が介在する．これは他産業にはみられない特徴で，川の流れにたとえて称される．製糸（川上）の段階では，どのような織物半製品（川中）につくりあげられ，どのような最終製品（以下を川下という）となって消費者にわたり，使われかたをしているのか把握し得ない．消費過程で起こる問題を解決し，よりよいものづくりには，川上から川下へ，川下から川上への情報の伝達が不可欠である（佐藤，p.64）．

インスペクター
検査官・監視員などと訳されるが，特定の指標や規制が順守されているか，あるいは行政効果が発揮されているかどうかを，直接現場において点検する専門職をさしている．たとえば，イギリスのハウジング インスペクターは，住民の居住水準が住居法を満たす状態にあるかどうかを実地に確認し，行政指導する役割を果たしている（岸本，p.20）．

インテーク
相談援助での，初回面接のことであり，通常1回，多くとも数回の面接を行なう．"受付け面接"や"受理面接"と呼ぶ場合もある．対象者への援助を，機関やワーカーが受理するか否かをふり分ける面接のこと．そこでは，対象者の提示している問題が，当該の機関の機能に適合しているかどうかを識別することになる．申請者の問題を受理できない場合には，申請者を適切な機関に照会・送致する．インテーク ワーカーは，1回の面接の間に申請者の問題の輪郭を大まかにつかむことができ，同時に自分の属する機関の全体的な機能や職員の力量・能力を把握できている人でなければならない．また，申請者の援助方法を決定する，最も重大な段階を担当する者である．そのため，インテーク面接は，最もベテランのワーカーが担当することが望ましい（白澤，p.99）．

インフラ
都市活動を支えるための施設群，交通施設・エネルギー供給施設・公共空地・通信施設などは，供給主体によって民間と公共の2種に分けることができる．そして通常，後者の公的資本に属する都市施設群を都市基盤（インフラストラクチャー；infrastructure）と呼んでいる．現代の都市住宅はこの都市基盤との連携なしに機能することは不可能となっている（岸本，p.86）．

ウォッシュ アンド ウェア性（wash and wear, W&W）
直訳すれば"洗ったあと，すぐに着られる"の意となるが，具体的には洗濯後の乾燥が早く，しわの発生がないためアイロンがけの必要がない衣料特性をいう．ポリエステルなどの水になじみにくい繊維（疎水性繊維）衣料では，洗濯水中においても繊維が膨潤しないため繊維構造に変化がなく，乾燥後にもしわを発生しない．乾燥後そのまま着用できるW&W性の高い衣料である．
一方，綿などの水になじみやすい繊維（親水性繊維）に対し，洗

濯時に起こるしわの発生を防止し，W&W性を発現させるために行なわれる防皺加工がある．すなわち合成樹脂を含浸させ，湿潤（膨潤）状態においてセルロース分子との間に架橋結合を行なって繊維構造を固定させることにより，乾燥後の小じわの発生を防止する加工である．また，綿繊維にポリエステル繊維を一定比率で混紡することによっても，W&W性が発現する．

布構造の面でみると，織物よりも編物のほうがしわになりにくく，W&W性の高い衣料素材といえる（佐藤・小林，p.57，65）．

易疲労性
日常生活での身体活動量が少なすぎることにより体力が低下し，かえって疲労しやすくなる状態（岡田，p.84）．

SF商法
SFとは，新製品普及の略称．安価な品物を無料で客に渡し，会場へ誘い込む．会場では熱狂的な雰囲気を盛り上げ，冷静な判断を失うのを待ち，最後には高額な商品を買わせる商法．一種の催眠状態をつくり出すことから"催眠商法"とも呼ばれる．被害者に高齢者が多い．解約したい場合は，8日以内であればクーリングオフができる（片山，p.76）．

SPA（製造小売業者）
SPA is specialty store retailer of private label apparel の略．オリジナル ブランドを設け，素材調達から企画開発，製造，物流，販売，在庫管理，店舗企画までの全工程を一貫して手がける事業形態あるいは事業者．販売現場の売れ筋情報を企画に反映させ，生産を行なうという合理的な手法で，消費者のニーズにスムーズかつスピーディに応えることが可能となり，同時に中間コストの削減にもつながる（小林，p.56）．

FAO（国連食糧農業機関；Food and Agriculture Organiza-tion）
世界の食糧・農林・水産に関する問題を取り扱い，世界各国民の栄養・生活水準の向上などのために活動している（奥田，p.81）．

エリクソン（Erikson, E.H.）
アメリカの臨床心理学者エリクソンは，それまでほかの理論家が青年期ごろまでの心理的発達を論じていたのに対し，ライフ サイクル（人生周期）の視点を導入し，生まれてから死ぬまでを8段階に区分する人格発達理論を提唱した．そして各段階のそれぞれに発達的危機があることを指摘した．彼の理論によれば，人間はライフ サイクルのそれぞれの時点で解決しなければならない発達課題を抱えており，それがうまく達成できないとき，混乱や抑うつなどの心理的危機状態を迎えるという．たとえば，別項に掲げる"自我同一性の危機"は青年期のそれである（岩堂，p.25）．

エレン・H・リチャーズ（Ellen H.Swallow Richards；1842～1911）
"アメリカ家政学会の母"，"エコロジーの創始者"と称されている．1870年代からの彼女の構想をまとめて，1892年にボストンで"人間と環境との相互作用を研究する学問"として"ヒューマン エコロジー"を提唱した．アメリカ最初の女性自然科学者で，理工系大学MITの最初の女性スタッフ．彼女のリーダーシップの下に開催されたレイク・プラシッド会議（1899～1908年）において，アメリカの家政学の理念・概念・方法の枠組みが形づくられた．アメリカ・ホーム・エコノミックス協会（家政学会）の初代会長．1910年スミス大学からアメリカで女性初の理学博士号を受けた（中根，p.2）．

大掃除（おおそうじ）
大掃除とは，家屋・土地を清潔にし，伝染病毒の拡散を防止するために，日常手が届かない所まで念をいれて清掃する特別の掃除である．1960年ごろまでは春秋2度行なわれる慣例になっており，施行の期日はあらかじめ役場・区役所から通達された．大掃除は，ふつう家財道具を全部屋外に持ち出し，畳をあげて日光にさらし，床板をはずして床下のごみをはき清め，日光に当てた畳はほこりをたたき出し，家屋の内外は洗い掃除を行ない，下水・土台など不潔で湿っぽい場所は掃除して消毒剤を散布するなどした（一棟，p.61）．

送りつけ商法
注文もしないのに商品を送りつけ，代金を請求する商法でネガティブ オプションともいう．福祉目的をうたって商品を買わせることもある．返品や支払いの義務はない．14日間保管すると自由に処分ができる．商品の引取りを業者に請求して返事のない場合，7日間で処分可能．商品の所有権が業者にあるので，すぐに処分せず14日間は原形のまま保管しておくこと（片山，p.76）．

か 行

海溝型地震
関東大震災に代表される日本の地震の多くは，プレートの境界部に生じた歪（ひず）みの復元にもとづくもので，その多くは海溝部で発生している．この海溝型地震は一般に震源が陸地から離れているため，影響は広範囲にわたるものの，地震の規模（マグニチュード）の割りに震度（揺れの程度）は直下型ほど大きくない．さらに伝搬速度は早いがエネルギー減衰の大きいP波（縦波，上下方向の振動）と，遅いがエネルギー減衰の少ないS波（横波，水平方向の振動）の到達時間にずれが生じるため，結局被害はS波の大きさに左右される．関東大震災時の水平加速度は300～400ガル，上下加速度は途中でのエネルギー減衰が大きいため，およそその半分以下と推定されており，これが従来の建築基準法の耐震基準のもとになっていて，横揺れだけを対象に設計基準が定められていたといえるが，阪神大震災のような横揺れと縦揺れがほぼ同時に作用する直下型地震に対しては不充分であった事が明らかになった（中根，p.89）．

科学
自然や社会の中での事物や過程の構造・性質などを観察・実験・調査などによって調べ，得られた知識を整理・分析・総合することによって概念や仮説をつくり，実践によって検証し，その客観的法則を究明する人間の理論的認識活動と，それによって得られた体系的理論的知識を総称する．その対象とする領域によって自然科学と社会科学とに大別され，さらに数学や倫理学を含む形式科学，哲学を含む人文科学を加えて総称することもあり，狭義には自然科学をさす．本書では生活を広義の意味の科学でとらえて対応している（中根，p.2）．

化学繊維
天然繊維に対し，人工的につくり出した繊維を化学繊維と呼ぶ．化学繊維には，繊維を構成する高分子原料を天然に求める再生繊維，天然高分子を改質後使用する半合成繊維，高分子の合成をも人工的に行なう合成繊維などの分類がある．

化学繊維と合成繊維の用語は混同して用いられる場合が多いが，合成繊維は化学繊維の一部類である（小林，p.56）．

過剰死亡
通常，老衰や病気・事故などで一定割合数の人間は常に死んでいくが，なんらかの原因で通常以上に生じた死亡者のことをいう（中根，p.48）．

"家政学と生活科学との概念の隔たりはない"
生活問題に取り組む姿勢に大きな隔たりはないが，家政学では社会問題，環境問題など家庭外の問題がその教育・研究の主対象領域に入っていないため，家庭内外の生活の境界が不明確になってきた現在の生活問題を取り扱うには限界があり，生活をトータルにとらえる生活科学に改編せざるを得ない問題があった．とくに地球環境問題では，人類の生存をかけて，グローバルに問題をとらえて対処する必要がある．人間存在の基になる生産活動も生活活動の一端として位置付ける，家政学の枠を越えた質的発展型としての生活科学の考えも生まれた（中根，p.12）．

家庭科教員養成

戦前の教員養成は，師範学校・高等師範学校に限定した，教授技術と聖職意識の涵養に重点をおくものであり，教員自身の教育理念を育てなかった．そのため国家主義，軍国主義，家父長主義を中心とした当時の思想を批判できず，むしろ歴史・修身・家事科教育などにおいては，それを助長してきたといえる．敗戦の結果，それまでの，これらの教育が否定され，自己による自由な思考・個人の尊重・男女平等を基礎とした教育が求められ，そのような教育の資質をもった教員が多量に必要になった．そのために，教員養成系の大学・学部での教員養成と，教養課程（真理の追求と自由をモットーに，幅広く学習することを目的として，新制大学に設置された）のある一般の大学で，単位を修得すれば教員免許が取得できる開放制の教員養成との2原則が制定された．その結果，義務教育教員の，とくに小学校教員の多くは国立の教員養成大学・学部で，中学教員の一部と高校教員の大部分は一般大学において養成されるようになった．旧女子高等師範学校から昇格した2大学は女子大学になったが，男子の旧高等師範学校から昇格した大学をはじめ，他の国立大学の教育学部はいずれも男女共学制であった．しかし，家庭科教員養成課程の学生については，"家庭科は女子の習うこと"という意識に基づく学生側の自己規制もあって，男女共学制の大学でも，ごく最近まで，ほとんど女子学生のみであった．結局，家庭科教員は女子教員によって占められてきていた．1992年の学習指導要領の改定によって，1994年から高等学校で家庭科の男女共修がはじまり，また1989年の学習指導要領の改定で小学校低学年に生活科が設けられたことをきっかけに，この分野にも男子教員が登場するようになってきた（中根，p.10）．

家庭生活の空洞化

核家族化や女性の社会進出の顕在化，また企業サイドでの家事の商品化への取組みなどから，従来家庭が担っていた生活機能の一部（炊事，洗濯，裁縫，掃除，育児，教育，看護など）が外部化（社会化・商品化）されて家庭から抜けたため，生活の中身が一部空洞になる現象．家庭での裁縫は，すでにほとんどみられなくなり，加工食品・冷凍食品の利用も日常化し，外食産業が繁盛している．食生活の外部化は食事づくりを通しての協力・教育などの機会や食卓を囲んでの家族の団らんの機会を失わせて，家族間の意志の疎通を欠く結果となり，人の話しや気持ちを理解し得ない，思いやりのない子どもを育てることになって，家庭内暴力やいじめの一因にもなった．教育面でも多くの親が家庭教育の基本であるしつけを放棄し，それを学校など外部に押し付けている．生活行動の最小単位として機能していた家族も，メディアの発展・家庭生活の外部化によって，たとえば各自が好きなインスタント食品を好きな時間に食べる孤食（個食）がみられたり，ポケットベルでしか会話のできない，家族にも心を開かない子どもが現われるなど，個人が生活行動の最小単位になってきている．以上のように，現在かなり家庭は形骸化してきている（中根，p.13）．

空の巣症候群

養育に手のかかる時期が過ぎて子育てが一段落したり，子どもたちが進学・成人して家から離れていった家庭に取り残された母親（主婦）たちを襲う心理的空虚感を症状とする疾病をさす．子育てを生きがいにし，一生懸命，良妻賢母に徹した母親がかかりやすい．巣立っていったひな鳥のいない"空の巣"の寂しさを比喩して命名されている．正式の医学用語ではないが，中年主婦の抑うつ症がこう呼ばれることが多い（岩堂，p.27）．

間 脳

視床脳ともいう．脊椎動物の前脳の後半部で中脳に続く部分．高等動物ではいわゆる五感の中間中枢や自律神経系の最高中枢が存在する．視床・視床上部・視床後部・視床下部の4部よりなり，中に第3脳室がある（吉田，p.24）．

擬きょうだい

血縁関係ではないが，実のきょうだいに準じて，親密な関係をもつ近隣の異年齢の生活上の仲間たちをさす．農業社会においては，地域ぐるみの子育てがふつうであったから，仕事に忙しい大人たちに代わって，年齢の近い子ども同士が互いに幼い子どもの面倒をみたり，共に遊んだりしていた．そのほか，出生のときに助産・介助してくれた"とりあげ親"や子どもの"名付け親"となった人の子どもたちも擬きょうだいである（岩堂，p.124）．

機能性食品

食品の機能として，栄養素による栄養機能（一次機能），味覚や嗅覚などの食感覚にはたらきかける感覚機能（二次機能），生理活性をもつ成分による生体の調節にはたらく生体調節機能（三次機能）があると考えられている．この食品の三次機能が効率よく発現できるように設計し，加工された食品を機能性食品と呼ぶ．表8・2に示したようなオリゴ糖・エイコサペンタエン酸・食物繊維などが機能性食品として広く普及している（山本，p.66）．

規範的価値

価値にはいろいろな側面がある．たとえば，効率という価値にはエネルギー効率・時間的効率・経済的効率など，さまざまな視点が存在する．本論ではその中でも，事の善悪あるいは是非を判別する基準をもつものを，規範的価値と称している（岸本，p.19）．

キャッチ セールス

街頭で"アンケートに答えて下さい"，"調査に協力してほしい"などと販売目的を隠して近づき，喫茶店や営業所に連れて行き，商品や会員権を強引に契約させる商法をいう．健康食品・化粧品・会員権・英会話教室・モデルやタレント養成・エステティックなどに多い．誘いやすい若者が対象にされるので注意．8日以内なら，クーリング オフによる契約解除をすることができる（片山，p.76）．

狭小過密居住

居住水準が低いと健康に悪影響があることは，しばしば指摘されている．たとえば，1970年"住宅環境と持病に関する調査"（厚生省：厚生統計地域傾向精密調査）により，住環境を日照・通風・騒音・振動・空気汚染・1人当たりの畳数の6項目について，上中下の3ランクに分け，持病との関係をみると，多くの持病について，上下で10倍前後の差があることが示されている（馬場，p.91）．

住宅環境と持病(%)

	頭痛持ち	神経痛	痔	ぜんそく	心臓病	高血圧	じんましん	リウマチ	糖尿病	その他不詳
上	3.3	6.4	2.7	1.2	2.0	5.2	0.8	1.4	0.7	5.7
中	6.6	10.5	6.5	2.1	2.6	6.5	1.9	2.2	0.9	11.0
下	29.8	71.9	23.4	10.6	18.5	62.2	6.2	13.1	4.3	48.9

厚生省：厚生統計地域傾向精密調査，1970．

クーリング オフ制度

訪問販売などの売買契約成立後，頭を冷やして考える期間を設け，その間に申込みの撤回や契約の解除ができるようにする制度．訪問販売や割賦販売は8日，マルチ商法は14日のクーリングオフ期間が設けられている．ただし，消耗品を消費してしまった場合や，3000円未満の現金取引きの場合，乗用車を購入する場合には適用されない（大矢，p.68）．

クオリティ オブ ライフ（quality of life）

単に延命を考えるだけでなく，長生きしたとして，果たしてど

のような内容の生活を送るのか，当事者が真にこうありたいと望む内容の生活であるのかどうかという生活の質を問題にするとき，こう表現する．近年，不治の病の床についている人のケアや病院の長期入院患者の有り様をめぐって，こうした観点からの議論がなされるようになった（岩堂，p.27）．

クリモグラフ（climograph）
　直交座標軸にそれぞれ温度と相対湿度をとり，ある土地の温度と湿度の月別平均値を用いて，年間のその土地の温熱推移や温熱的特性を示す図で，気候図ともいう．人間や農作物はじめ，動植物に対するその土地の適性を示すよい指標の一つとしてよく用いられる（中根，p.47）．

ケース検討会（ケース カンファレンスと同義語）
　ケースの処遇過程において，的確な診断と処遇を期するために，そのケースに関与する専門職員が集まり，討議する会のこと．ケースの性格によって，参加するメンバーは異なる．この事例の場合は，ボランティアを中心に集まり，要援助者にどのようにかかわればよいかをめぐって，専門家を交え，情報交換や援助内容・方法を検討している（上野谷，p.123）．

ケース マネージメント機能
　ここにひとり暮らしの病弱老人が住んでいたとしよう．彼は住み慣れた地域で暮らし続けたいと願っている．この場合，彼の生活を維持するためには，食事のこと，入浴のこと，投薬のこと，通院のことなどいろいろなサービスを必要とする．孤独にならないように，友愛訪問も必要である．緊急通報も必要かもしれない．そこで，保健所・福祉事務所・病院などの専門的サービスや，近隣住民やボランティアなどによる支援とを調整し，総合的に提供するはたらきが求められる．一人ひとりのケースに応じて，必要なサービスや支援をアレンジ（手配）していくはたらきである（上野谷，p.123）．

建築基準法
　建築物の敷地・構造・設備および用途に関する最低の基準を定めて，国民の生命・健康および財産の保護を図ることによって，公共の福祉の増進に役立つために定められている．内容は大きく分けて，"単体規定"と"集団規定"とに分けられている．単体規定は，個々の建物の安全性および衛生環境の確保のために要求される最低限の技術基準について定めており，とくに地震・台風・火災・腐朽・虫害に対する安全性の確保と，日照・採光・換気・遮音についての性能が中心になっている．集団規定では，建物が街中などで集団となったときに，それぞれの建物が満たすべき条件について定めていて，地域ごとに建てられる建築物の用途と建ぺい率・容積率を定めた用途地域制が根幹になっており，さらに良好な住環境を確保する目的で，建物の高さ・敷地の接する道路幅などについて決められている．1950年にこの法律が制定され，さらに1968年の十勝沖地震で学校建築などに大きな被害が生じたことから，1971年に，また1978年の宮城県沖地震で新興開発地に被害が集中したことから1981年に，それぞれ改正・強化されたため，それ以後建てられた建物は，とくに単体規定によって建物の最低強度が高められた結果，法律を守り，工事に手抜きでもない限り，関東大地震や室戸台風程度の外力では壊れなくなった．
　しかし，1995年の阪神・淡路大震災（兵庫県南部地震，マグニチュード7.2）は，大都市直下型の地震で，場所によっては地震波の水平加速度が関東大地震の2倍以上の800ガルにも達し，わが国観測史上最初の震度7の激震となった．そのため，とくに1971年以前に建てられた古い住宅やビルの多くに，また壁が少なく不均等に配置されている建物，耐力の不均一な地盤に建つ建物（もとの地山を削った硬い地盤と，谷や湿地を埋め立てた柔らかい地盤などにまたがって建つ建物）などに倒壊や重大な被害が生じた．一方，現在の建築基準法に基づいた建物には人的被害に及ぶ重大な被害はほとんど見られず，わが国の建築基準法の有効性を実証したともいえる．しかし関東大地震程度の地震を想定した現行の耐震基準では不充分であったことも確かである．高架高速道路や新幹線の高架部分，地下鉄，港の岸壁，埋立地などの土木構造物にも被害が生じた．とくに水平方向ばかりでなく上下方向の加速度が予想以上に大きかったことが，被害を大きくしたと考えられ，今後建築および土木の構造基準の見直しは必至である（中根，p.74, 88）．

公害
　1967年に公布された公害対策基本法によると，公害とは"事業活動そのほかの人の活動にともなって生ずる相当広範囲にわたる大気・土壌の汚染，水質の汚濁，騒音，振動，地盤の沈下および悪臭によって，人の健康または生活環境にかかわる被害が生ずることをいう"と定義しているが，これは狭義の公害である．その後，公害被害は拡大し，人間生活の基礎をなす自然環境にも被害が及び，深刻化した．さらに大都市の熱公害，原子力発電などにともなう放射能汚染，タンカー事故などによる大規模海洋汚染などのような広範囲に被害を生ずる広義の公害が多発している．また特徴として，公害による被害は，もとにもどすことのできない場合が多い．たとえば，森林なども，被害がある程度以上になると，原因を除去しても元へはもどらず，森林の治山・治水能力は失われ，砂漠化が進む（中根，p.48）．

合計特殊出生率
　1人の女子が生涯に何人の子どもを産むかを示す値．これが2.1であると，総人口の変化がなく，これを下回ると人口が減少する．近年，わが国では，合計特殊出生率が低下傾向にあり，1993年には1.46と戦後最低を記録した．低下の背景には，未婚化・晩婚化・高学歴化などがあるといわれている．出生率を示す指標には，このほかに普通出生率も用いられることがある．これは，人口1千人当たりの出生数を示している（山縣，p.125）．

恒常性の維持（ホメオスターシス）
　生体は，体内の環境を外部環境の変動から守り，もし内部環境に変化が生じた場合でも，ただちに正常に引きもどそうとする機能を備えている．これらは，神経系とホルモンとによって調節されている．呼吸・循環・消化・吸収・排泄なども，物質代謝とエネルギー代謝を通して内部環境の恒常性維持につとめるものであり，体力や持久力があるということは，恒常性維持能力があるということにほかならない（奥田，p.79）．

合成レモン汁の不当表示
　1967年，内容は合成レモン汁であるにもかかわらず，あたかも天然レモンであるかのように果物の色や絵を表示し，広告販売した商品（表示がめだった）．これらの行為は，実際のものよりも優良であると一般消費者に誤認させ，適正な商品の選択を妨げることになるので，"景表法"では不当表示として禁止している．公正取引委員会は調査の結果，レモン飲料7社に排除命令を出している（片山，p.70）．

公的介護保険
　従来，わが国の老人介護は，一般に親族が担ってきた．しかし，核家族化や家族構成・住宅状況の変化にともなって，社会的に支援する必要性が高まり，2000年4月より，高齢者介護の公的支援システムとして介護保険制度が施行された．加齢にともなって生じる心身の変化が原因である疾病などにより要介護状態となって，入浴・排泄・食事などの介護，機能訓練ならびに看護および療養上の管理やその他の医療を必要とする人が，それぞれの人の要介護状態（1〜5）に応じて，自立した日常生活を営むことができるよう，必要な保健・医療サービスおよび福祉サービスを総合的に受けられることを目的としている（坂部，p.107）．

好発期
病気や問題が発生，あるいは発症しやすい時期をさす（岩堂，p.26）．

国内総生産（GDP）
Gross Domestic Product の略称．一国の領土内での生産活動によって1年間につくり出された財とサービスの価値総額から，それをつくるのに必要であった原材料・中間財の費用を控除したもの．一国経済の規模を把握する指標として適切であるため，戦後広く利用されるようになった．たとえば2003年の値で比較すると，人口は日本：アメリカ 127,649：288,369（千人），国土面積は同 378：9,629（千 km^2），人口密度は同 342：30（人/km^2），GDPは同 43,026：110,041（億ドル）となり，GDP密度（GDP/国土面積）は同約 113.8：11.4 となり，人口密度，GDP密度とも日本はアメリカの約10倍となっている．GDPに海外からの雇用者所得および財産所得の受取額を加え，海外に対する雇用者所得および財産所得の支払い額を差し引いたものが国民総生産（GNP＝Gross National Product）である（下記の国民総生産の解説を参照）．一国経済の規模を把握する指標として従来GNPが使われてきたが，企業活動がグローバル化したことなどから，国民生活の指標としては国内での経済活動の規模を示すGDPが主に使われるようになった．GNPから生産活動により減価した資本設備の償却額を控除したものが国民純生産（NNP＝Net National Product）であり，さらに間接税と補助金との差額を控除したものが国民所得（NI＝National Income）である．なおGNPは2000年から国民総所得（GNI＝Gross National Income）に名称変更されている．

しかし，GDPやGNIなどでは，公害，社会資本の不備，環境の悪化などマイナスの効果部分が評価されていない．このため国民生活により密着した指標としてNNW（Net National Welfare，国民福祉指標）が提示されている．NNWはGDPから非福祉的部分を控除し，それにGDPに含まれない福祉的項目の金額を加えて求められる．そのほかGDPから自然環境の減価償却，環境利用にともなう後世への借金，さらに環境対策に必要な経費を差し引いて，環境の大切さを反映したグリーンGDP（環境GDP）とも呼べる新しい経済指標をつくろうとする動きもある（中根，p.46）．

国民栄養調査
国民の食品摂取量，栄養素摂取量の実態を把握し，栄養と健康との関係を明らかにし，健康増進対策などの基礎資料を得ることを目的とし，厚生省が1945年（終戦直後）以降，毎年実施している．現在，栄養摂取状況は，全国から無作為に抽出した6千世帯（約2万人）を対象に，世帯単位で3日間に摂取した食品を測り，集計したもの．そのほか食生活状況調査，血液検査などからなっている（奥田，p.80）．

国民生活センター
1970年に特殊法人として発足し，地方の消費生活センターの中枢機関としての役割を担う．国民生活に関する情報の提供および調査研究などを行なっている．条種TV番組・ラジオ番組・商品テスト情報誌（たしかな目）などで普及啓発活動を行なうとともに，消費者リーダーや行政・企業の消費者担当者の教育研修なども行なっている．また消費者の相談に対応する窓口も備えている（大矢，p.68）．

国民総生産（GNP）
Gross National Product の略称．一国で1年間につくり出された財とサービスの価格総額から，それをつくるのに必要であった原材料・中間財の費用を控除したもの．一国経済の規模を把握する指標として適切であるため，戦後広く利用されるようになった．しかし，公害，社会資本の不備，環境の悪化などマイナスの効果は評価されない．現在は国内総生産（GDP）の指標が用いられている（中根）．

個食（孤食）
家族が別べつに一人だけで食事をとることをいう．長距離通勤，女性の社会的労働への参加，塾通いに追われる子どもたちというようなライフスタイルの多様化の中で，個人の生活リズムに合わせた食生活が重視されるようになって個食が増加している．家族が食事を共に食べる"供食"によって，家族のコミュニケーション・協調・思いやりなどが育まれ，食文化が伝承されることを考えると，個食の増加は問題である（山本，p.58）．

骨粗鬆症
骨粗鬆（こつそしょう）症は閉経後の女性や老人に多い疾患で，骨量（タンパク質，カルシウムなど）の減少，およびそれにもとづく腰背痛，骨折をおもな症状とする疾患群である．骨折により寝たきりや痴呆につながることから，重要な問題となってきている．骨吸収（分解）と骨形成のバランスが崩れて発症するが，その要因としては，加齢・ホルモン・運動不足・カルシウム不足などの栄養因子の関与が考えられている．骨量が増加する成長期にカルシウムなどの適度な栄養摂取と，適度な運動を行ない，最大骨量を高めておくことなど，骨粗鬆症の予防には一生を通じてのライフスタイルが重要である（奥田，p.81，84）．

骨密度
骨は，タンパク質の基質にリン酸カルシウムを主成分とする無機質が沈着したものであるが，タンパク質やカルシウムの摂取不足・運動不足などにより骨量が減少し，骨密度は低下する．それにともない骨はもろくなり，骨折しやすくなる（岡田，p.84）．

コンシューマリズム
消費者と企業の信頼関係が地に落ちていた1960年代のアメリカで，ラルフ・ネーダーらによって広められた．消費者主義，消費者優位主義，消費者第一主義などと訳される．たとえば，子どもの衣類がストーブに触れて引火し，大やけどを負う事故があった場合，監視できなかった親の責任を問うよりも，燃えやすい衣類に問題があると考える主義である．アメリカでは"コンシューマリズム・メイクス・マネー"の思想で成功した多くの企業がある（大矢，p.63）．

さ　行

栽培漁業
人工的に魚介類の卵を孵（ふ）化させ，給餌して生育させ，また成長した魚介類から卵を生産させるというように，産卵と生育を人為的にコントロールする漁業のこと．栽培漁業の研究が進んで実現されれば，養殖よりもさらに稚魚や飼料の供給がコントロールでき，魚介類の安定した供給が可能となる（山本，p.66）．

サリドマイド薬害事件
大日本製薬が1958年1月から"つわり防止薬"として発売した睡眠薬（主成分はドイツのグリュンネンタール社が開発したサリドマイド）によって，妊娠初期に飲んだ妊婦から奇形児が誕生した事件．被害者から訴訟が提起され，11年間にわたって争われた．和解が成立．国および大日本製薬は責任を認め，賠償金を支払った．また，被害者への援助機関として"(財)いしずえ"が設立された（片山，p.70）．

三種の神器（3C）
皇位のしるしとして皇室に伝わる鏡・剣・勾玉（まがたま）をもじった流行語．家庭生活の電化が進展しつつあった1958年ごろから，電気冷蔵庫・電気洗濯機・白黒テレビが庶民生活における三種の神器といわれた．また1966年ごろからは，カラーテレビ・クーラー・カーの頭文字をとった3C（新三種の神器）が，さらに1968年ごろには，新3C（cottage・central heating・cooker）という造語も生まれた（大久保，p.36）．

酸性雨

燃焼排気ガスなどとして大気中に放出された硫黄酸化物（SO_x），窒素酸化物（NO_x）などが酸化されて硫酸イオン，硝酸イオンとなり，降下中の雨水に溶けた結果生じた硫酸・硝酸などを含む酸性の強い雨のことをいう．結果として湖沼・河川の酸性化，土壌の変質などをうながし，魚類の死滅，森林の枯死などの自然環境破壊のほか，農作物や建造物などへの被害をもたらす．大気中に放出された排気ガスが偏西風などに乗って広範囲に拡散するため，ヨーロッパやアジアでも被害が国境を越えて発生している．日本でも中国や韓国などからの汚染ガスによる酸性雨が問題になっている．欧米諸国では"長距離越境大気汚染防止条約"などを結んで対策に乗り出している（中根，p.49）．

GHQ

General Headquarters of the Supreme Commander for the Allied Powers の略．日本が占領下（1945～1952年）にあった時代の連合国最高司令官総司令部のことで，連合国の中央管理機構である．占領下のことであり，当時のわが国で最も強い権限をもっていた（中根，p.5）．

COD（化学的酸素要求量）

Chemical Oxygen Demand の略称．水質汚濁の程度を示す指標のひとつで，主として水中の有機汚濁物質が酸化剤によって処理される際に消費される酸素量を ppm 単位で表わしたもの（中根，p.49）．

自我同一性の危機

エリクソンが5番目にあげた青年期における発達上の危機をさす．青年期には徐々に自分を客観視できるようになり，進学や職業の選択，友人や異性との交友関係など将来の生きかたの方向性について，一定の見通しを立てることが可能になる．しかるに自分の生きかたが定まらず深く悩み，現実から逃避したり，無気力や抑うつ状態に陥ることをいう（岩堂，p.27）．

室礼（しつらい）

接客供宴など晴れの儀式の日に，寝殿造りの住宅の母屋やひさしに障子・きちょう（几帳）・畳・ふすまなど調度を飾り立てることをいう．平安時代初期（10世紀）ごろ，この習慣が成立したといわれる．転じて，和室のしつらえ・装備・飾付けをさす（一棟，p.61）．

シナプス

ニューロン相互間の接合関係，またはその接合部位をいう．ここでは，神経線維（軸索）の終末はシナプス小頭部となってつぎのニューロンの細胞体に接触しているが，両者は膜によって隔てられ，原形質のつながりはない．シナプスは神経中枢すなわち脳や脊髄の灰白質，または一般に神経節に集まっており，実際には1本の神経線維は分枝して多数の神経細胞にシナプス接合し，また一つの細胞体には多数の線維からの分枝がシナプス接合している（吉田，p.24）．

社会資源

社会資源とは，対象者のニーズを充足するために動員されるあらゆる物的・人的資源を総称したもの．社会資源を金銭・愛情・情報・地位・サービス・善意に区分する場合もある．だれがそのような社会資源を提供するか，供給主体から社会資源をみると，インフォーマル セクターとフォーマル セクターに分けられ，前者には家族・親類・友人・同僚・近隣・ボランティアなどが，後者には行政・法人・企業などが含まれる．また，対象者側のニーズの視点から社会資源をとらえると，人びとの所得保障・医療・保健・雇用・住宅・教育，あるいは社会福祉サービスなどに対するニーズを充足するための社会資源に整理できる．また，社会資源の内容からみると，物的資源と人的資源に分けられる．物的資源には資金や物資，施設や設備，制度などが含まれ，人的資源には知識や技能，愛情や善意，情報や地位などがあげられる（白澤，p.98）．

社会的入院

わが国の老人介護は，以前は親族が担うのが一般的であった．しかし，核家族化や家族構成・住宅状況の変化にともなって，高齢者を家庭で看（み）ることができない状況が増え，病気の治療目的（高齢者はだれでも何らかの疾病をもっている）を名目に，おもに介護負担軽減の目的で病院に入院させていること（坂部，p.107）．

"社会問題・環境問題の深刻化・国際化が進み"

酸性雨（用語解説参照）やフロン ガスによるオゾン層の破壊，チェルノブイリ原子力発電所事故にみられる放射能汚染，タンカー事故での流出原油による大規模な海洋汚染など深刻な環境汚染問題は，いずれも国境を越えて広範囲に被害を及ぼし，生活にとって重大な問題であるが，家政学の家庭生活中心主義で処理できる問題ではなく，社会的・国際的に問題をとらえ，対応することが求められる（中根，p.11）．

住宅需要実態調査

建設省が，5年に一度，普通世帯を対象に実施する調査．全国の普通世帯の住宅およびそのまわりの住環境に対する評価，住宅改善計画の有無と内容，住宅建設または住替えの実態などを把握することによって，住宅需要の動向を知り，住宅政策の基礎資料を得ることをおもな目的としている（馬場，p.90）．

終末期医療

ターミナル ケア．死が近づいている患者に対する医療をいう．医療はこれまで1日でも長く生きるということに価値がおかれて，入院治療中心に医療器具に管理された形のさまざまな治療がなされてきた．近年，別項に掲げる"クオリティ オブ ライフ"で述べているように，"生活の質"ということが問い直されるようになり，つらい，痛いことをしてまで延命を図る意味は何なのか，が問われている．むしろ死が避けられぬのであれば，患者の要求を受け入れて痛みを和らげ，家族や友人との対話や交流を保障し，最後まで人間としての尊厳を維持しつつ，やすらかに死を迎えるという方向が探られつつある（岩堂，p.26）．

主婦症候群

オランダの婦人科医ファン・デ・ヴェルデは"主婦であることと，社会における女の役割との葛藤により生じる心理的身体的な種々の変調"を主婦症候群と呼んだ．それは，個人の資質や性格にかかわらず主婦であればだれもがかかる可能性のある病であるとされる．円より子は，自分の主催した離婚講座で出会った主婦の悩みの中から，主婦症候群として"専業主婦自閉症""潜在的離婚願望症""良妻賢母硬化症""中高年母性固執症"などの具体例を紹介している（大久保，p.33）．

小児生活習慣病

高血圧や糖尿病など，従来，成人の代表的な疾患とされていたものが，小児期にすでにみられる場合や，動脈硬化症のように中年以降になって症状があらわれるが，その原因が小児期からの生活習慣にあると考えられるもの（岡田，p.85）．

消費者基本法

消費者保護の憲法といわれる法律であり，1968年に消費者保護基本法の名称で施行された．行政には経済社会の発展に即応して消費者の保護に関する施策を策定・実施することを，事業者には供給する商品やサービスについて危害の防止など必要な措置を講ずるとともに，行政に実施する施策に協力することを，また消費者に対しては自ら進んで消費生活に関する必要な知識を修得するとともに，自主的かつ合理的に行動するよう努めることを，それぞれ定めている．2004年に現在の名称に改題され，消費者の自立が強調されるようになった（大矢，p.62, 70）．

情報化による空間的制約の緩和
チケット予約やホームバンキングなど，人がわざわざその場に出かけなくても，コンピュータで用事がすませることなどをさす（一棟，p.39）．

ショートステイ
短期入所ともいう．寝たきりの高齢者や，障害者などの介護者が，疾病・出産・冠婚葬祭・転勤・その他社会的理由，または介護疲れ，旅行などの私的理由により一時的に介護できない場合，要援護者を福祉施設などに短期間入所させる制度．分野によって異なるが，短期間とは，おおむね1週間程度である．行政施策としては，老人短期入所事業・身体障害者短期入所事業・心身障害児短期入所事業などがある（山縣，p.97）．

食事摂取基準
健康な個人または集団を対象として，国民の健康の維持・増進，エネルギー・栄養素欠乏症の予防，生活習慣病の予防，過剰摂取による健康障害の予防を目的とし，エネルギーおよび各栄養素の摂取量の基準を示すものである．保健所，民間健康増進施設などにおいて，生活習慣病予防のために実施される栄養指導，学校や事業所などの給食提供にあたって最も基礎となるものである．日本人の食生活や体格の変化などに対応し，厚生労働省が5年ごとに改定している．2005年には，科学的根拠にもとづき，確率論的な考え方を取り入れ，名称も「食事摂取基準」と改められた（付録：付2，付3参照）（奥田，p.79）．

食品間のバランス
現在，多種多様な食品が豊富に出回っているが，一方において，加工食品に頼りすぎたり，誤った栄養知識にもとづき，特定の食品の効果を過信して摂取している者も少なくない．健康を維持増進するために重要なことは，体に必要な栄養素を過不足なく摂取することである．厚生省は第5次改訂栄養所要量の中で，栄養所要量に対応した食品群別摂取目標量（食品構成）を初めて発表した．幼児・成人・老人など，栄養所要量の比較的近似したグループについてとりまとめて，それぞれの代表的な例として示した（奥田，p.82）．

食品添加物
食品衛生法では食品の製造過程において，または食品の加工もしくは保存の目的のために，食品に添加・混和・浸潤その他の方法によって使用するものを食品添加物という（山本，p.66）．

食物繊維
ヒトの消化酵素で消化されない食品中の難消化性成分の総体であり，おもに植物の細胞壁構成成分の難消化性多糖類とリグニンである．セルロース，ヘミセルロース，リグニンなどの不溶性食物繊維と，グアーガム，グルコマンナン，ペクチン，海藻多糖類などの水溶性食物繊維とに分類される．不溶性食物繊維は，吸水性と膨潤性が大きく，満腹感を与え，便重量を増加させるので，エネルギーの過剰摂取や便秘の予防になる．水溶性の食物繊維は，食物の胃内滞留時間を長くし，食後の血糖値の上昇を抑制するとともに，コレステロールや胆汁酸の排泄を促進させ，血清コレステロール濃度の上昇を抑制する．さらに，盲腸内で発酵され短鎖脂肪酸が生成するが，これらは腸内で，あるいは吸収された後体内で，多くの生理作用を示すことが知られている（奥田，p.80）．

食物連鎖
生物はすべて互いに食う・食われるという連鎖の関係にある．この連鎖にはふつう4ないし5の段階がある．生きた植物から始まる生食連鎖と，枯死植物などの生物遺体から始まる腐食連鎖とがある．重金属は，体外に排出されにくいので，食物連鎖の中で順次濃縮されて上位の生物の体内に残り，重金属障害を起こしやすい．水俣病などがその例である（中根，p.49）．

新開発食品
この規定は，石油から製造したノルマルパラフィンを微生物に食べさせてできたタンパク質を，動物のえさに使用しようとする計画に対する，消費者団体からの反対運動によって入れられた条文である．反対の理由は，これに発がん物質が含まれていることにあった．業者が自主的にこの計画を中止したため，この規定は発動されるに至らなかった（片山，p.72）．

新合繊
ソフト感・ドライ感などの感性面で天然繊維にはない，すぐれた性状を有する合成繊維として，1980年代末ごろから日本の各繊維メーカーから発表されている．技術革新により，天然繊維をこえた繊維が製造されたという点でその意義は大きい．ポリエステルを主体とした製品が多く，表示上は従来のポリエステルと区別されていない場合が多い．このためデリケートな素材にもかかわらず安易な取扱いを受け，繊維の損傷が起きるなど消費面での問題が発生するケースもある（小林，p.56）．

身体活動レベル
1日のエネルギー消費量を1日あたりの基礎代謝量で除した指数を用いて日常生活での身体活動量を評価するものである．ちなみに，身体活動レベルⅠ（低い）の代表値は1.50であり，Ⅱ（ふつう）1.75，Ⅲ（高い）2.00である（岡田，p.84）．

新有効温度
気温・湿度・風速のいろいろな組合わせの下で感じる温熱感と同じ温熱感をもつ，無風状態・湿度100％の下での気温で示す"有効温度"（1923年にアメリカのヤグロウなどが提唱）が，湿度100％・無風などと実情に即していないという批判や，その後の研究にもとづいて，1971年新たに提案された体感温度の指標のひとつ．軽装（0.6clo），いす座位の人に適用され，通常の室内気流状態の下での，湿度50％の室内の温度で示される（中根，p.51）．

髄鞘化
神経線維に特別の脂肪の鞘（ミエリン鞘）がかぶる状態をいい，最初，裸の神経線維が髄鞘化することによって機能するようになる．この髄鞘化した神経線維の神経端が，ほかの神経細胞から伸びている樹状突起と密接につながり合うところに接合部（シナプス）ができる．このような神経線維間のからみ合いにより，脳の機能が開始する（吉田，p.24）．

スクラップアンドビルド
いままでのものを廃物化し，つぎに新しいものをつくること．戦後の日本経済は輸出第一主義をとり，繊維・雑貨・鉄鋼・化学・家庭電気・自動車・ハイテク機器などとつぎつぎに新しい産業による外貨獲得をめざしてきた．その結果，産業構造はめまぐるしく変動し，スクラップされる衰退産業からビルドされる成長産業へと労働力の流動化が引き起こされた（大久保，p.30）．

すす払い
正月の神を迎えるために，屋内のすす・ほこりを払い，清めること．12月13日はすす取り節句の日で，この日にすす払いを行なう地方が多い（一棟，p.61）．

スモッグ
smogと書き，煙（smoke）と霧（fog）の合成語で，煙と霧とが混在している状態を指す．イギリスで使われ始め，1952年のロンドンスモッグが有名である．1963年頃から日本でもスモッグという言葉が一般化した．ロンドンスモッグ事件では暖房用の石炭からの煙に含まれた硫黄酸化物と濃霧による高濃度のスモッグによって，気管支炎・気管支肺炎・心臓病などで高齢者が多数死亡した．燃料が石炭から石油に変わって，大気中に放出される汚染物質も硫黄酸化物から窒素酸化物・一酸化炭素・炭化水素などに変わってきた．最近では光化学スモッグというように，霧の存在とは関係なく，大気汚染濃度の高い場合にも使用される（中根，

p.48).

生活改善運動
戦後,民主化と物資の欠乏の中で,理由のない旧習を排除して合理的な生活を普及させることによって,生活意欲を増進させるとともに,生産も高めようとする運動.とくに旧習が多く,生活改善が遅れていた農家を中心に運動が展開された.生活改善普及事業は,農業改良普及事業(農業改良助長法,昭和23年法律165号にもとづく)の一環として,衣・食・住をはじめ,家計管理や育児・保健衛生などまで広範囲の分野にわたって実用的な知識や技術の普及指導を行なった(中根, p.13).

"生活研究に端を発している"
世界的にも生活研究は,産業革命によって従来の秩序が破壊されたことにともなう民衆の貧困化と,それを補う低賃金労働力としての子だくさんにもとづく生活問題への対応として19世紀末にヨーロッパで誕生した(中根, p.4).

生活習慣病
40歳以降に発生頻度が高く,重要視される疾患の総称である.がん・虚血性心疾患・脳血管疾患などの三大死因に加えて,高血圧症・糖尿病・肝炎・腎炎なども含まれる.成人病は疾患群の総称のため,その原因は疾患によって異なるが,その多くは生活環境要因,おもに食生活との関連が重要視され,現在では,生活習慣病と呼ばれている(奥田, p.78, 104).

生気候図
大気の物理的環境(温度・湿度・気流・輻射)が人体に及ぼす直接的・間接的影響をわかりやすく図示したもの(中根, p.51).

政策科学 (policy science)
既存の専門分野の枠をこえ,学際的に政策を研究する学問.政治学分野の学問であるが,学際性と問題解決をめざす実践的な傾向に特徴がある.1951年にアメリカの新シカゴ学派を代表する政治学者のラスウェル(Lasswell)が編著「政治科学」で提唱し,一般に広がっていったといわれている(梶浦, p.121).

製造物責任法 (PL法)
製品の"欠陥"によって消費者の生命・身体・財産に損害が生じた場合,製造者が,過失の有無を問わずに負担する特別の損害賠償責任を"製造物責任;product liability (PL)"と呼ぶ.消費者は,メーカーの過失を立証しなくても製品の欠陥を証明しさえすれば,企業の責任を問うことができる.家電製品が原因の火事・自動車事故・食品被害・薬害なども欠陥を立証できれば,被害者は救済される.この"欠陥"は,"製造物の特性が使用形態,製品出荷の時期などを考慮して,製品が通常有すべき安全性を欠いていること"と定義されている.また賠償を求めることのできる期間は,欧州と同様に製品出荷時から10年間である.

すでに欧米など多くの国で法制化されている.わが国でも1993年12月に,国民生活審議会が法制化を求める答申を出し,それを受けて1994年4月に閣議決定され,6月に参議院で本法律は可決・成立をみた.1994年7月1日に公布,1995年7月から施行された(大矢・片山, p.69, 74).

生存権
日本国憲法第25条は,すべての国民に健康にして文化的な最低限度の生活を営む権利を保障している.人間には人間に値する文化的な生きかたをする権利があり,誰もがそのような生きかたができるようにするためには,衣・食・住・職・医のすべてにわたって,社会がその基本的部分を保障することが必要となる.そのような権利を生存権と呼んでいる(岸本, p.87).

生物濃縮
生物は進化の中で,従来の生物が摂取しなかった重金属などの不要物を,対外へ排出する充分な機能を備えてこなかった.産業革命以後の人類の活動にともなう科学技術は,さまざまな新しい物質をつくり出し,それらが人間活動によって環境に放出された結果,大気や水,土壌から呼吸や食物などを通して生物の体内に取り込まれることになった.しかし充分排出できないため,体内に蓄積され,結果的に重金属,PCB,DDTなどが高濃度に濃縮されて体内に蓄積されることをいう(中根, p.49).

生命工学
バイオテクノロジーとも称する先端技術の分野である.自然の神秘とされてきた生命現象に科学的考察を加え,その成果をもって医療や食糧増産に寄与しようとする科学の総称である.人間生活への貢献と同時に,生態系としての環境への影響や,生物を物として扱う反自然的姿勢への期待と不安感もある(岸本, p.18).

染色堅牢度
日本工業規格(JIS)では,染色物が流通・加工処理工程,あるいは消費者による着用や取扱い過程において遭遇するであろう化学的・物理的条件を想定し,各種の染色堅牢度試験法についてL0801~L0889に規定している.試験方法は,染色物の変退色,ならびに白布への染料の移染に対する抵抗性を測定し,評価結果を5段階の等級表示(耐光試験では8段階)するものである.これらの試験法は,製品の生産管理上の要求から確立され,多くは日光(0841),洗濯(0844),汗(0848),摩擦(0849),塩素漂白(0856),ドライクリーニング(0860)などの単一操作・単一作用による試験である.したがって,これらの試験結果を複合しても消費過程で起こる変退色を説明できない場合も多く,たとえば直射日光下で汗をかき,洗濯した場合などのようなスポーツ衣料の使用条件を考慮すると,光→汗→洗濯→ホット プレッシングや,汗→摩擦などの重複作用を考慮した試験方法の確立が要望される.わずかに光および汗が重複試験法として規定されている(佐藤, p.65).

全熱交換型換気扇
室内外の空気を温・湿度が異なる状態で換気すると,空気の移動にともなう顕熱負荷と,空気中の水分が蒸発熱としてもっている熱の移動にともなう潜熱負荷が生じる.換気扇の中に熱と水分だけを通す(気体は通さない)材料でつくった熱交換器を設けて,換気にともなう冷暖房負荷を回収することを図った換気扇をいう.空調換気扇ということもある.換気にともなう冷暖房負荷の1/2~2/3が回収でき,その分省エネルギーで,冷暖房のランニングコストも安くなる(中根, p.53).

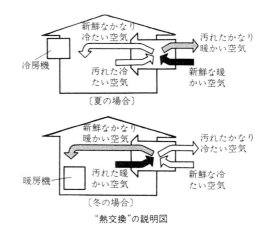

"熱交換"の説明図

疎水性
水に親和性がなく,濡れにくい性質(対語は親水性).水との相互作用を示さないため,水によって膨潤されにくく吸水性も低い(佐藤, p.65).

た 行

第三次機能（食品）
　たとえば，人乳には免疫グロブリンが多量に含まれ，乳児の免疫系を担っている．乳タンパク質の分解物であるホスホペプチドは，カルシウムの腸管吸収を促進する．魚油に大量に含まれている α-リノレン酸系列のエイコサペンタエン酸，ドコサヘキサエン酸は，心筋梗塞や動脈硬化を防ぐ作用をもっている．このような食品のもつ生体調節機能を三次機能という（奥田，p.80）．

太陽エネルギーの利用
　太陽に洗濯物を干して乾かすのも，最も基本的な太陽熱の利用であるが，太陽からの輻射熱を利用するための設備には，大規模な発電設備から住宅用の温水器まで各種のものがある．集熱，熱伝搬，蓄熱，熱交換，エネルギー交換，放熱などの各機能から成り立つ．太陽熱の絶対量は多いが，単位面積当たりに降り注ぐ熱量は $1m^2$ 当たり最大約 $1kW$ と少なく，また季節・時刻・天候などによって不安定なため，太陽熱利用設備は集熱と蓄熱を基本とする（中根，p.48）．

宅地建物取引業法（略称：宅建業法）
　"宅地建物取引業に対し，必要な規制を行なうことによって，業務の適正な運営と取引きの公正を確保し，あわせて購入者の利益保護と宅地建物の流通の円滑化を図ること" を目的とし，1952年に制定．免許制度，取引主任者制度，営業保証金制度，専属専任媒介契約制度などの規定がある．取引業者への業務規制のうち，購入者に直接かかわる義務規定は，誇大広告の禁止，取引態様の明示，契約締結前の重要事項説明，契約書面の交付などである．購入者が契約を中止したい場合は，事務所以外で契約したときにかぎり，8日以内のクーリング オフ制度が認められている（片山，p.74）．

地域福祉
　施設福祉と対置されるものであり，地域の中でどのように障害があろうと生活を続けていくことをめざすものである．地域福祉をコミュニティ ケアと呼び，アメリカでは，1970年代に主として精神障害者を対象にして開始された．日本では，高齢者の在宅生活を支えるための視点が強い（白澤，p.100，122，127）．

超高齢社会
　人口の高齢化を示す指標として，WHO（世界保健機関）は，65歳以上の高齢者人口が総人口の 7% をこえた社会を "高齢化社会"，14% をこえた社会を "高齢社会"，28% をこえた社会を "超高齢社会" と定義している．このような人口の高齢化は世界的なもので，今後，西欧諸国も含め，28% をはるかにこえる超高齢社会がくるであろうと予測されている（馬場・坂部，p.44，106）．

調理と加工
　一般的に調理とは，天然あるいは加工食品の安全性と栄養価を高め，しかも好みの味覚を付与する目的により，特定の人が食べるために行なう操作のことをいう．また加工は，食べ物を直接人の食用に供するためよりも，むしろ調理の前処理，あるいは輸送や保存のために天然の食品素材になんらかの操作をほどこすことをいう（山本，p.58）．

ツー バイ フォー住宅（wood frame construction）
　枠組み壁工法ともいう．北米大陸で発達・普及した木造住宅の工法．基本となる木材の断面寸法が 2×4 インチ（two-by-four）であることから，ツー バイ フォーと呼ばれる．木材の枠組みに構造用合板を張ってパネルをつくり，床・壁・屋根などを構成していく．主としてくぎ打ち工法によって建て，壁全体で支える構造法．用いる部材の種類が少なく，熟練した技能が要求されない．耐久性が高く，火災に強いという利点がある（一棟，p.60）．

デイ サービス
　寝たきりの高齢者や障害者などの要援護者の在宅生活を支援するため，日中はデイ サービス センターなどの福祉施設に通所させ，入浴・食事の提供・機能訓練などのサービスを行なうこと．訪問サービスとして行なわれることもある．行政施策としては，老人デイ サービス事業，身体障害者デイ サービス事業，児童デイ サービス事業などがある（山懸，p.97）．

TPO
　time, place and occaation の略．1964年，メンズ ファッション ユニオン（MFU）が，時間・場所・機会のそれぞれに合った衣料の選択と着装をすべきだと提唱したことに始まる略称語（佐藤，p.64）．

電子商取引
　1990年代後半からのIT（情報技術）化は，インターネットを通して行なう電子商取引という取引形態を拡大させた．事業者にとっては店舗が不要で開業が容易なことに加えて，インターネット人口が増加しているため顧客の増大が期待できることが拡大の要因である．通信販売の一種であり，電話や郵便のかわりにインターネットを利用しているにすぎないが，情報の伝達速度が速く，量が大量で，世界的な規模で容易に買い物ができるという魅力がある．しかし，利便性と引き換えに，いままでの通信販売とは違った問題点も続出している（大久保，p.36）．

トーマス・モア（Thomas More；1478～1535）
　イギリスのヒューマニズムの思想家・政治家．オックスフォード大学卒業後，国会議員・外交官などを経て大法官の要職に就くが，ヘンリー8世と対立して処刑される．彼が1515年に執筆した "ユートピア" は，赤道直下の小島に未知の人びとがつくった，自由な信仰にもとづく原始共産制の理想国家を描いている．これは祖国イギリス社会の不正や矛盾を批判したものであり，単なる唐突な空想ではなく合理性をもった理想社会の主張として評価されている（岸本，p.19）．

特殊栄養食品
　栄養改善法によって規定されているもので，食品に栄養成分を補給した強化食品と，乳幼児・妊産婦・病人など特別な用途に適した特別用途食品と，最近新たに定められた特定保健用食品とがある（山本，p.66）．

特定保健用食品
　特殊栄養食品の一部で，特定の保健の目的が期待できる食品で，厚生大臣の許可を受けなければならないものとして1991年に定められた（山本，p.66）．

都市直下型地震
　都市直下で発生する内陸型地震のことで，おもにプレート内陸部の断層に生じた歪（ひず）みが断層の滑りによって解放される際に発生する．震源が近いため途中でのエネルギーの減衰が少なく，地震の規模（マグニチュード）の割りに震度（揺れの程度）は大きい．しかも縦波の上下振動と横波の水平振動がほぼ同時に到達するため，同じ震度でも海溝型地震に比べて被害が大きくなる．結局，直下型地震の被害は一般に，局地的（1948年の福井地震でも被害は福井平野近辺に限られ，阪神大震災でも被害はほとんど阪神地域に限られた）ではあるが，きわめて重大な被害になりやすい．阪神大震災時の水平加速度は 600～800 ガル（観測最大値：神戸市葺合区 833 ガル，中央区 818 ガル）で，これは関東大地震の約2倍の加速度であった．上下加速度が，水平加速度より約1.5倍強かった例（観測値例：神戸市中央区で水平方向 223 ガル，上下方向 292 ガル）を含め，多くの地点で上下加速度は 200 ガル以上を記録した．さらに山地と平地の境界領域では，地震動が増幅される傾向にあることから，後背部に六甲山をもつ神戸から西宮にかけて，場所によっては観測値以上の，きわめて大きな

加速度が加わったことも予想される．従来の耐震基準が海溝型地震の水平加速度だけをもとに制定され，また地盤性状による地震動の増幅などについて考慮していなかったため，直下型地震の阪神大震災で，耐震基準に適合した建物にも一部で大きな被害がでたといえる（中根，p.89）．

ドメスティック バイオレンス（DV）
夫から妻への，もしくは恋人など親密な関係にある男性から女性への暴力をさす．この暴力は男女の歴史的・社会構造的な力関係を背景にした支配・被支配の現われとする見かたが国際的な共通理解となっている．1999年の総理府調査によると，20人に1人の女性が"命に危険を感じるくらいの暴力を受けた"と回答している（大久保，p.33）．

トリハロメタン
メタン（CH_4）の水素原子のうち3個がハロゲン元素で置換された化合物の総称で，発がん性がある．最近，上水道源の汚染にともなって水中に含まれたメタンに，浄水場で消毒・殺菌のために投入される塩素ガスが作用して，生成される水道水中のトリハロメタンが問題になっている．上水道では 0.1 mg/l 以下という基準がある（中根，p.49）．

な 行

内臓脂肪型肥満
腹腔内脂面積（V）と皮下脂肪面積（S）の比 $V/S = 0.4$ 以上を内臓脂肪型肥満，それ以下を皮下脂肪型としている．内臓脂肪型肥満は，皮下脂肪型に比較し，血糖値・中性脂肪の血中濃度が高く，動脈硬化の進展の程度も高い．その成因は不明であるが，促進要因には，遺伝・糖質の過剰摂取・喫煙・性（男性）・高インスリン血症などがあげられる（奥田，p.83）．

ニーズ
援助対象者が社会生活をしていくうえで，必要不可欠としていることがニーズである．その内容には，物質的なニーズもあれば情報的なニーズもある．社会福祉の領域でのニーズとしては，①所得保証に対するニーズ，②雇用に対するニーズ，③健康の維持や医療に対するニーズ，④住居や住環境に対するニーズ，⑤学習や社会参加の機関に対するニーズ，⑥家庭などでの個別的支援に対するニーズがあるとされている（白澤，p.98）．

二次的就巣性
鳥類の子どもは卵として産み落とされ，一定期間，親の準備した巣についていて孵（ふ）化の後，まもなく巣を離れひとり立ちできるようになる．これに対して人間の子どもは，五体をさらして生まれてくるものの未成熟であり，出生後もかなり長期間，親の庇護のもとに巣すなわち親の家に留まって生活しなければ身体や心を発達させ得ない存在である．したがって生理学者ポルトマンは，このことを二次的就巣性と特徴づけた（岩堂，p.25）．

にせ牛缶事件
1960年，牛の絵が貼ってあった"三幌ロースト大和煮"の缶詰にハエが入っていた，との一消費者の届け出にもとづいて，都衛生局と神奈川県衛生部が調査したところ，鯨肉缶詰を牛缶と見せかけたものとわかった．そこで，都衛生局が全国20余の肉類缶詰業者を調べたところ，牛肉大和煮缶詰と表示していたもののうち，100％牛肉を使って製造していたのは東京と大阪に1社あっただけで，ほかはすべて輸入馬肉や鯨を使っており，当時はこれが業者の常識である状況がわかった．これがきっかけとなり，この種の斯瞞（まん）的表示などを迅速に規制するために制定されたのが"景表法"である（片山，p.70）．

ネアンデルタール人
1856年にドイツのデュッセルドルフのネアンデルタール渓谷の石切り場から発見された旧人である．現生人類の直接の祖先ではないが，10万年前から3～4万年前にかけて，人類進化の努力を重ね，初期人類への発展を遂げた．熟練した技術により精巧な石器を使用し，思慮にあふれた文化的行動を身につけていたとされる（岸本，p.15）．

ネットワーク居住
親族ネットワーク居住，地域ネットワーク居住，情報ネットワーク居住の3通りで使われている．親族ネットワーク居住とは，親世帯の住宅や別荘を核にして，子世帯の住宅とともに連携して，それぞれのライフ ステージに応じて，それぞれの住宅を使いこなすことをいう．地域ネットワーク居住とは，親族以外の地域の人びとと連携した，主として相互扶助活動による居住をさす．情報ネットワーク居住とは，情報通信機器を駆使した，自宅就労や自宅近くのサテライト オフィスでの就労による居住形態をさす（馬場，p.93）．

脳 幹
脳のうち，大脳半球と小脳を除いた部分の総称．延髄・橋・中脳・間脳をあわせていう．脳の中軸をなし，生命維持に関する重要な機能中枢はここに含まれている（吉田，p.24）．

ノーマライゼーション
どのような児童・障害者・老人であっても特別視せず，基本的にはふつうの人間として接していくこと．日本語では"正常化"と訳す．従来，障害者を隔離や排除し，障害者抜きの社会制度を強化してきた．これは，障害者の存在があって，はじめて健全といえる正常社会の道を踏みはずすものである．その意味では，障害者があたりまえの人間として，社会の営みの中に，ふつうに参加する機会を拡大し，障害の有無にかかわらず，人びとが権利と義務をそれぞれに応じて担っていく思想がノーマライゼーションである（白澤，p.100）．

は 行

バイオ テクノロジー
微生物・植物・動物などの生物体，あるいは生物が生産するものを工業生産に利用する技術のことで，食品工業におけるバイオテクノロジーの例には，砂糖やデンプンを原料にして酵素変換により製造される新甘味料があるが，これらは抗むし歯性，低カロリー，ビフィズス菌の成育などの生理機能をもっている．また細胞融合による新種の植物の育成，人工受精や遺伝子組換えなどによる優良な家畜の育成なども実用化されつつある（山本，p.66）．

廃棄物の3R
発生抑制を意味するリデュース（reduce），再使用を意味するリユース（reuse），再生使用を意味するリサイクル（recycle）の英語の頭文字を採ったもの．"大量生産・大量消費・大量廃棄"になっている現在の社会経済活動を見直し，グローバルな視点から廃棄物の発生抑制・再使用・再生利用を通じて"循環型社会の構築"を目指す必要がある（中根，p.131）．

ハイブリッド シルク
絹と他繊維との複合生糸のことをいう．生糸をつくる段階でほかの繊維を加えたり，でき上がった生糸に特殊な加工を施すことによって，絹独特の優れた風合いを残しながら他繊維によって耐洗濯性，耐皺性などを発現させ，洋装用繊維として開発された．合成繊維の複合化技術が生かされている．ハイブリッド シルクにより，婦人用ではランジェリーやブラウスばかりではなく，スーツ・セーター・カジュアル用品にまで用途拡大され，また紳士用品分野にまで用いられるようになった（佐藤，p.65）．

パラダイム
トーマス・クーンが"科学革命の構造"で論じた科学発展の概念装置を説明する理論．一般的に自然科学は，ある時代までその科学集団を支配する方法論と価値観をもっているが，それがパラ

ダイムと称されるものである．しかし，研究活動の精緻化が既存のパラダイム自体の矛盾を激化させ，新たなパラダイムが登場して解決するが，それは旧パラダイムの論理的延長上にではなく，非累積的に成立するとし，それを科学革命と呼んでいる（岸本，p.19）．

バリア フリー
公共の建築物や道路，個人の住宅などの生活環境において，高齢者や身体障害者など，行動上の不自由を抱えた人の利用に配慮した，障害を排除した設計のこと．具体的には，車いすで通行を可能にするための道路や廊下の幅の確保，段差の解消，警告床材・手すり・点字案内板・身障者用トイレやエレベーターの設置などがあげられる．環境整備の物的な条件を表わす概念として用いられることが多い（馬場・山縣，p.93，97）．

BOD（生物化学的酸素要求量）
Biological Oxygen Demandの略称．水質汚濁の程度を示す指標のひとつ．水中の有機汚濁物質が水中の好気性微生物により，生物化学的に一定時間内（ふつう20℃で5日間）に酸化・分解して浄化される際に，消費する酸素量をppm単位で表わしたもの．5 ppmで河川は汚れが目立つようになり，10 ppmをこえると悪臭を放つようになる．河川の汚濁の程度を示す簡便な指標であるが，生物のすみやすさを示す指標としては必ずしも充分でないことから，環境庁は，現在，水辺や水中に棲息する生物を使っての，新しい指標づくりを進めている（中根，p.49）．

ヒーブ
本来はHEIB（home economics in business）に由来する言葉で，アメリカ家政学会の定める七つの職業分野の1領域の名称であるが，この活動に携わる個人もヒーブと称している．わが国では，消費者と企業のパイプ役としての機能を果たし，家政学系出身以外の専門家と連絡して消費者保護の立場の活動を展開している．日本ヒーブ協議会が設立されている（岸本，p.20）．

ヒ素ミルク事件
1955年，森永乳業徳島工場で製造した乳児用調整粉乳の製造中，粉乳を溶けやすくする安定剤として使っていた第2リン酸ソーダの中に多量のヒ素が含まれ，これにより起きた中毒事件．1万人余の罹（り）病者と110名余の死者を出し，安全な製品をつくるという企業責任が問われた．訴訟で争い，工場の製造責任者が監督上の過失責任を問われ，禁固3年の刑事責任を負わされた．民事の損害賠償事件としては和解が成立．被害者に対する救済機関として"（財）ひかり協会"が設置された（片山，p.70，72）．

不当景品類及び不当表示防止法（略称：景品表示法）
景品表示法は，過大な景品付き販売や不当表示による顧客の誘引を防止することによって，事業者の公正な競争を確保し，もって一般消費者の利益を保証することを目的として，1962年に制定された独占禁止法の補完法である．にせ牛缶事件がきっかけ．住生活関連では公正取引委員会が指定する"不動産のおとり広告に関する表示"についての規制があり，物件が存在しないのにあたかも存在するかのように見せかけたり，存在しても実際には取引きができない物件，売買する意思がないものを広告することを不当表示として禁止している（片山，p.74）．

プラトン（Platon；BC 427～347）
古代ギリシアの著名な観念論哲学者．アテネの名門貴族の出で，ソクラテスの弟子で，アテネのアカデメイアの創設者とされる．自然学・神学・国家論・認識論など著書は多方面に及ぶ．彼の理想国家の考えは，統治者・守護者・庶民の3階級からなる小さな都市国家で，物欲を節した徳による原始共産的社会が志向されている（岸本，p.19）．

プレート
"地球の表層部を覆う厚さ100 kmほどの硬い岩石層をいくつかのプレートに分割し，その層が移動することにより，互いの境界部にいろいろな地殻変動を起こす"という1960年代から急速に進展した説がプレート テクトニクスで，地殻変動を統一的に解釈できるなど，きわめて有用な理論である．地震の発生の多くも，この説で説明できる（中根，p.47）．

ブレスロウ（Lester Breslow；1915～）
アメリカのカリフォルニア大学公衆衛生学教授，医学博士．アメリカ国立衛生研究所（NIH）の研究プロジェクトとして，疫学・社会学・心理学・統計学の分野の研究者と協力し，健康と生活習慣との関係を明らかにすることを目的に，カリフォルニア州に住む人びとの身体的・精神的・社会的な側面での健康レベルと，生活習慣を調査した．これらの調査結果から，健康の維持・増進に好ましい生活習慣をみいだし，ブレスロウの七つの健康習慣と名付けた（奥田，p.78）．

プレハブ住宅（prefabricated house）
工業化住宅あるいは工場生産住宅ともいう．あらかじめ工場で生産された部材を現場に運び，組み立てて建てる住宅．工期が短く，工場生産による品質管理や現場施工の標準化により，安定した品質の住宅が供給できるなどの利点がある．構造材の種類によって木質系・鉄骨系・コンクリート系に分類できる．さらに，工場内で住宅の各部を箱状の空間ユニットで生産し，これを現場に運んで組み合わせるルーム ユニット系がある（一棟，p.60）．

ホーム オートメーション
家庭情報化社会の中で生まれた概念で，HAと略称されることがある．情報機器を家庭内に取り入れ，機器と機器，人と機器を結び付けることで，快適な居住空間と豊かな生活を提供することをめざしている．対象領域は，家事の合理化・省力化とともに，防犯・安全管理や各種サービスを受けるといった面ばかりでなく，医療領域とつないだ健康管理，在宅学習や娯楽，在宅就労，通信などに広がりをみせつつある（馬場，p.93）．

ホーム ヘルプ
寝たきりの高齢者や障害者などの要援護者の在宅生活を支援するため，家事・介護・保育・外出時の付添などを行なう．これを担う人をホーム ヘルパーという．外出の付添いを行なう者を，とくにガイド ヘルパーという．行政施策には，老人ホーム ヘルプ サービス事業，身体障害者ホーム ヘルプ サービス事業，母子家庭・父子家庭介護人派遣事業などがある（山縣，p.97）．

保健福祉センター
現時点では，福祉サービスは市では福祉事務所，町村では福祉課（係）で，また保健サービスは保健センター・保健所や保健係で決定し，提供されている．そのため援助対象者は，福祉と保健のサービスに重複したニーズをもっている場合が多く，2か所の窓口に行かなければ，ニーズを満たすことができない．こうしたことから，福祉のサービスと保健のサービスを統合して提供する，保健福祉センターの必要性がいわれている（白澤，p.101）．

ま 行

マルチ商法
友人などから，いいもうけ話があると誘われ，会員になった消費者に，知人を対象に勧誘させて下部会員をつくらせ，ピラミッド式に販売組織を拡大させることにより，上位の販売員に高額の歩合が入るしくみの販売組織による商法．"マルチ レベル マーケッティング"の略称．しかし，人口には限りがあるため早晩破綻し，大部分の会員は損をすることになるので注意が必要．浄水器・宝石・羽毛ぶとん・洗剤などに多い．クーリング オフ期間は14日．若者に被害者が多いので注意（片山，p.76）．

ミニマム ケア
私たちの24時間の地域社会での生活を維持していくための最

低限度のケアのこと．この場合，ケアをいかに理解するかによって，ミニマム（最低限）の内容が異なる．ここでは，ケアを単なる介護という意味ではなく，人間としての尊厳を保持し，生活の質を求める意味で用いている．ケアは相互関係の中で成立し，人間になっていくプロセスを意味する（上野谷, p.127）．

虫干し

衣服・書物・掛け軸・諸道具などの湿気を除き，カビや虫害を防ぐために保管場所から取り出して風を通すことをいう．土用干し，夏干しともいい，夏の土用（立秋の前の18日間）に行なう．近年，土用干しは熱気を含むからよくないとして，空気が乾燥してくる秋で晴天が2日以上続いた日のあとを選んで行なうようになってきた（一棟, p.61）．

や 行

有毒輸入ワイン事件

1985年，同年産のドイツ，オーストリアの輸入ワインの中に，ジエチレングリコール（不凍液）が混じったものがあることがわかり，問題になった．この物質を低級ワインに加えると高級ワインと識別できないといわれ，多量に摂取すると腎臓障害を起こす．わが国では事件の発覚とともに，これが検出されたワインの販売中止と約130万本の回収を実施した．また，事実の隠匿を図ったマンズワイン社を被害者の会が提訴したが和解となり，未提訴の消費者にも購入代金が返されることになった（片山, p.72）．

油症事件

1968年，カネミ倉庫株式会社が，米ぬか油（ライス オイル）を製造する際，脱臭装置において熱媒体としてカネクロール400（鐘化製造）を使ったところ，伝熱管の亀裂から米ぬか油にカネクロールが混入．カネクロールは有害な化学物質PCBであったため，この米ぬか油を食べた消費者のうち51名が死亡，認定患者1629名が人体被害を受けた．このカネミ油症事件でカネミ倉庫と鐘化は不法行為責任を問われ，化学物質による悲惨な食品公害として世界的に注目された（片山, p.72）．

ら 行

ライフ スタイル (life style)

直訳すると生活様式のことであるが，人の"生きかた"，"生きざま"の意味に使われる．人びとの意識・行動・活動・関心事などについて集団的・段階的にみた場合の様式上の差異を表現するために用いられる複合的な概念（佐藤, p.54, 81）．

ライフ ステージ (life stage)

人の一生を期間として段階的にとらえる考えかたであるが，家族としての周期段階のことをいう．結婚（家族の発生）・子の出生・就学・就職・結婚を経て，やがて夫婦の死亡までの家族の出来事を段階的にとらえる考えかたが一般的である．そのほかに，10年，20年などの年数による期間としてとらえる考えかたもある（佐藤, p.54）．

リサイクル法

リサイクル法は1991年に制定された"再生資源の利用の促進に関する法律"の略称．ごみ問題は人類が今後とも生存していくために，解決しなければならない重要な問題であると認識されるに及んで，循環型の社会システムの構築を目指して制定された．家庭から出されるごみでも80％は再生可能な，いわゆる資源ごみであるといわれる．

リサイクル分野の法律として"リサイクル法"のほかに1971年に施行された"廃掃法"（廃棄物の処理及び清掃に関する法律）があり，リサイクル法が，廃棄物になる前の段階での資源の再利用を促進しようとするものであるのに対し，廃掃法は，自治体や事業者に廃棄物の適正処理と廃棄物の減量・再生利用に努めるべき責務について定めている．

そのほか現在，容器包装廃棄物について消費者（＝分別してごみを出す）・市町村（＝分別して出されたごみを集める）・事業者（＝そのごみを再商品化する）の三者の役割分担を決め，協力する仕組みの構築をめざした"容器包装リサイクル法"（1997年4月施行）や，家電リサイクル法（2001年4月施行，当面は冷蔵庫・テレビ・ルームエアコン・洗濯機の4品が対象），食品リサイクル法（2001年5月施行），建設リサイクル法（2002年5月施行），自動車リサイクル法（2005年1月施行），グリーン購入法（2001年4月施行）などが制定され，広範囲に資源の有効利用を図っている（中根, p.131）．

類的存在

"人間らしく"生きるというとき，私たちは一般に，個性豊かに生きる，個人として自分の人生を自分らしく生きる，ということを考えがちである．封建制度を克服して民主的世界を志向してきた現代では，個の尊重ということが大事にされるようになった．これに対して，類的存在として人間を考えようということは，"なかま"の存在なくして人は生きられないのだから，個として生きるばかりでなく，人類の一員としての自分に気づき，それを意識しようというものである．生きる意味がつかめぬとき，仲間あっての自分に気づき，仲間とともに支え合って生きることをめざそう，ひろく人類の一員として生きようと考えることで，過去から未来につながる橋渡しとしての自分の存在が受け入れられるようになるものである（岩堂, p.27）．

冷暖房負荷

冷暖房を行なうとき熱的にマイナス要素となるものを冷暖房負荷という．冷房にとっては外壁を通して入ってくる熱，流入した外気の熱，日射熱，室内で発生する熱（人体・照明器具・家電器具・炊事器具などからの熱）などがすべて冷房負荷となる．暖房では，すきま風や換気として流入した外気や外壁を通して室内から逃げる熱などがすべて暖房負荷となる．これらの冷暖房負荷をあらかじめ把握して，それを補うのに充分な能力をもつ冷暖房設備を設置しないと冷暖房があまり効かないことになる（中根, p.53）．

労働力率 (labor force participation ratio)

15歳以上の人口に占める労働力人口の割合．なお労働力人口は，15歳以上の完全失業者を除く就業者人口（一棟, p.42）．

わ 行

ワーク ショップ (work shop)

ゼミ，研修会，講座，実習（laboratory）などをさす．ここでは研修会や講座のこと（一棟, p.128）．

■ 引用文献

1章
1) ロバート・クラーク：エコロジーの誕生，新評論，1994.
2) 毎日新聞社：1億人の昭和史，1976.
3) 水牛くらぶ（編）：モノ誕生"いまの生活"，晶文社，1990.
4) 福島澄香ほか（編著）：図説資料家庭科，一橋出版社，1981.
5) 平凡社：世界建築全集14，1959.
6) 日本学術会議家政学研究連絡委員会：家政学における大学教育充実のための指針について，1991.

2章
1) 中島定彦：基礎心理学研究，**11**（1）．
2) ジョージ・コンスタブル／平井百樹（訳）：ネアンデルタール人，タイム ライフ ブック，1978.
3) 朝日新聞社：科学朝日，1981.11.
4) 黒田俊夫（監修）：世界人口白書1993，世界の動き社．
5) 日本放送協会（編）：NHK 市民大学 生命科学と人間，日本放送出版協会，1989.
6) 日本放送協会（編）：NHK 人間大学 ヒトと技術の倫理，日本放送出版協会，1993.
7) HOME ECONOMICA, **12**（3），アコム経済研究所，1993.
8) 伊達功：ユートピア思想と現代，創元社，1971.
9) HOME ECONOMICA, **2**（3），アコム経済研究所，1986.

3章
1) 庄司洋子ほか：家族・児童福祉，有斐閣，1998.
2) 切池信夫：摂食障害，医学書院，2000.

4章
1) 森岡清美・望月嵩：新しい家族社会学，培風館，1987.

5章
1) 大河内一男ほか：東京大学公開講座10 人間と機械，東京大学出版会，1967.
2) 日本婦人団体連合会（編）：女性白書2000－平等・開発・平和 21世紀への課題－，ほるぷ出版，2000.
3) 加倉井周一（編）：リハビリテーション－機器適応と選択－，医学書院，1989.

6章
1) 山本直成・浦上智子・中根芳一：生活科学，理工学社，1981.
2) 吉武素二・増原良彦：気象と地震の話，大蔵省印刷局，1986.
3) 那須紅幸・西川浩：日本の自然，大蔵省印刷局，1986.
4) 鈴木照男・鈴木一久：環境と人間生活，文化書房博文社，1989.
5) 石堂正三郎・中根芳一：新住居学概論，化学同人，1984.
6) 日本建築学会（編）：建築設計資料集成6，丸善，1969.
7) 三浦豊彦：至適温度の研究，労働科学，**44**（8），労働科学研究所，1968.

7章
1) 日本繊維製品消費科学会（編）：新版繊維製品消費科学ハンドブック，光生館，1988.
2) 米山雄二：家庭科学研究，ライオン家庭科学研究所，1999.
3) 西山夘三：住まいの考古学，彰国社，1989.

8章
1) 消費科学研究第1研究委員会：生活様式 環境の変化と被服（その2）－苦情例を考える－，繊消誌，**32**（155），1991.

10章
1) 苫米地孝之助（編）：健康増進，第一出版，1986.
2) 大澤俊彦ほか（監修）：がん予防食品 フードファクターの予防医学への応用，シーエムシー，1999.
3) 松澤佑次ほか：新しい肥満の判定と肥満症の診断基準，肥満研究，**6**（18）～（28），2000.
4) 財団法人日本食生活協会：健康づくりのための食生活指針 対象別特性，厚生省，1990.

11章
1) 巽和夫（編）：現代ハウジング用語事典，彰国社，1993.
2) 高田光雄：都市住宅供給システムの再編に関する計画論的研究，学位論文，1991.
3) 早川和男ほか（編著）：住宅問題と労働運動，都市文化社，1985.
4) 玉置伸悟ほか：地域と住宅，勁草書房．
5) 山本直成・浦上智子・中根芳一：生活科学，理工学社，1981.
6) 日本化学会（編）：健やかに老いる，大日本図書，1992.
7) 西山夘三：住み方の記，筑摩書房，1978.

12章
1) 沖村優一：社会福祉，大蔵省印刷局，1992.

13章
1) 伊藤明子・園田眞理子：高齢時代を住まう－2025年の住まいへの提言－，建築資料研究社，1994.
2) 岡本祐三：医療と福祉の新時代，日本評論社，1993.

14章
1) 坂本賞三・福田豊彦（監修）：新選日本史図表（改訂18訂），第一学習社，1992.
2) 井原西鶴「世間胸算用」さし絵，世界大百科事典，p.570，平凡社．
3) 日本放送協会（編）：NHK 市民大学 人間と技術の文明論，日本放送出版協会，1990.
4) HOME ECONOMICA, **13**（2），アコム経済研究所，1994.
5) 知恵蔵，朝日新聞社，1993.
6) 阿部謹也：中世の窓から，朝日新聞，1981.
7) 日本放送協会（編）：NHK 人間大学 ヒトと技術の倫理，日本放送出版協会，1993.
8) HOME ECONOMICA, **12**（1），アコム経済研究所，1993.
9) J.P. マハフィー／遠藤光・遠藤輝代（訳）：古代ギリシア人の生活文化，八潮出版社，1991.
10) 日本放送協会（編）：NHK 市民大学 生命科学と人間，日本放送出版協会，1989.
11) 山崎浩一（編）：朝日ジャーナル保存版 地球サミット Live in Rio，朝日新聞社，1992.

16章
1) 沢田清方・上野谷加代子（編）：日本の住宅ケア，中央法規出版，1993.
2) 新田義孝：ストップ ザ 地球破壊，ソーテック社，1992.
3) 本多淳裕：ゴミ・資源・未来，省エネルギー センター，1995.

まとめ
1) 博報堂生活総合研究所：生活定点（94年版），1994.
2) J. シーモニア／H. ジラード：地球にやさしい生活術，TBS ブリタニカ，1990.

付録
1) 福山敏男・川上貢（編著）：建築史図集－日本編－，学芸出版社，1964.

■ 参 考 文 献

1) 生活学原論：川添登・一番ヶ瀬康子（編著），光生館，1993.
2) 生活史：松平誠・中嶌邦（編著），光生館，1993.
3) エコロジーの誕生：ロバート・クラーク，新評論，1994.
4) 家政学原論部会報 No.1～28：家政学原論部会（編集発行）．
5) 家政学原論：仙波千代・亀高京子，光生館，1981.
6) モノ誕生 "いまの生活"：水牛くらぶ（編集），晶文社，1990.
7) "子供"の誕生：フィリップ・アリエス，みすず書房，1980.
8) 発達心理学再考のための序説：浜田寿美男，ミネルヴァ書房，1993.
9) 新しい子ども学：小林登ほか（編），海鳴社，1985.
10) 新・乳児の発達と保育：岩堂美智子ほか（編），ミネルヴァ書房，1991.
11) 脳と保育：時実利彦，雷鳥社，1974.
12) 脳の発育とその可塑性（別冊発達）：久保田競，ミネルヴァ書房，1984.
13) 図説臨床看護医学・老年病：福島保喜（編），同朋舎出版，1990.
14) 人間はどこまで動物か：アドルフ・ポルトマン，岩波新書，1961.
15) 脳の話：時実利彦，岩波新書，1993.
16) 小児保健：坂本吉正・藤田弘子（編），朝倉書店，1979.
17) 地球社会時代をどう捉えるか：渡辺文夫・高橋順一（編），ナカニシヤ出版，1992.
18) 子どもと学校：河合隼雄，岩波新書，1992.
19) 女らしさの病い：斉藤学・波田あい子（編），誠信書房，1986.
20) 専業主婦の消える日：金森トシエ・北村節子，有斐閣，1986.
21) 家庭管理論：宮崎礼子・伊藤セツ（編），有斐閣，1989.
22) 現代生活論：松村祥子ほか，有斐閣，1988.
23) 現代社会と家族：湯沢擁彦（編），建帛社，1986.
24) 新しい家族社会学：森岡清美・望月崇，培風館，1987.
25) 現代の家庭福祉：孝橋正一・平田マキ（編），ミネルヴァ書房，1989.
26) ホーム エコノミックスと女性：大鹿淳子ほか，昭和堂，1987.
27) 東京大学公開講座10 人間と機械：東京大学出版会，1967.
28) 情報・社会・人間—いま，情報化社会を問い直す：NHK世論調査部（編），日本放送出版協会，1987.
29) 第三の波：アルビン・トフラー/徳山二郎（監修），鈴木健次・桜田元雄（訳），日本放送協会，1980.
30) 2010年のくらしと技術：経済企画庁総合計画局（編），大蔵省印刷局，1991.
31) 高度情報化社会と日本のゆくえ：浜口恵俊，日本放送出版協会，1986.
32) 情報社会と国民生活：経済企画庁国民生活局（編），大蔵省印刷局，1983.
33) 婦人白書（2000）：日本婦人団体連合会（編），ほるぷ出版，2000.
34) 婦人労働の実情（平成4年度）：労働省婦人局（編），大蔵省印刷局，1992.
35) 知恵のある豊かさを：経済企画庁（編），大蔵省印刷局，1992.
36) リハビリテーション機器—適応と選択—：加倉井周一（編），医学書院，1989.
37) 高齢化と製品環境：ジョセフ・A・コンセリック/清水忠男・清水純子（共訳），鹿島出版会，1989.
38) 生活科学：山本直成ほか，理工学社，1981.
39) 新住居学概論：石堂正三郎・中根芳一，化学同人，1984.
40) 目で見る私たちの住まいと暮らし：中根芳一（編著），化学同人，1990.
41) 建築設計資料集成：日本建築学会（編），丸善．
42) 理科年表：東京天文台（編），丸善．
43) 環境白書：環境庁（編），ぎょうせい．
44) 国民生活白書：経済企画庁（編），財務省印刷局．
45) 繊維製品消費科学ハンドブック（新版）：日本繊維製品消費科学会（編），光生館，1988.
46) 日本国勢図会（第50版）：(財)矢野恒太郎記念会（編），矢野一郎（監修），国勢社，1992.
47) 洗浄技術の動向（世界の洗剤）：奥村統・戸張真臣，**29**(724)，1991.
48) 最先端の新合繊・加工技術（繊維学会誌）：松本三男，**48**(398)～(404)，1992.
49) 繊維材料（繊維学会誌）：三石幸夫，**45**(517)～(523)，1989.
50) ブランド志向の心理学（繊維製品消費科学）：杉本徹雄ほか，**32**(280)～(285)，1991.
51) 近年のファッション構造（繊維学会誌）：柳洋子，**42**(344)～(348)，1986.
52) 洗剤・洗浄の事典：奥山春彦・皆川基，朝倉書店，1990.
53) 高清浄クリーンルームと衣料（繊維学会誌）：塚口実紀ほか，**45**(305)～(307)，1989.
54) 宇宙服（繊維学会誌）：関口千春，**42**(175)～(180)，1986.
55) 図説日本住宅の歴史：平井聖，学芸出版社，1980.
56) 住まいと住み方：日本家政学会（編），朝倉書店，1990.
57) 住まいの人類学：大河直，平凡社，1986.
58) 日本人のすまい：稲葉和也，彰国社，1990.
59) すまい考今学：西山卯三，彰国社，1989.
60) 消費者問題読本（第2版）：巻正平，東洋経済新報社，1987.

61) 消費者保護論：日本消費者教育学会（編），光生館，1983.
62) 衣服の消費動向－アパレルメーカの挑戦（繊維と工業）：大橋正男，**46**（102），1990.
63) 繊維製品の消費動向－消費と輸出入動向（繊消誌）：山崎義一，**34**（162），1993.
64) 生活様式，環境の変化と被服（その2）－苦情例を考える（繊消誌）：消費科学研究第1研究委員会，**32**（155），1991.
65) 消費者教育（第1～13冊）：日本消費者教育学会（編），光生館，1983～1993.
66) 消費者保護法の基礎：北川善太郎・及川昭伍（編），青林書院新社，1977.
67) ジュリスト，No.869 要件事実と実定法学，1986；No.900 法律事件100選，1988.
68) 消費者保護と法律：木元錦哉，日本経済新聞社，1979.
69) ハンドブック消費者行政：経済企画庁（編），1994.
70) 判例事例でまなぶ消費者法：平松毅ほか，有斐閣，1994.
71) 食生活の消費者問題：国民生活センター（編），創造書房，1993.
72) 新・訪問取引110番：訪販改正協，1983.
73) パックツアーのABC：全国消費生活相談員協会，1990.
74) 表示規制法概説：国民生活センター（編），日本評論社，1979.
75) 健康増進－現状と課題：苫米地孝之助（編），第一出版，1986.
76) 生きていることの生理学：渡辺俊男，杏林出版，1990.
77) 生活習慣と健康－ライフスタイルの科学：森本兼曩（監訳），HBJ出版局，1989.
78) 国民衛生の動向：厚生統計協会，2002.
79) 新食生活と健康：日本科学者会議（編），大月書店，1992.
80) 食料・栄養・健康－最新の情報・資料とその解説：食糧栄養調査会（編），医歯薬出版，1993.
81) 世界の栄養問題－その大きさと傾向（世界の農林水産）：FAO・WHO，**12**（4）～（26），1992.
82) 子どもの食生活処方：大国真彦（編），南江堂，1991.
83) 日本人の食習慣の特徴と疾患：江沢郁子・鈴木継美（編），第一出版，1992.
84) 成人病と栄養－高齢化社会に向けて：板倉弘重ほか（編），光生館，1992.
85) 第6次改定 日本人の栄養所要量：厚生省保健医療局健康増進栄養課（監修），第一出版，1999.
86) 運動生理学（新エスカ21）：橋本勲ほか，同文書院，1987.
87) 消防白書：消防庁（編），財務省印刷局．
88) 防災白書：国土庁（編），財務省印刷局．
89) 警察白書：警察庁（編），財務省印刷局．
90) 国土交通白書：国土交通省（編），財務省印刷局．
91) 住まいと住環境（家政学シリーズ20）：日本家政学会（編），朝倉書店，1991.
92) 新・家族の時代：菅原真理子，中公新書，1987.
93) 社会福祉原論：岡村重夫，全国社会福祉協議会，1983.
94) 福祉の仕事：山縣文治ほか（編著），朱鷺書房，1994.
95) 子どもの虐待防止：児童虐待防止制度研究会（編），朱鷺書房，1993.
96) 国民の福祉の動向：厚生統計協会，2002.
97) 社会福祉の動向：全国社会福祉協議会，2002.
98) 厚生労働白書：ぎょうせい，2002.
99) ケースマネージメントの理論と実際：白沢政和，中央法規出版，1992.
100) 新版社会福祉原論：岡本栄一ほか（編），ミネルヴァ書房，1992.
101) 社会福祉援助技術総論：岡本民夫・小田兼三（編），ミネルヴァ書房，1990.
102) リハビリテーションを考える－障害者の全人間的復権：上田敏，障害者問題双書，青木書店，1983.
103) 住まいの家族学：外山知徳，丸善，1985.
104) 高齢者・障害者の住まいの改造とくふう：野村歡，保健同人，1989.
105) 居住者のマンション管理：梶浦恒男（監修著），都市文化社，1988.
106) 21世紀を展望した幼児教育への提言：全日本私立幼稚園連合会（編），ひかりのくに，1994.
107) 育児不安を超えて：原田正文，朱鷺書房，1993.
108) 子たたきは母の叫び－孤独な育児からの脱出：橘由子・野寺夕子，かもがわ出版，1993.
109) 21世紀家族へ－家族の戦後体制の見かた・超えかた：落合恵美子，有斐閣，1994.
110) 住宅総合研究財団研究年報 No.21 －アメリカの州立大学が地域に提供する住情報サービスに関する研究：一棟宏子，1994.
111) ひと目でわかる地球環境データブック：同編集委員会（編），オーム社，1993.
112) ゴミ問題最前線：田口正巳，新日本出版社，1992.
113) リサイクル社会：大嶋茂男，新日本出版社，1993.
114) 地球にやさしい生活術：J.シーモア／H.ジラード，TBSブリタニカ，1990.
115) 環境百科：市川定夫ほか（編著），駿河台出版社，1992.
116) ヒトの住む星：NHK現代の科学グループ（編），日本生産性本部，1971.
117) 今日の地球環境：泉邦彦ほか，新日本出版社，1991.

索引

〔あ行〕

アクア フィットネス ············ 85
アセスメント ················· 98
アパレル ···················· 64
アポイントメント セールス ····· 76
アリエス ···················· 22
育児ネットワーク ············· 125
育児不安 ··················· 124
いじめ問題 ·················· 29
移動の連続性 ················ 119
衣料二次製品 ················ 64
衣料の起源 ·················· 56
衣類の洗浄 ·················· 57
インスペクター ················ 20
インテーク ··················· 99
インフラ ····················· 86
ウィーク シェアリング居住 ····· 93
ウォッシュ アンド ウエア ··· 57, 65
宇宙服 ······················ 57
運動指針 ···················· 85
運動所要量 ·················· 84
栄養 ························ 80
栄養成分の表示 ··············· 67
栄養素 ······················ 80
易疲労性 ···················· 84
SF商法 ····················· 76
SPA ························ 56
エネルギー消費量 ············· 84
FAO ························ 81
エリクソン ··················· 25
エレン・H・リチャーズ ········· 2
エンゼル プラン ·············· 125
大掃除 ······················ 61
送りつけ商法 ················· 76
温暖化 ····················· 130
温熱感覚 ···················· 51
温熱四要素 ·················· 51

〔か行〕

階級格差 ··················· 113
階級分化 ··················· 112
海溝型地震 ·················· 89
介護機器 ···················· 44
介護支援専門員 ·········· 101, 107
介護保険制度 ················ 101
外食 ························ 58
開放型暖房器具 ··············· 53
科学 ····················· 2, 12
科学技術 ···················· 14
化学繊維 ···················· 56
化学的合成添加物 ············· 73
化学的酸素要求量 ············· 49
加工 ························ 58
加工食品 ···················· 58
過剰死亡 ···················· 48
家事労働 ···················· 37
家政学 ······················ 12
家族 ························ 30
価値観の転換 ················· 18
家庭 ························ 30
家庭外調理 ·················· 58
家庭科教育 ·················· 132
家庭科教員養成 ··············· 10
家庭管理 ···················· 37
家庭生活 ···················· 19
家庭生活の空洞化 ············· 13
家庭内事故 ·················· 88
家庭用品品質表示法 ··········· 65
貨幣交換の時代 ·············· 110
空の巣症候群 ················· 27
カルシウム摂取量 ············· 80
換気設備 ···················· 53
環境問題 ············ 11, 48, 55
間脳 ························ 24
機械打ちこわし運動 ············ 19
擬きょうだい ················ 124
起居様式 ···················· 60
技術 ························ 38
気象災害 ·················· 47, 89
基礎代謝 ···················· 50
機能性食品 ·················· 66
規範的価値 ·················· 19
キャッチ セールス ············ 76
狭小過密居住 ················· 91
居住水準 ···················· 90
居住水準指標 ················· 91
クーリング オフ制度 ······· 68, 77
クオリティ オブ ライフ ········ 27
クリモグラフ ················· 47
クリーン エネルギー ·········· 131
ケア付き住宅 ················ 108
ケア プラン ················· 107
ケア マネージャー ······· 101, 107
ケース検討会 ················ 123
ケース マネージメント機能 ···· 123
健康 ························ 78
健康増進 ···················· 79
健康な習慣 ·················· 78
健康な生活 ·················· 78
建築基準法 ················ 74, 88
建築協定 ···················· 75
公害 ························ 48
交感神経 ···················· 50
公共財 ······················ 86
合計特殊出生率 ·············· 125
恒常性の維持 ················· 79
合成レモン汁の不当表示 ······· 70
光線 ························ 51
公的介護保険 ················ 107
公的扶助 ···················· 35
高度情報化社会 ··············· 41
好発期 ······················ 26
高品質繊維 ·················· 64
Cooperative Extension Service ···· 128
高齢化対応仕様 ·············· 109
高齢期の住まい ·········· 108, 118
高齢社会 ··················· 118
国内総生産 ·················· 46
国民栄養調査 ················· 80
国民生活センター ············· 68
国民的中流意識 ··············· 55
個食（孤食） ················· 58
骨粗鬆症 ················· 81, 84
骨密度 ······················ 84
子ども期 ···················· 22
コピー人間 ················· 135
コンシューマリズム ············ 63

〔さ行〕

サービス消費 ……………… 36
在宅介護支援事業者 ………… 101
在宅福祉 …………………… 97
最低居住水準 ………………… 90
栽培漁業 …………………… 66
再利用化 …………………… 131
サリドマイド薬害事件 ……… 70
3C …………………………… 36
三種の神器 ……………… 36, 38
酸性雨 ……………………… 3, 49
産熱 ………………………… 51
GHQ ………………………… 5
COD ………………………… 49
GDP ………………………… 46
視覚 ………………………… 50
自我同一性 ………………… 27
自給自足の時代 …………… 110
視細胞 ……………………… 50
脂質エネルギーの適正比率 … 81
地震 ……………………… 47, 89
自然環境 …………………… 46
シックハウス症候群 ………… 89
疾病死亡構造 ……………… 78
室礼 ………………………… 61
児童虐待防止法 …………… 95
シナプス …………………… 24
社会化 ……………………… 35
社会階級 …………………… 112
社会教育ネットワーク ……… 129
社会資源 …………………… 98
社会的入院 ………………… 107
社会発展 …………………… 16
社会福祉 …………………… 96
社会福祉六法 ……………… 96
社会保険 …………………… 35
住居改善 …………………… 118
住居改善支援 ……………… 119
私有財 ……………………… 86
住宅改造 …………………… 118
住宅需要実態調査 ………… 90
住宅性能表示制度 ………… 75
住宅品質確保促進法 ……… 75
終末期医療 ………………… 26
主婦症候群 ………………… 33
循環型社会 ………………… 130
障害者 ……………… 91, 95, 100

生涯学習 …………………… 29
少子・高齢化 …………… 32, 94
照度基準 …………………… 53
小児生活習慣病 ………… 82, 85
上半身肥満 ………………… 83
消費者基本法 ……… 62, 70, 136
消費者教育 ………………… 68
消費者主義 ………………… 63
消費者団体 ………………… 63
消費者保護 ………………… 62
消費者問題 …………… 62, 70
消費生活用製品安全法 …… 74
情報 ………………………… 40
情報化 …………………… 40, 41
情報メディア ……………… 40
照明設備 …………………… 53
ショート ステイ …………… 97
食教育 ……………………… 59
食行動異常 ………………… 26
食事摂取基準 ………… 79, 137
食生活指針 ………………… 79
食生活の簡便化 …………… 58
食生活の社会化 …………… 59
食品衛生監視員 …………… 73
食品衛生法 ………………… 72
食品間のバランス ………… 82
食品添加物 ……………… 66, 67
食品の機能 ………………… 80
食物繊維 …………………… 80
食物連鎖 …………………… 49
食品の品質表示 …………… 66
シルバー ハウジング ……… 108
新エンゼル プラン …… 94, 125
新開発食品 ………………… 72
神経細胞 …………………… 24
人工照明 …………………… 53
新合繊 ……………………… 56
人口爆発 …………………… 17
身体活動レベル …………… 84
震度 ………………………… 47
新有効温度 ………………… 51
推奨温度 …………………… 52
髄鞘化 ……………………… 24
スクラップ アンド ビルド …… 30
すす払い …………………… 61
生活意識の変化 …………… 54
生活改善運動 ……………… 13
生活科学 ……… 2, 117, 120, 135

生活科学教育 ……………… 132
生活環境 …………………… 95
生活研究の成果 …………… 3
生活史 …………………… 110
生活支援機器 ……………… 44
生活習慣病 ……………… 78, 82
生活小国 …………………… 35
生活情報 …………………… 128
生活像 ……………………… 114
生活の主体者 ……………… 126
生活評価機構 ……………… 21
生活文化 …………………… 116
生気候図 …………………… 51
政策科学 …………………… 121
精神発達 …………………… 25
製造小売業者 ……………… 56
製造物責任法 ……………… 69
生存権 ……………………… 87
生体調節機能 ……………… 80
生物化学的酸素要求量 …… 49
性別役割分業 ……………… 32
生命工学 …………………… 18
石けん ……………………… 55
摂食障害 …………………… 26
染色堅牢度 ………………… 65
全熱交換型換気扇 ………… 53
専用住宅 …………………… 92
騒音 ………………………… 49
疎水性 ……………………… 65

〔た行〕

大気汚染 …………………… 48
耐久消費財 ………………… 54
第三次機能（食品） ………… 80
大衆消費社会 ……………… 36
台風 ………………………… 47
太陽エネルギーの利用 …… 48
宅地建物取引業法 ………… 74
男女共同参画社会 ………… 37
地域社会 …………………… 126
地域住民のニーズ ………… 129
地域ネットワーキング ……… 122
地域ネットワーク居住 ……… 93
地域の福祉力 ……………… 127
地域福祉 ……………… 100, 122
昼光照明 …………………… 53
中高年期の危機 …………… 27
中枢神経 …………………… 50

聴覚 … 51	廃棄物の3R … 131	ホーム エコノミックス … 2
超高齢者 … 102	廃棄物処理 … 131	ホーム オートメーション … 93
超高齢社会 … 44, 106	ハイブリッド シルク … 65	ホーム ヘルプ … 97
長時間労働 … 42	発がんのリスク ファクター … 82	保健福祉センター … 101
長寿 … 102	発達 … 22	補助器具 … 44
調理 … 58	発展指標 … 17	body mass index … 83
ツー バイ フォー … 60	発展の自己矛盾 … 17	ホルムアルデヒド … 89
低栄養状態 … 81	発展の論理 … 16	
デイ サービス … 97	パラダイム … 19, 20	〔ま行〕
TPO … 64	バリア フリー … 93, 95, 100	マーク … 74
ディンクス … 31	BMI … 81, 83	マグニチュード … 47
テクニカル エイド … 44	PL法 … 69	末梢神経 … 50
電気用品取締法 … 74	BOD … 49	マルチ商法 … 76
天空光 … 53	ヒープ … 20	マルチ ハビテーション … 93
天然添加物 … 73	皮下脂肪型肥満 … 83	マンション運営管理 … 121
転落死 … 88	ヒ素ミルク事件 … 70, 72	マンション問題 … 120
トーマス・モア … 19	肥満 … 82	ミニマム ケア … 127
特殊栄養食品 … 66	100歳老人 … 102	虫干し … 61
特定保健用食品 … 66, 67	表示制度 … 75	
都市直下型地震 … 89	表示の基準 … 73	〔や行〕
ドメスティック パートナー … 31	付加運動 … 85	誘導居住水準 … 90
ドメスティック バイオレンス … 33	副交感神経 … 50	有毒輸入ワイン事件 … 72
トリハロメタン … 49	福祉 … 94	油症事件 … 72
	福祉機器 … 44	ユニバーサル デザイン … 45
〔な行〕	福祉サービス … 96	要介護老人 … 106
内臓脂肪型肥満 … 83	福祉資源 … 96	
ニーズ … 98, 99	福祉用具 … 44	〔ら行〕
二次的就巣性 … 25	物々交換の時代 … 110	ライフ スタイル … 54
にせ牛缶事件 … 70	不適正勧誘 … 77	ライフ ステージ … 54
日射受熱量 … 48	不当景品類及び不当表示防止法 … 74	Land-Grant University … 128
日照 … 53	不登校 … 26	リサイクル … 131
人間の生活 … 14	プラトン … 19	リサイクル法 … 131
人間発達 … 22	不慮の事故死者数 … 88	リハビリテーション機器 … 44
ネアンデルタール人 … 15	プレート … 47	類的存在 … 27
ネットワーク居住 … 93	ブレスロウ … 78	冷暖房設備 … 52
燃焼型暖房器具 … 53	プレハブ住宅 … 60	冷暖房負荷 … 53
脳 … 24	プロフェッショナル … 21	労働 … 34
脳幹 … 24	文化水準 … 55	労働力率 … 42
脳血管疾患 … 105	ベークト アウト … 89	
脳卒中 … 105	併用住宅 … 92	〔わ行〕
ノーマライゼーション … 100	放熱 … 51	ワーク シェア … 37
	防犯・防災装置 … 88	ワーク ショップ … 128
〔は行〕	訪問実習 … 28	
バイオ テクノロジー … 66	訪問販売 … 76	

編者略歴

中根 芳一（なかね よしかず）

1964年　大阪大学大学院修士課程工学研究科構築工学専攻修了
1984年　大阪市立大学生活科学部教授
1998年　梅花短期大学長
現　在　大阪市立大学名誉教授，梅花短期大学名誉教授，
　　　　工学博士，一級建築士，建築設備士，
　　　　インテリアプランナー
著　書　生活科学（第6版）（共著）
　　　　私たちの住居学（編著）
　　　　新住居学概論（共著）
　　　　目でみる私たちの住まいと暮らし（編著）
　　　　生気象学の事典（分担執筆）
　　　　家政学用語辞典（分担執筆），その他

- 本書の内容に関する質問は，オーム社ホームページの「サポート」から，「お問合せ」の「書籍に関するお問合せ」をご参照いただくか，または書状にてオーム社編集局宛にお願いします．お受けできる質問は本書で紹介した内容に限らせていただきます．なお，電話での質問にはお答えできませんので，あらかじめご了承ください．
- 万一，落丁・乱丁の場合は，送料当社負担でお取替えいたします．当社販売課宛にお送りください．
- 本書の一部の複写複製を希望される場合は，本書扉裏を参照してください．
  JCOPY ＜出版者著作権管理機構 委託出版物＞
- 本書籍は，理工学社から発行されていた『私たちの生活科学（第2版）』を，オーム社から版数，刷数を継承して発行するものです．

私たちの生活科学（第2版）

1995年4月15日　第1版第1刷発行
2003年4月15日　第2版第1刷発行
2025年4月20日　第2版第22刷発行

編著者　中根芳一
発行者　髙田光明
発行所　株式会社 オーム社
　　　　郵便番号　101-8460
　　　　東京都千代田区神田錦町3-1
　　　　電話　03(3233)0641(代表)
　　　　URL　https://www.ohmsha.co.jp/

© 中根芳一 2003

印刷・製本　デジタルパブリッシングサービス
ISBN978-4-274-05051-0　Printed in Japan

日本人の食事摂取基準（2015年版）の概要

　厚生労働省は，これまで，国民の健康保持・増進，生活習慣病の予防のため，エネルギーおよび各栄養素の摂取量の基準を5年ごとに見直し，公表してきた．2014年3月には"日本人の食事摂取基準（2015年版）"が公表され，2015年度からの5年間に使用されることになっている．

　新しい食事摂取基準では，主として，① 生活習慣病対策として，従来の発症予防に重症化予防が加えられ，② エネルギーの指標が替わり，体格（BMI）が初めて採用され，③ ナトリウム（食塩相当量）がさらに低めに変更され，食物繊維とカリウムに関し，新たに6～17歳において目標量が設定された．

1. 策定方針

新しい食事摂取基準では，① 健康保持・増進とともに，生活習慣病予防の徹底を図るため，発症予防とともに重症化予防も視野に入れること，② 科学的根拠を基本とし，現時点で根拠は十分でないが重要な課題については，研究課題の整理も行なうことを基本方針としている．

2. 設定指標

エネルギー1種類と栄養素5種類の指標が設定されている．

（1） エネルギーの指標

○ **体格（BMI）**：エネルギー摂取量および消費量のバランス（**エネルギー収支バランス**）の維持を示す指標．今回，成人期が3区分され，それぞれ目標とするBMIの範囲が示されている（表1）．

　なお，従来の指標である**推定エネルギー必要量**（EER）は，エネルギー消費量からアプローチする方法の一つとして算出された値で，"参考表"（表2参照）として示されている．

　ここで，BMI（body mass index；**体格指標**）の値は，つぎの式から算出される．

$$BMI(kg/m^2) = 体重(kg) / [身長(m) \times 身長(m)]$$

日本肥満学会による判定基準では，統計的に最も病気にかかりにくいBMI 22を"標準"とし，BMI 25以上を"肥満"としている．

表1　目標とするBMIの範囲（18歳以上）[*1, *2]

年齢（歳）	目標とするBMI (kg/m²)
18～49	18.5～24.9
50～69	20.0～24.9
70以上	21.5～24.9 [*3]

[*1] 男女共通．あくまでも参考として使用すべきである．
[*2] 観察疫学研究において報告された総死亡率が最も低かったBMIをもとに，疾患別の発症率とBMIとの関連，死因とBMIとの関連，日本人のBMIの実態に配慮し，総合的に判断して目標とする範囲を設定．
[*3] 70歳以上では，総死亡率が最も低かったBMIと実態との乖離（かいり）がみられるため，虚弱の予防および生活習慣病の予防の両者に配慮する必要があることもふまえ，当面目標とするBMIの範囲は21.5～24.9とした．

表2 参考表：推定エネルギー必要量（kcal/日）*1

年齢	男性 身体活動レベル*3			女性 身体活動レベル*3		
	I	II	III	I	II	III
0〜5（月）	—	550	—	—	500	—
6〜8（月）	—	650	—	—	600	—
9〜11（月）	—	700	—	—	650	—
1〜2（歳）	—	950	—	—	900	—
3〜5（歳）	—	1300	—	—	1250	—
6〜7（歳）	1350	1550	1750	1250	1450	1650
8〜9（歳）	1600	1850	2100	1500	1700	1900
10〜11（歳）	1950	2250	2500	1850	2100	2350
12〜14（歳）	2300	2600	2900	2150	2400	2700
15〜17（歳）	2500	2850	3150	2050	2300	2550
18〜29（歳）	2300	2650	3050	1650	1950	2200
30〜49（歳）	2300	2650	3050	1750	2000	2300
50〜69（歳）	2100	2450	2800	1650	1900	2200
70以上（歳）*2	1850	2200	2500	1500	1750	2000
妊婦（付加量）初期				+ 50	+ 50	+ 50
中期				+ 250	+ 250	+ 250
後期				+ 450	+ 450	+ 450
授乳婦（付加量）				+ 350	+ 350	+ 350

*1 本表の活用にあたっては、食事摂取状況のアセスメント、体重およびBMIを把握し、エネルギーの過不足は、体重の変化またはBMIを用いて評価すること。
*2 主として、70〜75歳ならびに自由な生活を営んでいる対象者にもとづく報告から算定した。
*3 身体活動レベルは表3を参照のこと。

表3 身体活動レベル別にみた活動内容と活動時間の代表例

身体活動レベル*1	低い（I） 1.50 (1.40〜1.60)	ふつう（II） 1.75 (1.60〜1.90)	高い（III） 2.00 (1.90〜2.20)
日常生活の内容*2	生活の大部分が座位で、静的な活動が中心の場合。	座位中心の仕事だが、職場内での移動や立位での作業・接客等、あるいは通勤・買物・家事、軽いスポーツのいずれかを含む場合。	移動や立位の多い仕事への従事者、あるいは、スポーツなど余暇における活発な運動習慣をもっている場合。
中程度の強度（3.0〜5.9メッツ）の身体活動の1日当たりの合計時間（時間/日）*3	1.65	2.06	2.53
仕事での1日当たりの合計歩行時間（時間/日）*3	0.25	0.54	1.00

*1 代表値。（ ）内はおよその範囲。
*2 Black, et al., Ishikawa-Takata, et al.を参考に、身体活動レベル（PAL）に及ぼす職業の影響が大きいことを考慮して作成。
*3 Ishikawa-Takata, et al.による。

（2）栄養素の指標

摂取不足の回避を目的として、**推定平均必要量**とこれを補助する**推奨量**の二つが設定され、この2指標を設定できない栄養素については**目安量**が設定されている。また、過剰摂取による健康障害の回避を目的として**耐容上限量**が設定されている。さらに、生活習慣病の予防を目的として食事摂取基準を設定する必要のある栄養素については**目標量**が設定されている（図1）。